Jürgen Schmieder

Mit einem Bein im Knast

Jürgen Schmieder

Mit einem Bein im Knast

Mein Versuch, ein Jahr lang gesetzestreu zu leben

C. Bertelsmann

MIX
Papier aus verantwortungsvollen Quellen
FSC® C014889
www.fsc.org

Verlagsgruppe Random House FSC® N001967
Das für dieses Buch verwendete FSC®-zertifizierte Papier
EOS liefert Salzer Papier, St. Pölten, Austria.

1. Auflage

Umschlaggestaltung: buxdesign, München
Satz: Uhl + Massopust, Aalen
Druck und Bindung: Friedrich Pustet, Regensburg
Printed in Germany
ISBN 978-3-570-10144-5

www.cbertelsmann.de

Inhalt

Die in diesem Buch geschilderten Situationen habe ich erlebt. Ich habe sie nicht so aufgeschrieben, wie sie tatsächlich passiert sind – sondern wie ich mich an sie erinnere. Einige Namen habe ich geändert, um den Ruf, die Freiheit oder zumindest die Ruhe der erwähnten Personen nicht zu gefährden. Sollten Sie glauben, dass Sie gemeint sind, dann sei Ihnen hiermit versichert: Sie sind nicht gemeint!

Kapitel 1

321 835,92 Euro!

321 835,92 Euro.

Das ist die Strafe, die mein Freund Adam für seine Untaten im Jahr 2012 bezahlen müsste. Er wäre pleite. Ruiniert. Es ist die Summe der Bußgelder und Strafen für Sachen, die er innerhalb eines Jahres angestellt hat.

321 835,92 Euro.

Er käme vielleicht nicht ins Gefängnis – aber mit einem Bein stünde er im Knast. Aufgrund der Vielzahl der Vergehen wäre es durchaus möglich, dass er wegen mangelnder Einsicht eine Bewährungsstrafe bekommen würde. Sicher allerdings ist: 2013 würde er den zweiten Fuß ins Gefängnis nachziehen. Dieser Verbrecher müsste in den Knast.

Adam ist kein Verbrecher, er ist noch nicht einmal ein Gauner. Er war noch nie im Gefängnis, er stand in seinem Leben bislang nur als Zeuge vor Gericht, mit Anwälten hatte er nur zu tun, wenn er einen Vertrag für seine Firma aushandeln musste. Er hat ein paar Strafzettel wegen Falschparkens und zu hoher Geschwindigkeit bekommen, als Teenager wurde er mal beim Klauen erwischt – ansonsten jedoch ist Adam ein Vorzeigebürger.

Einer, wie man ihn sich wünscht.

Einer, der so ist wie wir.

Denkt er.

Denken wir.

Und der hat innerhalb eines Jahres Verbrechen und Ordnungswidrigkeiten im Wert von 321 835,92 Euro begangen.

Natürlich ist die Summe fiktiv. Sie wäre nur dann real, wenn Adam 24 Stunden am Tag von einem Polizisten begleitet würde und alle Taten zur Anzeige gebracht würden. Wenn also auch dann einer aufgepasst hätte, wenn er sich unbeobachtet gefühlt hat. Menschen machen recht verrückte Sachen, wenn sie sich unbeobachtet fühlen: Sie popeln in der Nase. Sie singen unter der Dusche. Sie brechen das Gesetz.

Ich habe Adam begleitet und hatte dabei stets Kontakt zu zwei Polizisten, einem Finanzbeamten, einem Beamten auf der Bußgeldstelle, zwei Rechtsanwälten, einem Richter und einem Steuerberater. Es war ein Live-Ticker des Rechts, wir hatten stets sämtliche Informationen zum Vergehen, zum möglichen Verfahren und zur zu erwartenden Strafe im Falle eines Vergleichs, einer Abmahnung oder einer Gerichtsverhandlung. Dann habe ich gerechnet.

Aufgedröselt sieht das so aus:

Urheberrechtsverletzungen auf seiner Facebook-Seite: 12 000 Euro.

Andere Urheberrechtsverletzungen: 101 795,92 Euro.

Diebstahl: 100 Euro.

Steuerhinterziehung: 11 200 Euro.

Versicherungsbetrug: 1490 Euro.

Schmuggel: 750 Euro.

Beleidigungen und üble Nachrede: 128 000 Euro.

Delikte im Straßenverkehr: 37 500 Euro – wobei in diesem Fall anzumerken wäre, dass er seinen Führerschein für etwa sieben Jahre abgeben müsste, weshalb in den kommenden Jahren in diesem Bereich keine Strafen zu erwarten wären.

Andere Bußgelder für Ordnungswidrigkeiten wie Zigaretten auf die Straße werfen oder ohne Helm radfahren oder einen Hund ohne Leine im Englischen Garten spazieren führen: 29 000 Euro.

Macht insgesamt 321 835,92 Euro.

Natürlich wird kein Mensch in Deutschland 24 Stunden pro Tag kontrolliert und niemand für all seine Vergehen sofort angeklagt und bestraft. Adam hält sich für einen Menschen, der noch nie in seinem Leben das Gesetz gebrochen hat. Mittlerweile hat er jedoch akzeptiert, dass diese Summe vollkommen in Ordnung ist. Und er behauptet, dass andere noch viel mehr bezahlen müssten.

Adam hat diese Taten begangen – und nur weil sie niemand kontrolliert hat, werden sie nicht ungeschehen. Und er hat in nicht wenigen Fällen anderen damit geschadet. Irgendjemand muss den Schaden bezahlen – über höhere Steuern, höhere Versicherungsbeiträge oder steigende Kosten für die Reinigung der Straße.

Den wahren Charakter eines Menschen erkennt man in jenen Momenten, in denen er sich unbeobachtet fühlt.

321 835,92 Euro.

Das ist eine unfassbare Summe – aber sie stimmt. Anwälte, Polizisten, Richter und Beamte haben sie bestätigt. Adam, der Vorzeigebürger, begeht offensichtlich pro Jahr mehr Verbrechen und Ordnungswidrigkeiten, als er sich leisten kann. Wir alle begehen mehr Verbrechen und Ordnungswidrigkeiten, als wir uns leisten können.

Aber kaum jemand von uns wird zugeben, ein Verbrecher zu sein. Warum ist die Summe dann nicht 0 Euro?

Kann man ein Jahr lang überstehen, ohne auch nur ein Gesetz zu brechen oder eine Ordnungswidrigkeit zu begehen? Ist das möglich?

Ich will es versuchen. Ich möchte ein Jahr lang so tun, als stünde ständig ein Polizist neben mir und würde mich kontrollieren.

Ich möchte, dass die Summe, die letztlich in meinem Sündenregister vermerkt wird, bei 0 Euro liegt. Noch glaube ich, dass es möglich ist.

Ich will mich ein Jahr lang an alle Gesetze und Verordnungen halten, die es in Deutschland gibt. Das Gesetz bin ich!

Der Plan scheint perfekt: Ich muss einfach nur ein Jahr lang das tun, was ohnehin von mir verlangt wird. Wahrscheinlich denken jetzt alle: »An Gesetze halten? Kein Problem! Das tu ich doch sowieso!« Keine Sorge, das denke ich auch. Noch.

Ich will mich mit ein paar Polizisten unterhalten, mit Anwälten und Richtern. Vielleicht jedes fünfte der Beamtendeutsch-Wörter in meinem Block notieren und daraus ein Lexikon »Anwalt – Deutsch, Deutsch – Anwalt« machen. Vielleicht noch ein paar verrückte Gesetze finden, über die der Witze reißen kann, der sich für einen ganz tollen Nachwuchskabarettisten hält. Am Ende vielleicht noch voller Betroffenheit ein ernstes Kapitel mit dem Zusatz hinzufügen, dass es zu viele Gesetze in Deutschland gibt, sowie noch ein paar lustige Wörter zur Bürokratie und Gesetzestreue der Deutschen.

Leicht verdientes Geld.

Leider ist der Plan nicht perfekt.

Noch ahne ich nicht, dass dieses Vorhaben, ein Jahr lang nach allen deutschen Gesetzen zu leben, verdammt schwierig ist. Dass es unmöglich ist.

Wer sich ein Jahr an alle Gesetze hält, der sieht, wie es wirklich zugeht in Deutschland – und stellt fest, dass er viele Dinge lieber nicht gesehen hätte.

Kapitel 2

Im Paragrafendschungel

Robinson Crusoe hatte deutsche Gene in sich. Er wurde zwar in York geboren und war damit englischer Staatsbürger, doch sein Vater war ein deutscher Kaufmann aus Bremen, der nach England ausgewandert war. Die Geschichte von Daniel Defoe über den Seefahrer und Abenteurer ist deshalb natürlich Quatsch. Sie muss so gehen:

Crusoe vermisst erst einmal die Insel, zäunt sie ein und sucht die Inselverwaltung, um eine Aufenthaltsgenehmigung zu beantragen. Nach zwei Stunden Suche beschwert er sich, dass es keine Behörde gibt, und notiert in seinem Logbuch, dass er den Reiseveranstalter sofort auf Rückerstattung der Hälfte des Preises verklagen werde. Die fehlenden sanitären Einrichtungen, da ist er sich sicher, könnten nochmals zehn Prozent wert sein. Und natürlich fehlt der Balkon. Ach was, das ganze Hotel fehlt!

Dann lernt er Freitag kennen – und verlangt, dass der bitte schön nur genormte Kokosnüsse bringen möge und um 22 Uhr sein Feuer am Strand ausmachen soll, um die abendliche Ruhe nicht zu stören. Natürlich arbeitet er für sich und Freitag einen exakten Plan aus, wer wann mit welchem Gerät Fische zu fangen hat – und führt sogleich Disziplinarstrafen für den Fall ein, dass Fischfangquoten nicht erreicht werden. Gleich am ersten Tag muss Freitag vier genormte Kiwis abliefern, weil er den spitzen Speer für die

Jagd verwendet hat und außerdem dort gefangen hat, wo Robinson das Schild »Jagen verboten« errichtet hat.

Robinson gründet einen Verein für Krebszucht und fordert von Freitag, ebenfalls einen zu gründen. Die Vereine schließt Robinson zusammen zu einem Verband mit strikten Regeln und einem Spielplan, der festlegt, wann die Krebse zum Wettlauf miteinander anzutreten haben und an welchem Strand die nächste Weltmeisterschaft stattfindet. Dann beschwert er sich über den Wildwuchs der Bäume; den Bau einer Hütte verhindert er, weil sie nicht den baulichen Vorschriften entspricht, die Brandschutzverordnungen verletzt und sowieso nicht ins Inselbild passt.

Dann noch kurz Etiketten mit Ampelkennzeichnung auf die Bananen gepappt, ein Rauchverbot am Strand und eine Kleidergrößennorm eingeführt – und es ist fast perfekt. Dann nämlich sitzt Robinson abends vor seiner Hütte und beschwert sich darüber, welche Unzahl von Gesetzen es auf der Insel gebe und dass das alles entbürokratisiert gehöre.

Deutschland ist das Land der Gesetze und Normen – das stelle ich fest, als ich meine erste Gesetzessammlung aufschlage. Ich habe bereits 50 Bücher zum Thema Gesetze gelesen und festgestellt, dass Jura so trocken ist, als würde man Salzstangen mit Sandkuchen und Vollkornbrot essen und das Ganze mit einem Löffel Zimt hinunterspülen. Dennoch bin ich auf dieses Projekt in etwa so vorbereitet wie ein Bundesliga-Manager-Spieler auf einen Job als Sportdirektor beim FC Bayern oder ein Call-of-Duty-Zocker auf eine Schlacht in Afghanistan.

Aber es gibt ja den Schönfelder.

Zu behaupten, dass es sich beim Schönfelder um ein dickes Buch handelt, das ist ungefähr so, als würde man behaupten, dass der Mount Everest ein ziemlich hoher Hügel sei. Die Sammlung der wichtigsten deutschen Gesetze und Verordnungen ist neun Zentimeter dick und 2,385 Kilogramm schwer, die Seiten sind so dünn, dass man hindurchsehen kann. Es ist ein riesiger Wälzer, durchaus geeignet für Muskelübungen. Ich habe mir als Gegengewicht den Sartorius besorgt, ebenso dick und fast so schwer wie der Schönfelder und bestückt mit Verwaltungsgesetzen. Insgesamt sind das knapp fünf Kilo Gesetze – und da sind noch nicht einmal alle drin, die es in Deutschland gibt. Es gibt noch den Aichberger mit Gesetzen zum Sozialrecht und den Nipperdey zum Arbeitsrecht und auch eine Sammlung der Steuergesetze von Georg Müller, aber kein Buch ist so bedeutsam wie der Schönfelder.

Ich bin mir nicht ganz sicher, was Dr. Heinrich Schönfelder eines Tages dazu veranlasst hat, die wichtigsten deutschen Gesetze zwischen zwei Buchdeckel zu pressen. Womöglich war er ein Fan des Alten Testaments und insbesondere von Moses, womöglich dachte sich Schönfelder: Steintafeln sind nicht mehr en vogue, aber ich könnte etwas herstellen, das genauso schwer ist. Wenn Kollege Sartorius mitmacht, dann wird das großartig aussehen, wenn künftig ein Anwalt in seiner Robe daherkommt und unsere beiden Bücher präsentiert, als wären sie Gottes Gesetze.

Das erste Mal habe ich das Buch während meiner Studienzeit an der Universität Regensburg gesehen. Ich dachte immer, das Herumtragen dieses dicken roten Buches wäre das Aufnahmeritual einer Studentenverbindung: Wer seinen Schönfelder vergisst, muss auf der nächsten Wohnheimparty einen Schnaps trinken. Doch es war anders: Der Schönfelder war die Bibel der Jurastudenten, das heilige Buch, das Nekronomikon des Rechts. Die Studenten zitierten daraus, als wäre darin der Code für ein glückliches Leben enthalten oder zumindest die Blaupause für erfolgreiche Gerichtsverhandlungen. Auch in Gerichtsshows steht der Schönfelder immer auf dem Pult.

Ich habe die aktuelle Ausgabe von vorne bis hinten durchgelesen.

Ich möchte an dieser Stelle einen kurzen Warnhinweis geben: Wer jemals vorhat, sich als Nichtjurist durch den Schönfelder von Buchbrust zu Buchrücken durchzuarbeiten, dem rate ich dringend, sich einem Psychiater anzuvertrauen oder zumindest einem Taxifahrer, der Psychologie oder Jura studiert hat. Ich habe in meinem Leben langweilige Bücher gelesen wie etwa *Schoßgebete* von Charlotte Roche, schwierige wie *Krieg und Frieden* von Leo Tolstoi – und aufgrund des Vornamens meines Sohnes habe ich mich sogar an wahnsinnige Bücher wie *Finnegans Wake* von James Joyce gewagt und bis Seite 20 durchgehalten.

Doch der Schönfelder ist die Vereinigung aller drei Kategorien in einem Buch – und es ist mir bis heute nicht klar, warum in Guantanamo komplizierte Folterwerkzeuge eingesetzt werden. Die amerikanischen Soldaten müssen die Gefangenen nur zwingen, die deutschen Gesetze auswendig zu lernen. Nach zwei Tagen wäre jeder Terrorist ein gebrochener Mensch.

Der Schönfelder überragt nicht nur mit seiner Wucht, sondern auch mit seinem Inhalt. Wer von der Quantität nicht überrollt wird, der wird von der Qualität der Texte geplättet. Es ist, als hätte ein erlesenes Team aus Schriftstellern möglichst komplizierte Sätze formuliert. Dann haben Franz Kafka und Thomas Mann eine Vorauswahl getroffen, Roger Willemsen ist als Lektor tätig gewesen und hat dafür gesorgt, dass auch ganz sicher kein Mensch mehr einen Satz versteht.

Zusammengesetzt wurden die Sätze dann vom Regisseur des Films *Der englische Patient*, der sich darum kümmerte, dass auch wirk-

Wissen für Nichtjuristen

Heinrich Schönfelder war während der Nazi-Diktatur in Deutschland Mitglied der NSDAP. Von 1936 an waren Gesetze mit den Ordnungsnummern 1 bis 19 den Gesetzen der NS-Diktatur vorbehalten. Nummer 1 war das Parteiprogramm der NSDAP.

lich nichts Spannendes oder Interessantes übrig bleiben würde.

Schon beim Lesen der Schnellübersicht habe ich das Gefühl, dass dieses Buch einen Teil meiner Seele einfach in sich aufsaugt, mindestens aber die rechte Hälfte meines Gehirns einfach grillt. Da stehen Begriffe wie »Partnerschaftsgesellschaftsgesetz« und »Untersuchungshaftvollzugsordnung« und »Aufwendungsausgleichsgesetz«, aber auch Abkürzungen wie »REITG«, »CISG« und »RiStBV«.

Es gibt das »AtHaftProtParis2004G«, und es geht darin um nichts weniger als das »Gesetz zu den Protokollen vom 12. Februar 2004 zur Änderung des Übereinkommens vom 29. Juli 1960 über die Haftung gegenüber Dritten auf dem Gebiet der Kernenergie in der Fassung des Zusatzprotokolls vom 28. Januar 1964 und des Protokolls vom 16. November 1982 und zur Änderung des Zusatzübereinkommens vom 31. Januar 1963 zum Pariser Übereinkommen vom 29. Juli 1960 über die Haftung gegenüber Dritten auf dem Gebiet der Kernenergie in der Fassung des Zusatzprotokolls vom 28. Januar 1964 und des Protokolls vom 16. November 1982«. Alles klar?

Es gibt auch die »JArbSchSittV«, eine »Verordnung über das Verbot der Beschäftigung von Personen unter 18 Jahren mit sittlich gefährdenden Tätigkeiten«, die »ZAGMonAwV«, eine »Verordnung zur Einreichung von Monatsausweisen nach dem Zahlungsdiensteaufsichtsgesetz« – und natürlich die »GASV«, die »Verordnung zur Bestimmung von weiteren grundlegenden Anforderungen an Geräte sowie zur Bestimmung von Äquivalenzen nationaler Schnittstellen und Geräteklassenkennungen auf dem Gebiet der Funkanlagen und Telekommunikationsendeinrichtungen«.

Ich habe mir das wirklich nicht ausgedacht.

Es gibt auch ein Gesetz, wann sich ein Ort »Luftkurort« nennen darf – also quasi gesetzlich vorgeschrieben ist, dass die Luft dort besser zu sein hat als an anderen Orten. In Bayern ist das der Paragraf 9 in der »Verordnung über die Anerkennung als Kur- oder Erholungsort und über die Errichtung des Bayerischen Fachausschusses für Kurorte, Erholungsorte und Heilbrunnen«.

Was passiert mit einem Menschen, der den Schönfelder liest?

Ich habe mich zurückgezogen auf die Burg Feuerstein in Franken. An diesem Abend ist die Burg leer, es gibt nur den Schönfelder und mich. Ich beginne um 17 Uhr und lese die ersten 500 Paragrafen des Bürgerlichen Gesetzbuches (BGB). Dafür brauche ich gut zwei Stunden – nur um am Ende zu bemerken, dass ich alles vergessen habe, was an diesem Tag zuvor passiert ist. Ich habe über Personen und Tiere gelesen, über Rechtsgeschäfte, Schuldverhältnisse und deren Erlöschung, über Tausch und Teilzeit-Wohnrechteverträge – und habe festgestellt, dass mein Gehirn für jedes neue Gesetz eine schöne Erinnerung aus meinem Leben gelöscht hat. Der Schönfelder ist das schwarze Loch der Literatur: Sorry, du unglaublich hübsche Frau aus dem ersten Semester – ich habe keine Ahnung mehr, wie du heißt und wie du ausgesehen hast. Es liegt weder an dir noch an mir. Der Schönfelder ist schuld.

Wissen für Nichtjuristen
Das Verunglimpfen ausländischer Flaggen wird ähnlich hart bestraft wie das Verunglimpfen der deutschen Flagge. (§ 104 StGB)

Bei Paragraf 1000 des BGB, in dem es um das Zurückbehaltungsrecht des Rechtvorgängers geht, vergesse ich, wann meine Frau Geburtstag hat. Dieser Paragraf heißt »Verbindlichkeiten zu Lasten der Abkömmlinge« und hat damit zu tun, dass ich offensichtlich für die Schulden meines Vaters aufkommen muss, wenn er einmal stirbt. Bei Paragraf 1240 muss ich aufhören, zum einen ist es bereits vier Uhr morgens, zum anderen finde ich, dass der Paragraf zu Gold- und Silbersachen ein perfekter Moment für eine Pause ist: »Gold- und Silbersachen dürfen nicht unter dem Gold- und Silberwert zugeschlagen werden.« Das hilft bestimmt bei der nächsten Finanzkrise.

Am nächsten Tag mache ich weiter. Paragraf 2000 handelt von der Unwirksamkeit der Fristbestimmung, um fünf Uhr morgens bin ich beim letzten Paragrafen angelangt. Er trägt die Nummer 2385 und regelt die »Anwendung auf ähnliche Verträge«, was ich als einen doch recht misslungenen Abschluss empfinde. Ich meine, man hätte ja durchaus mit Mord aufhören oder zumindest ein Happy End mit einem neuen Gold- und Silberparagraphen wählen können. Ein Paragraf über ähnliche Verträge wirkt da ein wenig unbefriedigend.

Ich bin fertig, ich habe das Bürgerliche Gesetzbuch von vorne bis hinten durchgelesen. Ich würde nun gerne meine Frau anrufen, doch ich habe leider vergessen, wie sie heißt. Dafür weiß ich nun, dass eine Unterbringung des Kindes, die mit Freiheitsentziehung verbunden ist, der Genehmigung des Familiengerichts bedarf. Und ich weiß, dass die Kündigung eines Mietverhältnisses unzulässig ist, wenn der Vertrag auf Lebenszeit geschlossen wurde. Ich weiß auch das: Bei der Ausübung einer Grunddienstbarkeit hat der Berechtigte das Interesse des Eigentümers des belasteten Grundstücks tunlichst zu schonen.

Dafür habe ich meinen Hochzeitstag vergessen. Nicht das Datum – nein, für einige Stunden habe ich nicht mal eine Ahnung, was an diesem Tag vorgefallen ist. Dafür weiß ich, dass ich mich scheiden lassen dürfte, wenn ich bei der Eheschließung nicht gewusst hätte, dass es sich um eine Eheschließung gehandelt hat: »Eine Ehe kann ferner aufgehoben werden, wenn die Ehe im Zustand der Bewusstlosigkeit geschlossen wurde.«

Ich habe 480 Seiten und 2385 Paragrafen gelesen – und

stelle fest, dass ich damit nicht einmal ein Zehntel des kompletten Schönfelders geschafft habe.

Man kann sich das BGB mittlerweile auch anhören, vorgelesen von Christoph-Maria Herbst. Ich habe zehn Minuten durchgehalten: Es geht weniger darum, einem Menschen die Gesetze näherzubringen, sondern darum, Junkies ruhigzustellen, bei denen harte Drogen keine Wirkung mehr zeigen.

Zur Ablenkung sehe ich mir weiter hinten die Verkehrsschilder an, die es in Deutschland gibt, dann schlafe ich ein und träume von einem Vorfahrtszeichen und diesen Sätzen: »Mit einem Vermächtnis kann der Erbe oder ein Vermächtnisnehmer beschwert werden. Soweit nicht der Erblasser ein anderes bestimmt hat, ist der Erbe beschwert.«

Wir glauben, kaum mit dem Gesetz in Berührung zu kommen. Doch Gesetze und Verordnungen berühren uns nicht nur, sie springen uns jeden Tag an. Es gibt einen Zehn-Stufen-Plan, wie die meisten von uns mit dem Gesetz umgehen:

1. »Das Gesetz bin ich!« Wir sind allwissend, wir haben alles gesehen und alles erlebt. Wir müssen weder Gesetzestexte noch Bedienungsanleitungen noch Packungsbeilagen lesen. Was wir nicht wissen, das existiert nicht.
2. »Das weiß doch jeder!« Wir wollen zwar gerne Individualisten sein, am Ende jedoch sind wir Lemminge, die dorthin rennen, wo alle hinlaufen. Wenn alle seit 40 Jahren behaupten, dass etwas so ist, wie alle es behaupten, dann kann das doch nicht falsch sein. Denken wir. Wer am Stammtisch recht bekommt, der bekommt auch vor Gericht recht. Denken wir. Der Komiker Werner Koczwara wollte in einer Fernsehshow einen Witz machen und sagte: »Die Zehn Gebote haben 179 Wörter, die amerikanische Un-

abhängigkeitserklärung hat 300 Wörter – und die EU-Verordnung über die Einfuhr von Karamellbonbons hat 23 911 Wörter.« Der Satz wurde zitiert. Von Komikern, Journalisten, Stammtischphilosophen – bis ihn alle für wahr hielten. Selbst Juristen und Politiker.

3. »Das ist mein gutes Recht!« Irgendwann merken wir, dass das, was wir für wahr gehalten haben, vielleicht doch falsch sein könnte. In Koczwaras Fall: Die Zehn Gebote haben nicht 179 Wörter, sondern nur 63, dafür hat die amerikanische Unabhängigkeitserklärung 1322 Wörter. Und die Verordnung über die Einfuhr von Karamellbonbons? Die gibt es gar nicht. Nun beginnen wir, Gesetze zu lesen – aber nur die, die uns versichern, dass wir im Recht sind. Das wäre ja noch schöner, wenn da einer daherkäme und etwas für falsch erklärt, was wir für richtig halten.
4. »Wir sehen uns vor Gericht!« Es gibt einen schönen Witz über Briten, der geht so: »Was macht ein Brite, wenn er eine Schlange sieht? Er stellt sich hinten an.« Man könnte diesen Witz umschreiben in: »Was macht der Deutsche, wenn er ein Gericht sieht? Er prozessiert.« Es gibt etwa den Fall eines Gabelstaplerfahrers, der betrunken zur Arbeit erschienen war, obwohl in seinem Arbeitsvertrag deutlich stand, dass er nüchtern sein muss, wenn er arbeitet. Der Vorarbeiter schickte ihn nach Hause, der Betrieb sendete eine Kündigung. Fall erledigt? Nein, natürlich nicht. Der Gabelstaplerfahrer klagte, dass er mitnichten betrunken gearbeitet habe, schließlich sei er ja daran gehindert worden – und in seinem Vertrag steht, dass er nur entlassen werden kann, wenn er betrunken arbeitet. Welcher kranke Geist kommt auf die Idee, tatsächlich gegen diese Entlassung zu klagen? Ein kluger kranker Geist, denn der Staplerfahrer bekam vor dem

Landgericht Frankfurt tatsächlich Recht und musste wieder eingestellt werden.

5. »Das kann doch gar nicht sein!« Wir verlieren vor Gericht – doch jetzt fängt der Spaß erst an. Denn natürlich haben wir immer noch recht, der Richter hat lediglich einen Fehler gemacht und sich geirrt. Denn: Bei Gericht bekommt man keine Gerechtigkeit, sondern ein Urteil.
6. »Ich wusste es!« Jetzt beginnt die rechtliche Generalmobilmachung. Nun werden Gesetze durchgeackert, Internetseiten durchforstet, Zeitungsartikel durchwühlt, Experten befragt, Gerichtsshows analysiert, Fachbücher gekauft. Und natürlich kommt nun eine wichtige Figur ins Spiel, die lange Zeit herumstand wie der Turm beim Schachspiel, nun aber plötzlich in das Geschehen eingreifen darf: der Anwalt, der Hoffnung spendende Übersetzer von Gesetzestexten und Fachliteratur, der treue Begleiter des zu Unrecht Verurteilten, der gegen ein geringes Entgelt alles behauptet, was der Mandat behauptet haben möchte.
7. »Das wird hohe Wellen schlagen!« Nun kämpfen wir nicht mehr für uns, sondern für alle Unterdrückten. Der Prozess muss nun einer sein, bei dem ein Ruck durch Deutschland geht und wegen dem die Verfassung geändert werden muss. Wir kämpfen nun nicht mehr für uns, sondern gegen alle anderen.
8. »Waaaaaas?« Nun kommt der Richter, von dem wir uns im Gegensatz zum ersten Prozess ein faires Urteil erwarten. Aber: Da kämpft ein Jurist gegen einen Juristen – und der Kampf wird von einem Juristen entschieden. Gesetzestexte sind schwieriger zu übersetzen als die Bücher von Laotse, die Interpretation lässt so viele Varianten zu wie die Weisheiten des Konfuzius.
9. »Armes Deutschland!« Nun haben wir verloren –

und müssen einsehen, dass unser ehrenwerter Kampf vergeblich war und dass die Ungerechtigkeit wieder einmal gesiegt hat. Immerhin: Es gibt nun Stoff für mindestens zehn Geschichten, bei denen die Kollegen am Stammtisch oder beim Kaffeekränzchen verständnisvoll nicken. Wir leben schon in einem schlimmen Land.

10. »Goodbye Deutschland!« Der letzte Ausweg des Geknechteten: Er hält es nicht mehr aus in diesem Land, in dem es nur ungerecht zugeht. Damit beginnt er den Zyklus des Trash-TV-Nachmittags, der später in diesem Buch noch eine Rolle spielen wird. Wir gehen irgendwohin, wo die Menschen anders sind. Gerechter. Zuverlässiger.

Ich habe während des Projekts insgesamt 327 Stunden damit verbracht, Gesetzestexte zu lesen. 327 Stunden meines Lebens, die ich niemals wiederbekommen und für die ich von Gott einen gewaltigen Anschiss bekommen werde, weil ich mein Leben so verplempert habe. Ich habe in diesen Stunden nicht nur Nerven und Gehirnzellen eingebüßt, sondern vor allem auch Menschenverstand und die Fähigkeit zu logischem Denken.

Sollten Sie nun denken, ich würde übertreiben, dann möchte ich Ihnen noch ans Herz legen, wie das Reichsgericht am 17. März 1879 die Eisenbahn definiert hat:

»Ein Unternehmen, gerichtet auf wiederholte Fortbewegung von Personen oder Sachen über nicht ganz unbedeutende Raumstrecken auf metallener Grundlage, welche durch ihre Konsistenz, Konstruktion und Glätte den Transport großer Gewichtsmassen, beziehungs-

(Un-)Wichtiges Wissen

Aus dem *Deutschen Lebensmittelbuch*: »Gewürzmischungen sind Mischungen, die ausschließlich aus Gewürzen bestehen.« (Leitsätze für Gewürze und andere würzende Zutaten)

weise die Erzielung einer verhältnismäßig bedeutenden Schnelligkeit der Transportbewegung zu ermöglichen bestimmt ist, und durch diese Eigenart in Verbindung mit den außerdem zur Erzeugung der Transportbewegung benutzten Naturkräften (Dampf, Elektrizität, tierischer oder menschlicher Muskeltätigkeit, bei geeigneter Ebene der Bahn auch schon der eigenen Schwere der Transportgefäße und deren Ladung etc.) bei dem Betriebe des Unternehmens auf derselben eine verhältnismäßig gewaltige (je nach den Umständen nur in bezweckter Weise nützliche, oder auch Menschenleben vernichtende oder die menschliche Gesundheit gefährdende) Wirkung zu erzeugen fähig ist.«

Wissen für Nichtjuristen
Es gibt nicht nur Gesetzestexte, sondern auch wunderbare Schriften wie die *Neue Juristische Wochenzeitung*. Nach einem Urteil des Bundesgerichtshofs ist seit 1968 jeder Anwalt verpflichtet, sie zu lesen. Darin stehen auch Urteile wie dieses des Bezirksgerichts Wien: »Schnee auf dem Autodach gehört dem Fahrzeughalter.«

Freilich geht es auch einfacher – im *Deutschen Lebensmittelbuch* steht:

»Blut ist die beim Schlachten aus den Blutgefäßen gewonnene, zellige Bestandteile enthaltende Flüssigkeit.«

Und das Finanzgericht Düsseldorf hat entschieden:

»Ein Verschollener hat seinen Wohnsitz bei der Ehefrau.«

Es ist ein Dschungel – aber immerhin bekommt man einen wegweisenden Satz mit auf die Reise. Er steht im Handbuch der Rechtsförmlichkeit und lautet:

»Es gehört zur Verantwortung des Gesetzgebers, verlässliches, übersichtliches und verständliches Recht zu schaffen.«

Kapitel 3

Atmen ist noch erlaubt

Die Toten Hosen haben im Jahr 1988 das Lied »1000 gute Gründe« veröffentlicht. Die Toten Hosen haben in ihrer Karriere eine ganze Menge tolle Lieder veröffentlicht – wahrscheinlich hat jeder Mensch in Deutschland zwischen 20 und 45 Jahren ein Lied dieser Band, das ihn besonders berührt. Kein Liebeskummer ohne »Alles aus Liebe«, keine Party ohne »Zehn kleine Jägermeister«, und seit 2012 wohl auch nie mehr ein Oktoberfest ohne »Tage wie diese«. Bei mir sind es, seit ich dieses Projekt angefangen habe, die »1000 guten Gründe« – und das vor allem wegen dieser Textzeile:

»Hohe Berge, weite Täler, / klare Flüsse, blaue Seen, / dazu ein paar Naturschutzgebiete, / alles wunderschön. / Wir lieben unser Land! / Totale Pflichterfüllung, / Ordnung und Sauberkeit, / alles läuft hier nach Fahrplan, / der Zufall ist unser Feind. / Wir lieben unser Land! / Unser Fernsehprogramm, / unsere Autobahn. / Wir lieben unser Land! / Es gibt 1000 gute Gründe, / auf dieses Land stolz zu sein.«

Ein wenig später heißt es: »Keiner scheint hier zu merken, / dass man kaum noch atmen kann.«

Ich habe es sicherheitshalber gerade noch einmal getestet. Erst daheim, dann auf der Straße, in der U-Bahn, dann vor einem Polizisten: Atmen ist noch erlaubt.

Bei allem anderen kann man sich nicht mehr sicher sein. Was nicht ausdrücklich erlaubt ist, das ist verboten.

Ich war kürzlich mit meinem Sohn auf einem Spielplatz in der Nähe des Münchner Ostparks. Das ist ein Ort, an dem sich Kinder wohlfühlen sollen. Wo sie Spaß haben sollen. Ich habe mich kurz umgesehen. Auf diesem Spielplatz hängen acht Schilder. Darauf steht nicht: »Es macht besonders Laune, wenn man Wasser in die Röhren spritzt!« Darauf steht auch nicht: »Rutscht, so schnell ihr könnt!« Und auch nicht: »Habt einfach Spaß!« Auf diesen acht Schildern sind insgesamt 42 Verbote vermerkt – wie man nicht rutschen soll, wie man das Karussell nicht benutzen darf, wie man das Klettergerüst nicht besteigen darf.

Immerhin: Atmen ist noch erlaubt.

Und doch ist interessant, was auf so einem Spielplatz passiert. Da tollen Kinder umher und sind eigentlich nur damit beschäftigt, sich gegenseitig zu Höchstleistungen anzustacheln. Wer kann besser klettern? Wer kann schneller rutschen? Wer baut die beste Sandburg? Daneben sitzen Eltern, die versuchen, genau das zu verhindern, wobei sich die Eltern in drei Kategorien unterteilen lassen: die Mitmacher, die Apathischen und die Weltuntergänger.

Die Mitmacher nutzen die Zeit auf dem Spielplatz dazu, selbst wieder Kind zu sein, jedoch mit dem Verantwortungsbewusstsein eines Erwachsenen. Sie rutschen, sie klettern, sie bauen – aber sie erklären ihrem Kind andauernd, dass es beim Rutschen die Beine zusammen-, beim Klettern auseinander- und beim Bauen angewinkelt halten sollte. Lustig dabei: Die Mitmacher verstoßen damit gegen das Gesetz, weil die Nutzung von Spielplätzen nur bis zu einem Alter von 14 Jahren erlaubt ist. Steht auf einem der Schilder.

Die Apathischen findet man am Rand des Spielplatzes, sie sitzen ihre Zeit ab und warten darauf, dass das Kind endlich fertig ist mit Spaß haben. Sie haben entweder ein Buch in der Hand oder ein Handy, sie unterhalten sich mit anderen Eltern oder starren in den Himmel. Manchmal schlafen sie auch.

Die Weltuntergänger vermuten hinter jedem Spielzeug ein Werk des Teufels. Die Rutsche ist zu steil, die Schaufel voller Keime, und das Karussell wurde nur deshalb erfunden, um der Zentrifugalkraft dabei zu helfen, kleine Kinder ins Jenseits zu befördern. Ein Stein ist ebenso eine Mordwaffe wie ein Spielzeugbagger, und die anderen Kinder sind sowieso Diebe, Gangster und Totschläger. Die Kinder der Weltuntergänger heißen Linus, Malte oder Cajus. Die Eltern finden es prima, dass es so viele Verbote gibt – und sie erinnern ihre eigenen und auch die anderen Kinder stets daran: »Linus, bitte, nimm nicht die Schaufel von diesem Kind, die ist so schmutzig. Und rutsch nicht mit dem Kopf nach vorne, das ist gefährlich. Cajus, Sand im Mund ist giftig.«

Die Weltuntergänger sind die Zivilpolizisten des Spielplatzes.

Auch an anderen Orten kann man nicht so einfach machen, was man will. Ich habe es mal probiert. Zu meinem 33. Geburtstag wollte ich im Ostpark grillen.

Es gibt jedoch »Regeln für das Grillen im Ostpark« und sogar ein »Grilltelefon«, bei dem der Bürger erfährt, wo überall das Grillen verboten ist. Zusammengefasst steht in den Regeln: keine organisierten Feiern, kein Funkenflug, kein Lärm, keine eigenen Grills, keine freie Platzwahl. Am Ende steht da: »Verstöße gegen die Regelungen der Grünanlagensatzung werden mit Geldbußen geahndet. Die Einhaltungen der Schutzbestimmungen werden von der Anlagenaufsicht, einem beauftragten Sicherheitsdienst und der Polizei überwacht.«

Ich habe meinen Geburtstag dann auf unserem Balkon gefeiert.

Deutschland ist ein Verbotsland. Verbieten und Bestrafen gehören zum Katechismus des Zusammenlebens.

Das liegt nicht zuletzt am nicht zu unterschätzenden Einfluss, den die beiden christlichen Kirchen immer noch auf die deutsche Gesellschaft haben. Die Menschen gehen zwar kaum noch in die Kirche, doch das Prinzip von Schuld, Sühne und Bestrafung ist nach wie vor präsent. Das habe ich schon bei meinem Projekt, verschiedene Religionen zu testen, mehr als deutlich bemerkt. Schuld ist die *Unique Selling Proposition* des katholischen Glaubens. Der Priester sagt zu Beginn eines Gottesdienstes: »Wir müssen Buße tun und umkehren.« Er sagt nicht: »Wir sind auf dem richtigen Weg, lasst uns einfach weitergehen.« Er sagt auch nicht: »Schön, dass Sie heute hier sind.« Er sagt lieber: »Ach herrje, die Kirchen werden immer leerer – die laden alle Schuld auf sich. Ihr seid alle Sünder.«

Kein Pfarrer versprach mir jemals: »Wenn Sie das so und so machen, dann kommen Sie in den Himmel.« Sie drohten lieber: »Wenn du das machst, dann kommst du in die Hölle.«

Das Christentum ist eine Verbotsreligion. Es darf nicht hinterfragt werden, ob ein Verbot Sinn macht oder nicht – es ist einfach so. Und das Totschlagargument ist natürlich, dass der Sünder nicht nur im Diesseits bestraft wird, sondern dass auf ihn bei genügend Verstößen die ewige Verdammnis wartet. Wer braucht schon Argumente, wenn er seine Verbote mit der Androhung von Höllenfeuer untermauern kann? Wenn Argumente fehlen, kommt meist ein Verbot heraus.

Man muss sich nur einmal umsehen. Mehr als 20 Millionen Verkehrsschilder gibt es in Deutschland, die den Menschen im Straßenverkehr befehlen: Fahr bloß nicht zu schnell! Bieg nur ja nicht nach links ab! Lass dein Auto nicht hier stehen! In der deutschen Straßenverkehrsordnung sind neben 53 Paragrafen auch 684 verschiedene Verbots- und Hinweisschilder vermerkt. Schild Nummer 17 ist ein Pferd mit Reiter auf einem blauen Kreis, Nummer 9 ist rotes Dreieck, in dem ein Fähnchen zu sehen ist. Es gibt auch eines, auf dem ein Auto in einen Fluss fällt.

Die ersten Verkehrsschilder in Deutschland gab es im Jahr 1910. Auf einer internationalen Konferenz ein Jahr zuvor in Paris wurde angeregt, gefährliche Passagen durch sogenannte Warnungstafeln zu kennzeichnen. Es waren runde Zeichen mit blauem Hintergrund und weißer Farbe – und ein genialer Mensch kam gar auf die Idee, diese Schilder mit Werbung zu versehen. So sah etwa ein Schild im Jahr 1925 aus:

Das Schild warnte vor einer kurvigen Strecke und warb ganz nebenbei noch für den Hessischen Automobil-Club in Darmstadt. Erst 1927 wurden die Warnungstafeln durch Verkehrszeichen ersetzt, wie wir sie heute an jeder Straße sehen müssen. Einige davon in der gleichen Ausführung wie 1927.

Ich habe nach Durchsicht aller Verkehrsschilder meine fünf Lieblinge gekürt. Hier sind sie:

Das bedeutet nicht: »Wer sein Auto irgendwo hinauffährt, möge es bitte schön wieder herunterfahren.«

Es bedeutet: »Parken auf Gehwegen quer zur Fahrtrichtung (Ende).«

Das bedeutet nicht: »Vorsicht! Skifahrer kreuzen die Fahrbahn!«

Es bedeutet: »Wintersport erlaubt!« Wobei ich dann doch für mich entschieden habe, dass ich lieber nicht auf einer Straße fahren möchte, auf der ich jederzeit damit rechnen muss, von einem Skifahrer überholt zu werden – oder noch schlimmer: von einem Snowboarder übersprungen zu werden.

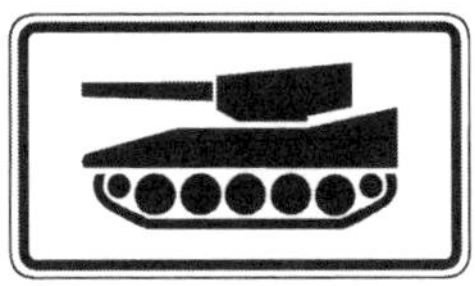

Das bedeutet nicht: »Zu langsam fahrende Fahrzeuge dürfen beschossen werden.«

Es bedeutet: »Ab hier nur militärische Fahrzeuge!«

Also übersetzt: »Leute, ab hier beginnt der Krieg!«

Das bedeutet nicht: »Dieses Fahrzeug kann übers Wasser fahren.«

Es besagt: »Streckenverbot für Fahrzeuge mit wassergefährdender Ladung.«

Was allerdings der Satz »Streckenverbot für Fahrzeuge

mit wassergefährdender Ladung« bedeutet, das weiß nicht einmal mehr der Erfinder des Schildes.

Das bedeutet nicht: »Eine Straße, viele Bäume – ja, das ist eine Allee!«

Es bedeutet: »Eingeschränktes Lichtraumprofil durch Bäume!«

Gott segne den Menschen, der das Wort »Lichtraumprofil« ersonnen hat, er möge ihn alleine dafür in den Himmel aufnehmen.

Durchschnittlich steht auf deutschen Straßen alle 28 Meter ein Verkehrsschild – wer also von Hamburg nach Berlin fährt, der erblickt 10357 Schilder. Von Köln nach Erfurt: 13142 Schilder. Von Bremen nach München: 26750 Schilder. Bei einer durchschnittlichen Geschwindigkeit von 100 Stundenkilometern muss das Gehirn pro Sekunde ein Schild verarbeiten – wobei dafür ein berühmtes Gedächtnisexperiment helfen kann: Man lässt sich pro Sekunde eine Zahl vorsagen und versucht, sie alle zu addieren. Nach 15 Sekunden fragt der Aufsager: »Was war die dritte Zahl, die ich gesagt habe?« Nur etwa zehn Prozent der Menschen können sich daran erinnern. Bei Verkehrsschildern ist das noch schlimmer: Wer mit der Richtgeschwindigkeit von 130 Stundenkilometern fährt, sieht durchschnittlich alle 0,77 Sekunden ein Schild. Probieren Sie mal aus, wie viele Schilder sie tatsächlich wahrnehmen und an welchen Sie einfach vorbeifahren.

Ein Verkehrsschild kostet laut ADAC übrigens 350 Euro, bei der Fahrt von Bremen nach München passiert der Autofahrer also Verkehrsschilder im Wert von 9,36 Millionen Euro.

Bei diesen Studien hat der ADAC auch herausgefunden, dass 30 Prozent aller Verkehrsschilder unnötig sind. Das war in den 80er-Jahren – und das damalige Bundesministerium für Verkehr hat daraufhin den Modellversuch »Weniger Verkehrszeichen« unterstützt. Die Maßnahme zeigte durchaus Wirkung: Bis zum Jahr 1997 ist die Anzahl der Verkehrsschilder um 24 Prozent gestiegen. Also gab es wieder eine Initiative. Diesmal wurde die Straßenverkehrsordnung geändert und festgelegt, dass Beschränkungen des fließenden Verkehrs nur dann angeordnet werden dürfen, wenn eine Gefahr besteht, die über dem allgemeinen Risiko liegt. Auch diese Aktion war ein voller Erfolg: Bis zum Jahr 2010 ist die Anzahl der Verkehrsschilder noch einmal um 17 Prozent gestiegen.

Wie lautet die Definition von Wahnsinn laut Albert Einstein? Immer und immer wieder das Gleiche tun und ein anderes Ergebnis erwarten. Genau das machen die Menschen, die sich diese Initiativen ausdenken.

Wer muss schon das Aufstellen neuer Schilder begründen, wenn er dem Autofahrer einfach drohen kann, ihm den Führerschein zu entziehen, wenn der sich nicht an die Verbote hält?

Zu den Verkehrsschildern und Hinweisen kommen natürlich die Schilder, die Privatpersonen angebracht haben: »Ausfahrt freihalten«, »Hunde dürfen hier nicht rein«, »Bitte unterlassen Sie es, beim Verlassen des Lokals Lärm zu machen«. In einem Lokal in der Nähe meiner Heimatstadt hängt sogar ein Verbotsschild, das nur wegen mir dort angebracht wurde und auf das ich ziemlich stolz bin – dazu später mehr.

Es gibt laut einer Studie neben den 20 Millionen Verkehrsschildern noch weitere 56 Millionen Schilder in Deutschland, die uns darauf hinweisen, dass wir etwas machen sollen oder etwas nicht dürfen.

Also: Alle 9,8 Meter hängt irgendwo in Deutschland ein Schild, das einem sagt, was man zu tun und was man zu lassen hat.

Ich habe mich auch auf die Suche gemacht nach den lustigsten Verbotsschildern in Deutschland. Hier sind meine persönlichen Top fünf:

Dieses Schild könnte bedeuten: »Kein Stagediving!«

Es könnte aber auch bedeuten: »Pep Guardiola darf hier nicht Trainer werden.«

Dieses Schild gehört meiner Meinung nach an jede Ampel.

Es könnte bedeuten: »Keine öffentliche Skigymnastik durchführen.«

Es könnte aber auch etwas zu tun haben mit Menschen, die sich gerne zwischen Bäumen erleichtern.

Könnte bedeuten: »Wer Klimmzüge macht, könnte sich mit Tee, der gerade an der Decke gebrüht wird, die Genitalien verbrühen.«

Und mein absoluter Liebling:

Ich überlege seit Wochen – und das ist die beste Erklärung, die mir eingefallen ist: »Es ist toten Menschen verboten, Bauarbeiter zu erschrecken.«

Die Deutschen lieben ihre Schilder und ihre Verbote – und je nach Ausgang der Bundestagswahl 2013 könnte das Mega-Verbot hinzukommen. Die Grünen planen, das Tempo in geschlossenen Ortschaften zu reduzieren. Statt Tempo 50 soll es heißen: Tempo 30. Warum eigentlich nicht? Würde das gehen? Spricht man mit Polizisten, so hört man Sätze wie: »Der Aufwand, die Regeltreue der Bürger zu überprüfen, wäre schon enorm.« Redet man mit Autofahrern, so hört man eigentlich nur den Satz: »Was für ein Unsinn!« Hört man Politikern wie dem Grünen-Abgeordneten Toni Hofreiter zu, so wird das Telefon zu einem Duschkopf, weil sich ein Redeschwall über einen ergießt. Man bekommt Studien und Statistiken aufgetischt – etwa dass nur zehn Prozent aller Tempo-30-Unfälle tödlich enden, jedoch 90 Prozent aller Unfälle, die bei Tempo 50 passieren. Dass es nach dieser Rechnung am besten wäre, überhaupt nicht mehr mit dem Auto zu fahren, weil die Überlebenschance bei Tempo null bei 100 Prozent liegt, das sagen Menschen wie Hofreiter nicht.

Meine Mitbürger scheinen die Verbote nicht zu stören – ganz im Gegenteil. Gemeinsam mit dem renommierten Institut für Demoskopie Allensbach und dem Mainzer Institut für Publizistik hat sich das Heidelberger John Stuart Mill Institut für Freiheitsforschung aufgemacht, im »Freiheitsindex Deutschland« die Freiheitsliebe der Deutschen zu ergründen.

Die Studie wurde im Juli 2012 veröffentlicht, die Ergebnisse sind eindeutig: Die Deutschen wünschen sich noch mehr Verbote, als es sie ohnehin schon gibt.

Natürlich ist es sinnvoll, radikale Parteien und Kinderpornografie zu verbieten – da wird wohl kaum jemand widersprechen, bei dem noch alle Synapsen im Gehirn funktionieren.

Was aber nach Ansicht einiger auch noch verboten werden sollte: Gotteslästerung (25 Prozent), hochprozentiger

Alkohol (20 Prozent), jede Form der Pornografie (36 Prozent). Mehr als ein Drittel möchte also das Internet abschaffen – denn meiner Meinung nach gäbe es nach dem Verbot von Pornografie nur noch eine Webseite mit dem Namen: www.gebtunspornografiezurueck.de.

Viele Menschen definieren Freiheit darüber, was ihnen alles verboten wird – denn nur wer sich an alle Regeln hält, darf im gesetzten Rahmen frei sein. Alle anderen werden bestraft. Das Ziel scheint nicht zu sein, möglichst glücklich zu leben oder möglichst viele Dinge auszuprobieren, sondern möglichst ohne Strafe davonzukommen. Aus dem amerikanischen Recht, dass jeder Mensch nach persönlichem Glück streben dürfe, wird hierzulande ein Streben nach Fehlerlosigkeit. Wer sich nicht richtig verhält, ist schuldig – und gehört bestraft.

(Un-)Wichtiges Wissen
Das nach allgemeinem Dafürhalten grandioseste internationale Schild weltweit steht in Raynes Park in Süd-London. Auf einem zertretenen Stück Rasen von der Größe eines Quadratmeters ist ein Schild in den Boden gesteckt: »Keep Off The Grass«.

Mit jedem Verbot allerdings gibt der Bürger ein Stück seiner Mündigkeit ab – und es hat den Anschein, dass die Bequemlichkeit wichtiger ist als die Möglichkeit der Selbstbestimmung. Das Leben war einmal eine bunte Wiese, auf der die Menschen sich frei bewegen durften. Dann wurden links und rechts Zäune errichtet, und es wurde verkündet, dass jeder bestraft wird, der es wagt, über den Zaun zu springen. Aus Zäunen wurden meterhohe Mauern, über die niemand mehr springen kann. Zusätzlich wurden Elektroden angebracht, die jedem einen elektrischen Schlag verpassen, der es wagt, die Mauern zu berühren. Dann wurde vorne und hinten zugemauert – und es scheint, als würde gerade jemand auch noch einen Deckel anbringen wollen.

Aus Strukturen wurden Fesseln, aus Richtlinien ein Dschungel, aus Gesetzen ein Gefängnis. Was nicht ausdrücklich erlaubt ist, das ist verboten.

Es gibt aber auf der anderen Seite kaum jemand, der versucht, diese Mauern einzureißen. Wir sitzen in diesem Gefängnis und beschweren uns darüber, aber wir unternehmen kaum etwas dagegen. Wir verlieren immer mehr die Möglichkeit, selbst über unser Leben zu bestimmen – aus Angst vor Bestrafung oder einfach nur aus Bequemlichkeit.

In anderen Ländern ist das nicht so, dort gilt: Was nicht ausdrücklich verboten ist, das ist erlaubt. In Schottland etwa gibt es seit ein paar Jahren den sogenannten *Scottish Outdoor Access Code*. Vereinfacht ausgedrückt bedeutet der Code, dass Parks, Strände, Seen und Wälder frei zugänglich sind. Campen ist ebenso erlaubt wie Wandern, Fahrradfahren und Fußballspielen. Einzige Regel: Nimm deinen Müll wieder mit – und wenn du Müll von anderen siehst, dann motz nicht drüber, sondern pack ihn eben in deine Mülltüte. Der Code funktioniert wunderbar. Die Götter haben den Schotten also nicht nur wunderbare Landschaften, herausragenden Whisky und herzerweichende Lieder geschenkt, sondern ganz offensichtlich auch sehr vernünftige Gesetzgeber.

Dass es auch hierzulande anders geht, zeigte der Verkehrsplaner Hans Mondermann, der vom *Spiegel* als »Die Axt im Schilderwald« bezeichnet wurde. Er probierte vor 20 Jahren etwas, was vorher noch keiner gewagt hatte. Er schaffte in einem Dorf in Nordholland einfach alle Ampeln, Verkehrsschilder und Fahrbahnmarkierungen ab. »Was ich wichtig finde, sind zwei Verkehrsregeln«, sagte Mondermann in einem Interview. »Erstens, dass man rechts fährt, sonst würde es ja ein riesiges Chaos geben, wenn jeder auf einer anderen Seite die Straße benutzt. Und zweitens, dass der von rechts Kommende Vorfahrt hat. Mehr braucht man nicht zu wissen.« Das Kuriose: Es wurde sicherer, je weniger Regeln es gab. Mondermann durfte es auch in Deutschland ausprobieren, in der kleinen Stadt Bohmte in Niedersachsen – ebenfalls mit Erfolg. Könnte es wirklich sein, dass weniger Regeln sinnvoll wären?

Wie viele Verbote muss ein Mensch aushalten?

Ich habe es vier Wochen lang ausprobiert. Ich habe mir ein Fahrrad ausgeliehen und bin in dieser Zeit durch München gefahren. Durch die Innenstadt, durch den Englischen Garten, zu meinem Arbeitgeber in Steinhausen. Ich bin auf Hauptstraßen geradelt, durch öffentliche Parks, ich war sogar in U-Bahn-Stationen. Wenn ich nicht mit dem Fahrrad unterwegs war, habe ich mir München mit Google Street View angesehen. Street View ist nicht nur eine geniale Erfindung – gegen die natürlich nicht wenige Deutsche protestiert haben, weil hierzulande nichts eingeführt werden kann, ohne dass jemand dagegen protestiert. Der Höhepunkt der Street-View-Proteste war die Familie, die sich energisch dagegen eingesetzt hat, dass Google ihr Haus fotografiert und jedem Menschen in Deutschland visuell zugänglich macht – und sich dann vor dem Haus für *Bild* hat ablichten lassen.

Street View ermöglicht es, München ein bisschen besser kennenzulernen und diese Stadt womöglich auch irgendwann einmal zu mögen. Man kann auch an vielen Orten stehen bleiben und sich umsehen. Was ich dabei herausgefunden habe: Man kann sich innerhalb der Stadtgrenzen Münchens an keinem öffentlichen Ort aufhalten, ohne ein Verbotsschild im Blickfeld zu haben. Zumindest an keinem Ort, der sich auf einer Straße oder einem Radweg erreichen lässt.

Wenn ich nicht unterwegs war, habe ich diesen lustigen Dienst exzessiv genutzt, von dem ich dachte, er sei nur dazu da, um die künftige Wohnung auszuspionieren oder um Menschen zu ärgern, die gerne an Fenstern herumlungern und andere Leute beobachten. Ich habe mir per Zufallsgenerator aus dem örtlichen Telefonbuch eine Adresse ausgesucht und sie bei Street View eingegeben. Dann habe ich mich virtuell um die eigene Achse gedreht und gezählt, wie viele Schilder ich finde – und ich habe meine Freunde gebeten, das Gleiche zu tun. Meine Arbeitskollegen. Meine Bekannten bei Facebook. Es entwickelte sich ein interessantes Projekt, bei dem ich irgendwann 50 Euro Prämie ausgelobt habe für den, der bei Street View einen Ort in Deutschland findet, an dem man sich einmal um die eigene Achse drehen kann, ohne auch nur ein Verkehrsschild zu erblicken. Und noch einmal 50 Euro für den Ort mit den meisten Schildern.

Wer vor meiner Haustür steht, der hat 37 Schilder im Sichtfeld, vor dem Gebäude meines Arbeitsplatzes habe ich 45 Schilder entdeckt, am Marienplatz waren es 136. Ich habe meine Freunde aufgefordert, Deutschlands Ort mit den meisten Schildern zu finden. Ergebnis nach vier Wochen: Der Karlsplatz in München ist nicht nur die meistbefahrene Kreuzung Deutschlands, sondern nach diesen Recherchen der Ort in Deutschland mit den meisten Schildern. Wer sich auf die Grünfläche zwischen Karlsplatz und Bayerischem Staatsministerium der Justiz stellt und sich ein Mal um die eigene Achse dreht, sieht 163 Schilder. Vier Menschen haben nachgezählt und sind zum gleichen Ergebnis gekommen – und bislang hat mir keiner einen Ort mit mehr Schildern präsentiert. An einer Kreuzung in Köln gibt es 157, in Stuttgart hat einer in der Nähe des Stadions 156 gefunden.

Danach habe ich einen Ort in Deutschland gesucht, an dem der Mensch kein einziges Schild und keine einzige Vorschrift ertragen muss. Am Ende waren es mehr als 1100 Teilnehmer, die sich auf die Suche begeben haben. Es gab lustige Zuschriften, skurrile Notizen – und auch wütende Nachrichten wie etwa von Sebastian, der mir schrieb, dass er nun acht Stunden seines Lebens damit vergeudet habe, bei

Google nach einem schilderlosen Ort zu suchen und doch keinen gefunden habe. Ein Teilnehmer schickte im Laufe des Wettbewerbs insgesamt 24 Street-View-Links – doch die Jury, die aus einem Juristen, einem Google-Mitarbeiter, einem Fahrlehrer und mir bestand, fand doch ein Hinweis- oder Verbotsschild. Irgendwann gab er auf.

Nach vier Wochen war es dann so weit. Nach einigen erfolglosen Versuchen verrät mir mein Bekannter Gerhard einen Ort in Deutschland, an dem man sich tatsächlich umdrehen kann, ohne ein einziges Schild zu sehen. Der Ort befindet sich in Bremen – und natürlich beschließe ich, ihn aufzusuchen.

Auf der Fahrt nach Bremen habe ich die wildesten Vorstellungen, was man an so einem Platz machen könnte: einen Bison grillen, ein Feuerwerk zünden, nackt durch die Gegend hüpfen und dabei wild onanieren. Ich weiß es nicht, die Möglichkeiten scheinen unbegrenzt. Als würde man ein acht Jahre altes Kind in einem Spielzeuggeschäft aussetzen, das an eine Schokoladenfabrik angeschlossen ist und an ein Kino, in dem nur Comics gezeigt werden.

»An Knoops Park 1«, sage ich dem Taxifahrer am Bahnhof. Als ich 20 Minuten später aus dem Wagen steige, drehe ich mich ein Mal um die eigene Achse und sehe 13 Schilder. Dann gehe ich in eine Allee und weiß von nun an, was ein »eingeschränktes Lichtraumprofil durch Bäume« ist. Es fehlt aber das Schild, das mir das mitteilt. Rechts erkennt man ein weißes Haus, links nur Bäume. Es riecht nicht nach Freiheit, sondern nach Holz und irgendwie auch nach Hundescheiße. Ich gehe zwanzig Meter, dann bin ich da.

Das ist er also, der Ort ohne Schilder.

Ich drehe mich ein Mal, es gibt tatsächlich kein einziges Schild. Kein Verkehrsschild, kein Hinweisschild, kein Pfosten, kein Warnschild. Nichts. Ich schließe die Augen, dann atme ich ein und wieder aus. Ich denke an all die Dinge, die an so einem Ort möglich sind.

Ich warte auf eine Epiphanie – ich meine, an so einem Ort kann so was schon passieren. Man muss nicht immer auf einen Berg steigen oder in einen Floating-Tank, um Ruhe und Kreativität zu verspüren. Mir genügt schon ein Platz, an dem es keine Verbote gibt. Ich warte auf ein Woodstock-Gefühl, auf den Leonardo-DiCaprio-Titanic-König-der-Welt-Moment und den Gedanken, den Pearl Jam im Song »Given to Fly« beschreiben.

Ich bin nicht Leonardo DiCaprio, der in Woodstock »Given to Fly« hört. Ich bin Jürgen Schmieder in Bremen mit einem Bier in der Hand. Das Bier schmeckt genauso wie an allen anderen Orten auch, es riecht penetrant nach Hundescheiße – und die Jogger, die hin und wieder vorbeilaufen, wissen gar nicht zu schätzen, dass sie einen heiligen Ort passieren.

Ich überlege schon, ein Hinweisschild aufzustellen: »Das hier ist der Ort ohne Schilder!«

Ich muss ein wenig kichern, als mir die Unsinnigkeit dieses Gedankens bewusst wird.

Nach fünf Minuten ist mir langweilig. Ich habe keinen Bison zum Grillen dabei und auch keine Feuerwerkskörper – und fürs Nackt-Herumhüpfen ist es mir einfach zu kalt. Ich spaziere ein wenig zum Fluss hin; es sieht ein wenig aus wie im Computerspiel »Die Sims«, in dem sich auch alle Menschen in der gleichen Geschwindigkeit recht hölzern bewegen. Natürlich sehe ich auch wieder die ersten Schilder. Sie haben damit zu tun, nicht in den Fluss zu hüpfen und nur ja nicht in verschiedenen Positionen die Rutsche am Spielplatz zu benutzen.

Ich will schnell zurück zum Platz ohne Verbote und werde dabei von einer älteren Frau begleitet, die ihren Hund ausführt.

»Wissen Sie eigentlich«, beginne ich feierlich, »wissen Sie eigentlich, dass wir gleich an einen besonderen Ort kommen?«

Sie sieht mich freundlich an: »Nein, warum?«

»Es ist der nach meinen Informationen einzige Ort in Deutschland, an dem man keine Schilder sieht, wenn man sich um die eigene Achse dreht.«

»Hier? Ach nee! Wirklich? Das ist aber schön!«

Ich freue mich, weil diese Frau keine Ahnung hatte von der Besonderheit dieses Platzes.

»Seit 20 Jahren gehe ich hier spazieren, ich wohne gleich da vorne. Das ist schon ein schönes Fleckchen Erde! Heutzutage gibt's ja überall diese Schilder, dass sich niemand mehr auskennt und sich keiner mehr zurechtfindet! Ich wusste gar nicht, dass es so einen Ort gibt.«

»Hier sind wir!«

Wir stehen beide da und sehen uns um – und das Gefühl, mit dieser alten Frau diesen Moment zu teilen, ist tatsächlich wunderbar. Irgendwie majestätisch.

Dann stinkt es wieder nach Hundescheiße.

Der Hund der Frau legt ein wunderschönes Ei neben den Weg. Wir sehen ihm dabei zu, dann macht er ein paar Scharrbewegungen mit den Hinterbeinen und deutet dann durch Weiterlaufen an, dass er hier fertig ist.

»Einen schönen Tag noch«, sagt die Frau, dann geht sie weiter.

Ich sehe auf den Hundehaufen. Daneben liegt noch einer. Und noch einer. Und noch einer. Der ganze Platz ist zugekackt. Und er stinkt erbärmlich.

Es ist der erste schlimme Moment in meinem Projekt: Ich bin beim Lesen der Gesetze beinahe verrückt geworden, mein Kumpel hat mir die Freundschaft gekündigt, als ich ihm all seine Verfehlungen vorgerechnet habe, ich habe Platzangst bekommen ob der Verbote, die es in Deutschland so gibt.

Doch es gab da diese Hoffnung, dass dieser eine Ort existiert, an dem die Welt in Ordnung ist. An dem man sich hinsetzen und ein Bier trinken kann, ohne ein Verbotsschild sehen zu müssen und von jemandem darauf hingewiesen zu werden, was man gerade falsch gemacht hat oder falsch machen könnte.

Dieser Platz allerdings ist zugeschissen wie ein Dixi-Klo auf dem Campingplatz von »Rock im Park«.

Kann jemand bitte ein Schild aufhängen, auf dem steht: »Nehmt eure Hundekacke wieder mit!«

Und noch eins: »Und euren Müll auch!«

Dieser Platz stinkt – im wahrsten Sinn des Wortes. Der Ort, der der schönste in Deutschland sein sollte, ist einfach nur erbärmlich.

Die Anzahl der Schilder wächst im Jahr 2013 um mindestens 100 000 – und ich hoffe, dass ein Schild niemals entfernt wird. Es wurde nämlich nur wegen mir angebracht. Darauf steht: »Heute wegen gestern geschlossen!« Ich finde, es sollte zumindest so lange aufgestellt bleiben, bis ich meinem Sohn davon erzählen kann. Oder bis er Kapitel 35 in diesem Buch gelesen hat.

Ich habe es gerade noch einmal überprüft: Ja, wir dürfen noch atmen in diesem Land. Aber es könnte schon sein, dass es bald das Einzige ist, was noch ohne Einschränkung erlaubt ist.

Kapitel 4

Wir sind alle Verbrecher

Einige Menschen behaupten, noch niemals in ihrem Leben gelogen zu haben – zumindest nach ihrer Definition: Eine Notlüge ist keine Lüge. Eine gelogene Höflichkeit ist keine Lüge. Eine nett gemeinte Lüge ist keine Lüge. Wenn jemand anmerkt, dass auch eine nett gemeinte Lüge eine Lüge ist, so wie ein unabsichtliches Foul beim Fußball auch ein Foul ist, dann antworten sie: »Das ist doch Quatsch!«

Ähnlich ist es mit Gesetzen: Viele Menschen behaupten, noch niemals in ihrem Leben ein Gesetz gebrochen zu haben. Ich merke das zum ersten Mal an dem Tag, an dem ich meinem Freund Adam erzähle, ein Jahr lang gesetzestreu leben zu wollen. »Wo ist das Problem?«, fragt er. »Das mache ich seit mehr als 30 Jahren. Das Projekt ist Blödsinn – lustiger wäre es, sich ein Jahr lang nicht an Gesetze zu halten.« Was ich noch nicht weiß: Während des Jahres werde ich diesen Vorschlag ungefähr 500 Mal hören.

»Glaubst du das wirklich? Dann müsstest du sagen, dass jede dieser Behauptungen zutrifft«, entgegne ich.

Ich zähle die Statements auf, die ich vorbereitet habe:

»Ich bin noch nie in meinem Leben zu schnell gefahren! Ich habe noch nie einen Film oder ein Lied aus dem Internet gezogen – oder bei YouTube einen urheberrechtlich geschützten Film gesehen! Ich habe mein erstes alkoholisches Getränk im Alter von 16 Jahren getrunken! Ich habe alles versteuert, was ich jemals nach Deutschland eingeführt habe! Ich habe noch nie Müll auf die Straße geworfen, auch keine Zigarette! Ich habe meine Steuererklärung jederzeit ehrlich gemacht! Ich habe noch niemals jemanden beleidigt! Ich habe noch nie die Versicherung betrogen! Ich habe noch nie ein Handtuch aus dem Hotel mitgehen lassen! Ich habe den Versuch jeder Straftat zu verhindern versucht oder bei der Polizei angezeigt. Ich habe noch nie dort geraucht, wo es verboten war! Ich habe mich zu jeder Zeit meines Lebens an jeden Paragrafen des Mietverhältnisses gehalten! Ich habe mich noch nie krankgemeldet, obwohl ich hätte arbeiten können.«

Adam sagt sofort: »Klar habe ich viele Dinge davon schon gemacht – aber das ist doch alles abgedroschen! Schnell fahren, Musik klauen, Beleidigungen. Hast du nichts Überraschenderes auf Lager?« Er gähnt.

Ich muss kurz überlegen.

»Du lässt doch im Winter immer den Motor deines Autos warmlaufen, oder?«

»Ja!«

»Verboten!«

»Echt? Wusste ich nicht!«

»Und deine Spazierfahrten als Teenager, als du jedes Mädchen der Stadt herumkutschiert hast?«

»Ich kann doch fahren, wohin ich will.«

»Nein, in Deggendorf musste eine Frau fünf Euro deshalb bezahlen.«

»Was?«

»Ja. Außerdem hast du als Student fast jeden Tag auf dem Balkon gegrillt. Verboten!«

»Wusste ich doch nicht!«

»Und dein ach so perfekter Lebenslauf? Dein Arbeitgeber kann dir auch nachträglich noch kündigen, wenn er rausfindet, dass da nicht alles gestimmt hat.«

»Doch nicht nachträglich!«

»Doch! Wo wir schon dabei sind: Als wir uns damals im vollen Zug von München nach Regensburg immer in die erste Klasse gesetzt haben …«

»Das darf man! Wenn die zweite Klasse voll ist, kann man rübergehen!«

»Man muss aber den Aufschlag zahlen …«

»So ein Quatsch!«

»Und dass du deinem Untergebenen verboten hast, dass er nebenher arbeitet, das war auch nicht legal.«

»Wie?«

»Und noch was: Ich finde es ja schön, dass du dein Auto immer stehen lässt, wenn du beim Männerabend betrunken bist. Aber dass du kein Taxi nimmst, sondern zu Fuß nach Hause läufst, das kann dir auch zum Verhängnis werden!«

»Jetzt spinn mal nicht rum!«

»Ein Taxifahrer wurde mal als Fußgänger auffällig, weil er knallvoll war – obwohl er in 33 Jahren Dienstzeit nicht ein Mal betrunken im Auto erwischt worden war. Ein paar Jahre später fand man ihn wieder herumtorkeln und stellte mehr als zwei Promille Alkohol im Blut fest. Es wurde eine MPU angeordnet, weil er offensichtlich an Alkohol gewöhnt war. Der Taxifahrer lehnte ab – und verlor seinen Führerschein. Da half nicht mal eine Klage vor Gericht. Also stell dir mal vor, die würden dich ein paar Mal beim Heimtorkeln erwischen …«

»Aber ich bin noch nie erwischt worden!«

»Du denkst also, dass ein Verbrechen nur dann ein Verbrechen ist, wenn du dabei erwischt wirst?«

»Was denn sonst?«

»Wenn du also einen Menschen umbringst und nicht dabei erwischt wirst, dann hast du keine Straftat begangen?«

»Das ist etwas anderes!«

»Warum ist es etwas anderes, ob du bei der Steuererklärung betrügst oder einen Menschen umbringst? Klar, das eine Verbrechen ist schlimmer und verwerflicher als das andere, aber beide Taten sind Verbrechen. Du hast eben Glück gehabt, aber richtig war es trotzdem nicht. Stell dir doch mal vor, was passieren würde, wenn du öfter erwischt wirst.«

Den wahren Charakter eines Menschen erkennt man in jenen Momenten, in denen er sich unbeobachtet fühlt.

Ich erkläre ihm, dass ich ein Jahr so tun möchte, als würde mich rund um die Uhr ein Polizist oder Staatsanwalt begleiten, als wäre an jeder Straße eine Radarfalle angebracht und an jeder Ampel ein Blitzgerät. Als würde meine Steuererklärung haarklein geprüft. Als wäre in jedem Hotelzimmer eine Videokamera installiert. Als wäre ich bei Auslandsreisen stets derjenige, dessen Koffer am Flughafen durchwühlt werden.

»Okay, das ist etwas anderes!«

»Außerdem«, sage ich ihm, »wie kannst du behaupten, jedes Gesetz zu achten, wenn du nicht einmal alle Gesetze kennst? Hast du nicht gerade bewiesen, dass du über viele Dinge gar nicht Bescheid weißt? Womöglich brichst du aus Unwissenheit zahlreiche Gesetze.«

»Was mache ich denn schon? Ich bin der bravste Mensch der Welt!«

Ich merke, dass ich ähnlich wütend werde wie bei Menschen, die felsenfest behaupten, noch nie gelogen zu haben – nur weil sie sich ihre Definition der Lüge so hinbiegen, dass es mit ihrem Weltbild übereinstimmt. Diese Menschen beschweren sich darüber, dass Politiker wie Karl-Theodor zu Guttenberg oder Christian Wulff die Menschen anlügen, stellen dann aber in ähnlichen Fällen selbstgerecht fest, dass ihre Lüge keine Lüge ist.

»Darf ich dir eine Wette anbieten?«

»Was für eine Wette?«

»Ich begleite dich eine Woche lang rund um die Uhr und schreibe einfach mit, was du so anstellst. Dann vergleiche ich deine Taten mit dem Gesetz und den möglichen Strafen – und wir sehen, was am Ende dabei herauskommt. Verhalte dich einfach so, wie du dich immer verhältst. Wenn du tatsächlich kein Gesetz brichst und keine Ordnungswidrigkeit begehst, dann lade ich dich zum Steakessen ins teuerste Restaurant Münchens ein.«

»Da kann ich mir mein Steak jetzt schon bestellen!«

»Wenn ich jedoch etwas finde, dann bezahlst du die Strafe an mich oder an eine gemeinnützige Einrichtung! Sagen wir: Ein Hundertstel der Strafe reicht.«

»Abgemacht!«

»Und noch was: Ich darf auch ein wenig bei dir herumstöbern und gucken, ob ich Straftaten aus der Vergangenheit finde. Also gestohlene Handtücher aus Hotels oder geklaute Aschenbecher aus Restaurants.«

»Kein Problem, da wirst du bei mir kein Glück haben!«

Ich habe den Schönfelder gelesen und andere Gesetzbücher, ich bin perfekt vorbereitet. Doch bleibt die Frage, wie viele Gesetze es in Deutschland gibt. Ich stelle eine offizielle Anfrage an das Bundesjustizministerium und bekomme schnell eine Antwort. Die aktuellste Zählung der Gesetze und Verordnungen in Deutschland datiert laut Ministerium vom 6. März 2009, neuere Zahlen liegen offensichtlich nicht vor. Aber auch von diesen Zahlen bin ich schockiert: An diesem Stichtag gibt es in Deutschland 1728 Stammgesetze mit 45 759 Einzelnormen, dazu 2659 Stammverordnungen mit 37 285 Einzelnormen.

Also gibt es 83 044 schriftlich geregelte Dinge, an die wir uns in diesem Land halten müssen – und das sind nur die Bundesstammgesetze und -stammverordnungen. In der Antwort heißt es nämlich auch: »Soweit mit Ihrem Anliegen statistische Angaben über Landesgesetze erwünscht sind, kann ich keine Auskünfte erteilen; insoweit bitte ich Sie, sich an die jeweiligen Landesjustizverwaltungen zu wenden.«

Dazu kommen die EU-Gesetze und die EU-Verordnungen – die mittlerweile zu einem Paragrafenwerk von mehr als 85 000 Seiten angewachsen sind. Nicht mehr dabei ist die Verordnung (EWG) Nr. 1677/88. Die legte unter anderem fest, dass eine Gurke der Handelsklasse »Extra« maximal eine Krümmung von zehn Millimetern auf zehn Zentimeter Länge aufweisen durfte. Die Gurke der Extraklasse sollte »praktisch gerade« sein, die der Handelsklasse 1 »ziemlich gut geformt«. Gurken, die vom Standard abwichen, durften nicht als Qualitätsprodukte verkauft werden, was mit diesem schönen Satz ausgedrückt wurde: »Krumme Gurken dürfen nämlich eine größere Krümmung aufweisen.« Leider wurde die Verordnung im Jahr 2009 außer Kraft gesetzt, doch andere gibt es noch.

(Un-)Wichtiges Wissen
EU-Verordnungen können sich an die Europäische Union, an alle Mitgliedstaaten oder die Bürger aller Mitgliedstaaten richten. Sie sind in allen Teilen verbindlich und gelten unmittelbar in jedem einzelnen Mitgliedstaat.

Ein Apfel muss einen Durchmesser von sechs Zentimetern haben, muss mindestens 90 Gramm wiegen und darf kein Wurmloch haben. Eine Erdbeere muss an der dicksten Stelle 18 Millimeter dick sein, geschälte Tomaten müssen praktisch frei sein von Schalen, der elektrische Widerstand von normalem Honig soll bei 0,8 Mikrosiemens pro Zentimeter liegen. Die Pizza Napoletana soll direkt nach dem Entnehmen aus dem Ofen gegessen werden, die Normgröße eines EU-Kondoms liegt bei 17 Zentimeter Länge und 56 Millimeter Durchmesser – und das Ding soll fünf Liter Flüssigkeit aufnehmen können, ohne zu platzen.

Keine Sorge: Edmund Stoiber ist derzeit kräftig am Entbürokratisieren, jener Mann, der einst für die 23-Wörter-Information »Mit dem Transrapid brauchen Sie zehn Minuten vom Hauptbahnhof zum Flughafen – so lange dauert es an anderen Flughäfen, um das Gate zu finden« exakt 169 Wörter benötigte und dessen erster Vorschlag als Chef-

Entbürokratisierer es war, eine Behörde zu erschaffen, die Gesetzesvorschläge auf Bürokratie kontrolliert.

Es gibt also weit mehr Gesetze und Verordnungen als die 83 044 Einzelnormen aus den Bundesstammgesetzen und -stammverordnungen. Rechnet man Landes-, Bundes- und EU-Gesetze zusammen, so kommt man auf eine halbe Million Vorschriften, Regelungen, Verordnungen und Verbote.

Eine halbe Million Gesetze.

Die meisten Menschen freilich verfahren nach dem Kein-Mensch-im-Wald-kein-Geräusch-Prinzip. Das bedeutet, dass es kein Verbrechen ist, wenn ich nicht dabei erwischt werde – wenn es keiner bemerkt, dann ist es nicht passiert. Die Menschen haben den Zehn Geboten einfach ein elftes hinzugefügt, das lautet: »Nicht erwischen lassen!«

Eine Umfrage verdeutlicht diese These: Eine Online-Partnervermittlung wollte wissen, wie viele Menschen ihren aktuellen Partner bereits betrogen hätten. 31 Prozent der Männer und 33 Prozent der Frauen gaben an, dass sie bereits untreu waren, es aber nicht gestanden hatten. Eine weitere Frage lautete: Würden Sie Ihren aktuellen Partner betrügen, wenn Ihnen garantiert würde, dass der Partner es niemals herausfindet? Die Antwort: 72 Prozent der Männer und 63 Prozent der Frauen hätten nichts gegen einen Seitensprung, der geheim bleibt.

Das lässt sich auch auf andere Bereiche des Lebens ausweiten: Wenn niemand Computer und Internet-Aktivitäten kontrolliert, dann ist es doch kein Problem, illegal Musik und Filme herunterzuladen. Wenn die Steuererklärung nicht wirklich geprüft wird, dann wäre es doch töricht, nicht ein wenig zu hinterziehen! Was macht es schon, trotz roter Ampel über die Straße zu gehen, wenn es niemand sieht?

Welche Folgen das haben kann, zeigen zwei Statistiken: Die eine beschäftigt sich mit Ladendiebstahl. In der Polizeilichen Kriminalstatistik wurde dafür im Jahr 2009 ein Schaden von 75 Millionen Euro ausgewiesen. Eine Untersuchung des Einzelhandels allerdings kommt im selben Jahr auf eine Schadensumme von zwei Milliarden Euro. Der Unterschied entsteht dadurch, dass in der offiziellen Statistik nur tatsächlich angezeigte Diebstähle erfasst sind. Die Menschen in Deutschland klauen wie verrückt – doch die Händler zeigen nur einen Bruchteil davon an, weil eine Anzeige meist keine Aussicht auf Erfolg hat. Die Händler kalkulieren das ein und verlangen deshalb höhere Preise von den ehrlichen Einkäufern. Wir alle bezahlen also für die Diebe mit.

Das zweite Beispiel beschäftigt sich mit Versicherungsbetrug. Die Versicherungswirtschaft hat mehrere Studien veröffentlicht, die sich mit betrügerisch inszenierten Autounfällen beschäftigen. Pro Jahr entsteht durch diese nicht aufgeklärten Fälle ein Schaden von drei Milliarden Euro. Nur: Kaum jemand würde sich selbst als Gesetzesbrecher identifizieren, nur weil er einmal falsche Angaben bei der Versicherung gemacht hat.

Wieder bezahlt die Gemeinschaft der Versicherten den Schaden, den Betrüger anrichten.

Wie schwer diese Dunkelziffern und damit der tatsächliche, durch Kriminalität verursachte Schaden zu bestimmen sind, zeigt die Diskussion um Steuerbetrüger in Deutschland. In der Statistik über abgeschlossene Steuerstrafverfahren ist zu lesen, dass etwa im Jahr 2004 durch die Arbeit von Steuerfahndern 1,6 Milliarden Euro mehr eingenommen wurden. Horst Höppner vom Institut für Finanzen und Steuern sagt dazu: »Wie viel Steuern jährlich hinterzogen werden, lässt sich eigentlich gar nicht ermitteln. Man kann versuchen, es hochzurechnen, aber genauso gut könnte man sich fragen, wie viele Menschen eigentlich täglich zu schnell fahren.« Manche Hochrechnungen gehen von etwa 20 Milliarden Euro aus, die pro Jahr hinterzogen werden, andere sprechen gar von bis zu 100 Milliarden Euro.

Bezeichnet sich irgendjemand, der Steuern hinterzieht,

als Verbrecher? Wohl kaum, vielmehr greifen Robin-Hood-Syndrom und Systemparadox. Das Robin-Hood-Syndrom funktioniert so: Wer ein Gesetz bricht, der bezeichnet sich niemals als Verbrecher, sondern begründet sein Vergehen mit einem hehren Ziel, entweder für sich selbst oder für die gesamte Gesellschaft. Wer im Hotel ein Handtuch klaut, der macht es nur, um seiner Frau eine Freude zu machen – und spielt sein Verbrechen mit dem Argument herunter, dass der Diebstahl doch ohnehin im Preis für die Übernachtung inbegriffen sei. Und überhaupt gehörten Hotelketten vor Reichtum stinkenden Gaunern, also sei es nur legitim, ein paar Handtücher und Bademäntel zu stehlen. Und wer Steuern hinterzieht, der nimmt doch nur von den Reichen (den anderen) und gibt es den Armen (sich selbst).

Das Systemparadox geht so: Handelt es sich darum, Rechte durchzusetzen, so lieben wir es, dass in diesem Land »Recht und Ordnung« herrscht. Wenn es aber um die Pflichten geht, dann hassen wir dieses System und finden es pfiffig, es zu umgehen.

Eine Kombination von Robin-Hood-Syndrom und Systemparadox ist bei der Steuererklärung zu beobachten: Wir selbst nutzen jedes legale und illegale Schlupfloch, schließlich ist das System derart schlimm, dass es doch nur gerecht sei, bei der Erklärung zu schummeln und so viel wie möglich herauszuschinden. Wenn es ein anderer tut – vor allem, wenn er bekannt oder reich ist –, ist die Empörung groß. Die anderen haben sich gefälligst an die Regeln zu halten, wir selbst dürfen es gerne umgehen.

Ich habe bei meinen bisherigen Lesungen immer gefragt: »Wer hat seine Steuererklärung immer ehrlich gemacht?« Von bislang 5000 Menschen haben bei dieser Frage ungefähr 100 Menschen die Hand gehoben – also zwei Prozent.

Wir lieben die Rechte und hassen die Pflichten.

Die Mischung aus Robin-Hood-Syndrom und Systemparadox macht die meisten Menschen zu Verbrechern – nur reden sie es sich schön. Und vergessen, dass sie meistens jemandem schaden.

Uns passiert vielleicht nichts, wenn wir ein parkendes Auto anfahren, einen Kratzer hinterlassen und dann unbemerkt abhauen – doch jemand muss sein Auto reparieren lassen. Vielleicht findet niemand heraus, dass auf unserem Computer 200 Filme gespeichert sind, doch jemandem entgehen die Einnahmen. Und womöglich fällt es keinem auf, dass wir in der Arbeit jeden Monat Stifte, Papier und Klammern klauen und auch private Dokumente ausdrucken und das Telefon für einen Anruf bei der Ehefrau nutzen. Aber dann klagen wir, wenn es dem Unternehmen schlecht geht und es Mitarbeiter entlassen muss, weil plötzlich ein paar Millionen Euro fehlen.

Was kostet eine weggeworfene Zigarette? In München wird dafür ein Ordnungsgeld von fünf Euro ausgerufen. Wo liegt das Problem, hin und wieder seine Zigarette auf den Boden zu werfen?

In Deutschland rauchen 25 Prozent der Menschen regelmäßig, in München sind das also etwa 350 000 Menschen. Der durchschnittliche Konsum regelmäßiger Raucher liegt bei 13 Zigaretten am Tag, was bedeutet, dass in München pro Jahr 1,66 Milliarden Kippen geraucht werden. Wenn wir nun vorsichtig schätzen und annehmen, dass 99 Prozent aller Zigaretten in einem Aschenbecher landen, dann sind es pro Jahr immer noch 16,6 Millionen Glimmstängel, die irgendjemand wegräumen muss.

Wie hoch die Zahl aller Verbrechen und die Höhe des Schadens tatsächlich sind, lässt sich freilich nicht feststellen, weil niemand die Dunkelziffer exakt bestimmen kann. Einige Schätzungen gehen von einem Schaden durch Verbrechen und Ordnungswidrigkeiten in Höhe von 130 Milliarden Euro aus, manche sprechen von bis zu einer Billion Euro pro Jahr.

Natürlich sind in diesen Schadenszahlen auch nicht jene

Verbrechen eingerechnet, deren Schaden sich nicht beziffern lässt: Mord, Vergewaltigung, Kindesmissbrauch.

Mein Freund Adam hält sich für einen braven Bürger, als ich am Montagmorgen in seiner Wohnung erscheine, um mich ein wenig umzusehen. Ich bin in Kontakt mit zwei befreundeten Polizisten, einem Finanzbeamten, einem Rechtsanwalt, einem Richter und einem Steuerberater – sie sollen mir jeweils bei der Festlegung der zu erwartenden Strafe helfen.

Ich habe ein wenig recherchiert nach dem Vorbild des Anwalts, der an der Universität Bayreuth die Facebook-Seite seiner 14 Jahre alten Nichte analysiert und dabei festgestellt hat, dass sie einen virtuellen Wert von etwa 15 000 Euro hat – errechnet aus Gebühren und Schadenersatz für kopierte Fotos, Texte und Videos, für die sie eigentlich zahlen müsste. Ich habe die Seite meines Freundes durchgestöbert und komme auf etwa 12 000 Euro.

Wo wir schon beim Internet sind: Als Erstes mache ich mich an seinen Computer, weil ich dort ein paar illegale Daten vermute. Und ich werde sogleich fündig: Auf den Festplatten befinden sich 72 Filme, mehr als 20 Staffeln von Fernsehserien und 7287 Songs – nicht schlecht für sechs Jahre Downloads. Dazu kommen noch 23 Computerspiele und sieben Softwareprodukte, die er ohne Lizenz benutzt.

Ich habe die durchschnittlichen Streitwerte recherchiert. Die liegen bei 20 000 Euro pro Spielfilm, bei 1500 Euro pro TV-Serien-Folge, bei 1200 Euro pro Song, bei 10 000 Euro pro Computerspiel und bei 20 000 Euro pro Softwareprodukt. Wir sprechen also über einen Streitwert von insgesamt 11,154 Millionen Euro.

Das müsste er freilich nicht bezahlen, er würde wohl nur abgemahnt werden. Dann würde er einen Brief über 712 571,43 Euro für sieben Jahre fröhliches Downloaden bekommen. Also 101 795,92 Euro pro Jahr.

Im Arbeitszimmer finde ich die Steuererklärungen der

vergangenen Jahre. »Muss ich die durchgehen, oder magst du mir gleich sagen, dass du nicht alles wahrheitsgemäß ausgefüllt hast?«

Er wird rot, es ist ein hellroter Teint wie bei einem Kaktusfeigensaft, weshalb ich sage: »Alles klar!«

Kurzer Blick auf den Fernseher: »Du bezahlst doch GEZ, oder?«

Nun wird das Rot eher blutorangenhaft. »Also nein!«

»Du bist ein Arsch!«

»Das ist eine Beleidigung.«

»So ein Scheiß! Du spinnst, du bist verrückt!«

»Das ist eine zweite Beleidigung!«

Nun erinnert seine Gesichtsfarbe an einen schönen Merlot.

»Wo wir schon dabei sind: Das goldene Kettchen, das du da um den Hals trägst, das hast du doch damals am Flughafen von Doha gekauft. Ich gehe mal davon aus, dass du das bei der Rückkehr am Münchner Flughafen beim Zoll angegeben hast – genauso wie das iPhone, die Armani- und Boss-Klamotten, die du damals in New York gekauft hast. Und ich frage mich ja immer noch, wie du die Vitamintabletten, die da auf dem Tisch stehen, nach Deutschland gebracht hast, wo doch die Einfuhr streng verboten ist. Und die 40 Stangen Zigaretten aus Tschechien?«

Gesichtsfarbe: Châteauneuf-du-Pape.

»Darf man eigentlich ein Polohemd tragen, auf dem das Lacoste-Zeichen eingenäht ist, obwohl dir das ein Freund aus Südostasien mitgebracht hat? Nicht, oder?«

Wissen für Nichtjuristen

Nicht nur Glücksspiel im Internet ist nicht erlaubt, auch sogenanntes Cyber-Mobbing ist strafbar. Mobbing selbst ist kein Strafbestand, die einzelnen Tatbestände wie Nötigung, Drohung, Erpressung und Körperverletzung schon. Ein aktuelles Urteil zeigt, dass ein Arbeitgeber einem Mitarbeiter kündigen darf, wenn er unter einem beleidigenden Facebook-Eintrag »Gefällt mir« klickt.

Gesichtsfarbe: zwischen Rotwein und Sonnenuntergang schwankend.

»Das sind doch alles keine Verbrechen!«

Das eigene Verbrechen ist kein Verbrechen.

»Wie würdest du es dann nennen? Offiziell illegale, für mich selbst aber vollkommen vertretbare und deshalb nach meiner ganz persönlichen Einschätzung legale Handlungen?«

»Quatsch! Aber du kannst doch meine Steuererklärung und die paar T-Shirts nicht als Verbrechen hinstellen! Dann wäre ja jeder Mensch in Deutschland ein Verbrecher!«

»Darauf will ich hinaus!«

»Ich drehe gleich durch! Schmieder, du bist so ein verrückter Arsch!«

»Schon wieder eine Beleidigung! Lass uns mal losfahren in deine Arbeit!«

Ich zähle eine Woche lang seine Untaten im Straßenverkehr, bei denen er nur das Glück hat, nicht erwischt zu werden. Die Auflistung nach sieben Tagen:

- Geschwindigkeitsübertretungen: 135 Mal
- Falschparken: 4 Mal
- Nicht geblinkt: 18 Mal
- Rote Ampeln überfahren: 1 Mal
- Andere Verkehrsteilnehmer beleidigt: 3 Mal

Weil ich gnädig bin, rechne ich nur eine Geschwindigkeitsübertretung pro Tag, und auch das Nichtblinken runde ich auf ein Vergehen täglich ab. Insgesamt müsste er, wäre er jedes Mal erwischt worden, für diese Woche mehr als 700 Euro Strafe bezahlen und seinen Führerschein für etwa sechs Monate abgeben. Auf das Jahr hochgerechnet wären das 36400 Euro und sieben Jahre Führerscheinentzug.

Dazu kommen die kleineren Vergehen: Zigarettenkippen wegwerfen, Müll nicht korrekt trennen, das nicht ordnungsgemäße Bereitstellen von Sammelgut zur Abholung, Lärmen in der Öffentlichkeit, übermäßiges Konsumieren von Alkohol auf Grünflächen und ähnliche Leckereien der Ordnungswidrigkeiten. Auch wenn sich mein Freund als braver Bürger gibt, errechne ich – vor allem aufgrund der weggeworfenen Kippen – ein Wochenbußgeld von 575 Euro.

Im Laufe der Woche kündigt er mir 20 Mal die Freundschaft, wird aber mit jedem Tag vorsichtiger und gesetzestreuer. Am letzten Tag ist er fast ein Engel. Zählt man alles zusammen, käme man im Jahr 2012 auf ein Bußgeld von insgesamt 321 835,92 Euro.

Pro Woche sind das 6189,15 Euro.

Polizist und Steuerberater erschrecken kurz, als sie von der Summe hören, doch dann sagen beide: »Wenn man alles zusammenzählt, dann kann das schon stimmen. Wir sind ja alle mit einem Bein im Knast, ohne es zu wissen.« Der Anwalt sagt: »Ich hätte vermutet, dass es noch höher liegt – aber die Zahl ist in Ordnung.« Und der Finanzbeamte: »Deutschland hat tatsächlich noch Schulden? Die sollten nur besser kontrollieren, und alles wäre in Ordnung!« Der Richter: »Es ist ein Krieg, der da stattfindet. Die meisten haben nur Glück, dass sie rechtzeitig ausweichen und nicht getroffen werden.«

Nun mag der eine oder andere Leser vermuten, dass es sich bei meinem Kumpel um ein besonders verdorbenes Exemplar der Spezies Mensch handelt, doch ich kann Ihnen versichern: Das ist er nicht! Er bezahlt sogar den verabredeten Wetteinsatz: ein Hundertstel der Strafen dieser Woche. Das sind 61,89 Euro, er überweist noch am selben Tag.

Vielleicht macht mancher Leser nicht die Dinge, die mein Freund angestellt hat. Dafür sind es andere Vergehen, die mein Freund nicht begangen hat. Vielleicht sind es auch keine 321 835,92, aber bei 0 Euro landet keiner von uns. Ich bin sicher, dass bei einigen mehr als eine Million Euro herauskommt.

Schlimmer als die Strafe, die er bezahlen müsste, finde ich allerdings: Er hat damit jemandem geschadet.

Wer bezahlt das alles?

Wir alle – in der einen oder anderen Form.

Wir alle sind Verbrecher, doch für mich ist nun Schluss damit.

Irgendwie habe ich das Gefühl, dass mein Projekt, bei einer Summe von 0 Euro zu landen, ein recht aussichtsloses Unterfangen sein könnte.

Kapitel 5

Liebe Ehefrau, ich zeige dich an!

Ich bin genervt. Nein, das stimmt nicht. Genervt sind Menschen, denen der Lieferservice eine kalte Pizza bringt. Ich bin nicht genervt. Ich bin schockiert und stocksauer! Ich bin aus dem Schlafzimmer getorkelt, der große Zeiger der Uhr hängt lustlos nach unten und wird in acht Minuten den kleinen Zeiger eingeholt haben. Ich bin aufgewacht, weil in meinem Traum der Kameramann einen epileptischen Anfall hatte und der Tonmeister einen Presslufthammer zugeschaltet hat.

Ich schlurfe ins Wohnzimmer auf der Suche nach dem Grund für Epilepsie und Presslufthammer. Ich schiebe die Tür auf – und bin mir sicher, über Nacht aus der Realität ins Privatfernsehen gesaugt worden zu sein. Es bietet sich eine Mischung aus *Ihr neues Zuhause*, *Hör mal, wer da hämmert* und *Two and a Half Men*.

Mein Schwiegervater steht an einer Wand und bohrt. Als er mich sieht, hört er kurz auf und grinst. Er ist angezogen wie Al Borland und hat auch einen ähnlich prächtigen Bart, dazu ist er als Handwerker mindestens ebenso kompetent wie der Assistent von Tim Taylor. Von den Sprüchen her allerdings ähnelt er eher Tim, weshalb er sagt: »Guck mal, Hanni, dein Mann sieht aus, als hätte ich gerade in seinem Kopf herumgebohrt.« Er lacht – und ich fasse an meinen Kopf, um zu sehen, ob da nicht doch irgendwo ein Loch ist.

Neben meinem Schwiegervater steht mein Sohn, auf seinem Kopf hat er eine gelbe Bob-der-Baumeister-Brille; er drückt seinen Spielzeugbohrer gegen die Wand und brüllt: »Können wir das schaffen? Ja, wir schaffen das!« Dann schnappt er sich einen Hammer und prügelt damit auf die Wand ein, die Wohnzimmer und Schlafzimmer trennt.

Am Tisch sitzen meine Frau und meine Schwiegermutter und unterhalten sich. Wenn die beiden miteinander reden, dann tun sie das eine halbe Oktave zu hoch, ein paar Dezibel zu laut und eineinhalb Wörter pro Sekunde zu schnell. Ich verstehe nur jedes dritte Wort, weshalb ich mir den Sinn des Gesprächs aus den Worten »Regale«, »bohren«, »Baumarkt«, »mehr Nägel« und »noch lange nicht fertig« zusammenreimen muss.

Ich stehe in Boxershorts und Bademantel am Eingang des Wohnzimmers, als mein Sohn mich entdeckt, die Brille nach oben schiebt und brüllt: »Papiiiii! Wir wollen bohren!« Dann packt er den Spielzeugbohrer und setzt an. Das Ding ist lauter als ein richtiger Bohrer.

Meine Frau grinst zufrieden, sie hat auf diesen Moment lange gewartet: Sie hat ihren Vater eingeladen, damit der in unserer Wohnung ungefähr 50 Regale aufhängt, in denen sie dann alles unterbringen kann, was sie im Internet bestellt oder auf einer ihrer ausgedehnten Shoppingtouren eingekauft hat. Von meinen handwerklichen Fähigkeiten hält sie ungefähr so viel wie Christian Wulff von ungünstigen Zinsen bei einem Kredit für sein Haus – weil Hanni weiß, dass ich spätestens nach dem dritten Regal aufgegeben und eine Sitzung des Familienrats einberufen hätte. Mein Antrag auf weniger Regale und mehr Ruhe wäre abgeschmettert worden mit der Begründung, dass ich im Familienausschuss zwar über ein Stimmrecht von 47 Prozent verfüge, meine Frau jedoch auch – und dass sie dazu über Finns sechs Prozent bestimmen darf, bis er alt genug ist, selbst abzustimmen. Finn bekommt pro Lebensjahr zwei Prozent Stimmrecht, sodass er an seinem 16. Geburtstag über genauso viele Anteile verfügt wie Hanni und ich.

Meine Frau erklärt mir, dass es sich nicht nur um ihre Regale und Schränke handelt, sondern vor allem um meine. Sie deutet dabei auf ein Brett, auf dem meine PlayStation steht. Das ist ungefähr so, als hätte sie mich mit einer Beruhigungspistole niedergeschossen, ich würde dann angekettet bei einem Mädchenabend aufwachen – und Hanni würde behaupten, dass es meine Geburtstagsparty sei, weil doch auch die Freundin meines besten Freunds da sei. Hanni hat mich nicht gefragt, sie hat beschlossen – und sie hat den Zeitvorteil genutzt, damit ich mich weder beschweren noch einen Notplan entwickeln konnte. Meine Frau hat die Formel für eine erfolgreiche Ehe gefunden: Versuch nicht, den anderen zu ändern! Lern ihn kennen und schlag ihn mit den eigenen Waffen!

Hanni nennt das, was in unserer Wohnung passiert, »dringend notwendige Verbesserungen«. Ich nenne es Ruhestörung.

Heute ist ein Feiertag und der erste Tag seit Wochen, an dem ich ausschlafen kann. Doch ich darf nicht, weil in unserer Wohnung gebohrt wird, als wären Bob, Wendy, Mixi und Buddel hier eingezogen.

Ich könnte argumentieren, aber das hätte ungefähr so viel Aussicht auf Erfolg wie der Versuch Wulffs, sich aus der Kreditaffäre herauszureden. Ich könnte drohen, was allerdings noch weniger Aussicht auf Erfolg hätte. Freilich könnte ich helfen – aber das verbiete ich mir wegen meines Stolzes. Und das verbietet mir mein Schwiegervater mit dem Hinweis, dann noch länger zu brauchen.

Ich könnte meine Frau anzeigen! Wegen Ruhestörung am Feiertag. Warum eigentlich nicht? Ich hüpfe über Bretter und Nägel und Schrauben, schlage mich durch zum Wohnzimmertisch und erkläre meiner Frau meine Absicht.

Sie sagt: »Ist das dein Ernst? Wenn du das wirklich

Wissen für Nichtjuristen

Es gibt zwar eine eheliche Beischlafpflicht, doch sie ist rechtlich nicht durchsetzbar. (§ 1353 BGB, §§ 887f. ZPO)

machst, dann übernachtest du auf der Couch!« Meine Frau droht mir, weil sie gewohnt ist, damit erfolgreich zu sein. Nicht an diesem Tag.

Ich rufe zunächst einen befreundeten Polizisten an, um die Angelegenheit zwar offiziell, aber ohne Anzeige zu klären.

Seine Reaktion: »Ist das dein Ernst?«

Er weigert sich mit der Begründung, dass er noch länger mit meiner Frau befreundet sein möchte. Was für ein Feigling!

Dann eben auf dem offiziellen Weg. Ich rufe bei der Polizei an.

»Guten Tag, ich würde gerne eine Anzeige wegen Ruhestörung machen. Ich möchte meine Frau anzeigen, mein Schwiegervater bohrt seit ein paar Stunden mit ihrer Erlaubnis in unserer Wohnung, und ich kann nicht schlafen. Ich habe schon versucht, die Ruhestörung abzustellen, jedoch ohne Erfolg. Deshalb sehe ich keinen anderen Ausweg.«

Stille am Telefon. Fünf Sekunden lang.

Dann sagt der Polizist: »Darf ich Ihnen eine ehrliche Frage stellen?«

»Ja!«

»Ist das Ihr Ernst?«

»Komisch, das haben mich meine Frau und ein anderer Polizist auch schon gefragt.«

»Absolut zu Recht!«

»Aber ich weiß keinen anderen Ausweg mehr! Die machen mich wahnsinnig und haben sogar meinen Sohn auf ihre Seite gezogen. Der bohrt nun auch mit. Und ich will doch einfach nur schlafen.«

Er lacht – und ich erkläre ihm mein Projekt, ein Jahr

lang nach dem Gesetz zu leben. Er lacht: »Das kann kein Mensch! Jeder bricht jeden Tag das Gesetz.«

Ich erkläre ihm auch, dass ich in meiner Familie ungefähr so viel zu melden habe wie der Freund von Jennifer Lopez. Seine Reaktion: »Das kenne ich!« Offensichtlich habe ich einen Polizisten mit Humor erwischt.

»Ich könnte Sie jetzt abwimmeln und Sie bitten, einfach mit Ihrer Frau zu sprechen. Das will ich aber nicht, weil die Geschichte zu lustig ist.«

»Darf ich denn meine Frau überhaupt anzeigen?«

»Natürlich! Sie haben vor Gericht das Recht, die Aussage zu verweigern, wenn Sie damit einen Angehörigen belasten würden – aber es steht Ihnen natürlich frei, Anzeige gegen einen Angehörigen zu erstatten. Das passiert nicht so selten: Denken Sie nur an häusliche Gewalt oder an Streitigkeiten ums Erbe. Da verklagen sich Geschwister!«

»Bin ich denn wenigstens der Erste, der seine Frau wegen Ruhestörung anzeigt?«

»Ja, da sind Sie auf jeden Fall der Erste in meiner langen Dienstzeit als Polizist. Ich habe ja schon viel erlebt, aber das ist neu. Das muss ich meinen Kollegen und meiner Frau erzählen, die glauben mir das nie.«

»Was haben Sie denn alles erlebt?«

Stille. Dann:

»Das darf ich nicht erzählen. Aber wissen Sie eigentlich, wie viele Leute hier jeden Tag anrufen?«

»Nein!«

»Viele! Einmal hat einer nachts um drei Uhr angerufen, um sich zu beschweren, dass sein Nachbar schnarchen würde.«

»Was haben Sie gemacht?«

»Ich hab ihm gesagt, dass er mal an die Tür des Nachbarn klopfen und mit ihm reden soll. Reden ist immer besser, als Anzeige zu erstatten. Es hat sich leider eingebürgert, dass die Menschen nicht mehr miteinander sprechen, sondern nur noch übereinander. Und dann zeigen sie sich gegenseitig an, obwohl ein Gespräch den ganzen Konflikt gelöst hätte.«

»Und?«

»Er hat nie wieder angerufen. Wer mit den Menschen redet, der braucht meistens keine Polizei. Die Schnarchaffäre war schnell beendet. Und von einem Mord wegen Schnarchens habe ich am nächsten Tag auch nichts in der Zeitung gelesen, also ist alles glimpflich ausgegangen.«

Er lacht laut.

Er erzählt mir, dass einmal einer angerufen hat, um sich darüber zu beklagen, dass sein eigenes Kind heulen würde und dass er nicht wisse, was er nun tun soll. Die Polizei solle nun bitte schön dafür sorgen, dass der Kleine aufhört, schließlich müsse er seine Präsentation für den nächsten Morgen vorbereiten – was er aber nicht schaffe, wenn der Bub so weiterbrülle.

Andere würden anrufen, weil sie glaubten, dass die Autos, die an ihrem Fenster vorbeifahren, zu schnell und deshalb laut sein würden – und dass bitte ein Beamter vorbeikommen und dafür sorgen möge, dass die Autos langsamer und leiser fahren. Erst dann könne er seinen Schlaf genießen.

»Was tun Sie bei solchen Anrufen?«

»Ich versuche erst einmal, die Menschen zu beruhigen und ihnen Lösungen vorzuschlagen. 90 Prozent der Fälle lassen sich so lösen, ohne dass ein Beamter vorbeischauen muss.«

Einige rufen an, weil irgendwo ein Hund bellt. Andere, weil angeblich ein Wasserhahn im Haus tropft. Ein Polizist solle dann vor Ort veranlassen, dass der Wasserhahn abgestellt wird. Manche beschweren sich, weil der Nachbar die Tür zugeschlagen hat.

»Meistens ist die Angelegenheit auch erledigt, wenn wir beim Ruhestörer anrufen oder kurz vorbeifahren. Nur in den seltensten Fällen spricht das Ordnungsamt tatsächlich eine Geldstrafe aus. Ich habe nur ein Mal eine wirklich kuriose Geschichte zwischen Ehepartnern erlebt.«

Wissen für Nichtjuristen
Wer sich durch den Lärm einer Tiefgarage gestört fühlt, hat die Möglichkeit, das Öffnen und Schließen zwischen 22 und 6 Uhr untersagen zu lassen (§§ 228, 223, 167, 1004 BGB).

Eine Frau habe sich gemeldet, um die Polizei darauf hinzuweisen, dass sich ihr Mann in einem fahruntüchtigen Zustand befinde, jedoch plane, von der Feier mit dem Auto heimzufahren. Die Beamten erschienen vor Ort und trafen den Ehemann an, wie er gerade mit seiner Frau anstieß. Sie führten eine Alkoholkontrolle durch, die ohne Folgen bleiben sollte, weil der Mann ja nicht am Steuer saß und nur die Ankündigung, noch fahren zu wollen, kein Delikt darstellt. Das Ergebnis beim Mann: 0,8 Promille. Weshalb die Polizisten ihm rieten, nicht mehr nach Hause zu fahren. Darauf entgegnete die Frau, dass natürlich sie nun fahren würde. Also testeten die Beamten kurz die Frau. Ergebnis: 1,4 Promille.

»Solche Sachen erlebt man nicht jeden Tag – aber doch öfter, als man es sich vorstellen und wünschen würde.«

Ich sei jedoch immer noch der Erste, der seine Frau wegen Ruhestörung anzeigen wolle.

»Und wie verbleiben wir nun?«

»Ich habe die Anzeige aufgenommen. Ich kann bei Ihrer Frau anrufen, aber wenn ich Ihnen einen Rat geben darf: Gehen Sie lieber in eine Kneipe derweil.«

Viele Menschen beschweren sich darüber, dass es zu viele Gesetze gibt – doch wenn man betrachtet, wie viele Leute bei der Polizei anrufen, um sich wegen Nichtigkeiten zu beschweren, dann ist eindeutig festzustellen, dass es nicht genug Gesetze gibt. Es fehlt mindestens eins, das besagt: »Werd erwachsen und klär die Dinge persönlich, anstatt dich hinter einem Polizisten zu verstecken.«

Der zweifache Oscar-Gewinner Christoph Waltz sagte

einmal: »Wer herausragende Leute haben möchte, der muss auch mal jemanden herausragen lassen.« Man könnte, man müsste den Spruch abändern in: Wer ein selbst verantwortetes Leben möchte, der sollte sein Leben auch mal selbst verantworten.

Ja, der Nachbar kann manchmal nerven. Der Kollege auch. Und die Ehefrau erst! Manchmal gibt es keinen anderen Weg, als Hilfe zu holen – doch in vielen Fällen braucht es das nicht.

Menschen, die andere verpfeifen, mochte schon in der Schule keiner.

Ich gehe in die Kneipe. Dort bleibe ich zwei Stunden, dann gehe ich nach Hause zurück in der Hoffnung, dass der Spuk vorbei ist.

Meine Frau kommt mir entgegen: »Vorhin hat ein Polizist angerufen. Du hast mich echt angezeigt?«

Ich gucke, wie ein Mann guckt, der zwei Stunden allein in einer Kneipe gesessen und Bier getrunken hat – und das alles nun seiner Frau erklären muss.

»Keine Sorge, der Mann war supernett. Er hat gesagt, wir sollen uns einigen und eine vernünftige Lösung finden.«

Ich nicke, weil auch ich ein Rezept für eine funktionierende Ehe gefunden habe: bedingungslose Unterwerfung.

»Die vernünftigste Lösung ist, die restlichen Regale jetzt aufzuhängen, sonst muss mein Vater noch einmal kommen. Finn hat dem Vorschlag übrigens zugestimmt.«

Dann lacht sie und sieht hinüber zu ihrem Vater und meinem Sohn, beide den Bohrer im Anschlag.

Noch vier Regale.

Kapitel 6

Das Gesetz bin ich!

Erinnern Sie sich noch an Ihre Schulzeit? An diesen Kerl in Ihrer Klasse, der immer alles besser wusste und Sie auf jeden Fehler hingewiesen hat? Diesen Typen, den Sie in der Pause gerne verprügelt hätten, weil er nicht aufgehört hat, mit seiner Besserwisserei zu nerven?

Dieser Typ, das bin ich.

Das Erlebnis mit meiner Frau hat mir zwar einen kleinen Dämpfer verpasst, aber ich bin weiterhin wild entschlossen: Ich will nicht nur, dass ich mich an das Gesetz halte, sondern dass es alle anderen auch tun. Also weise ich jeden auf seine Fehler hin, ob er es hören will oder nicht. Und wenn er es nicht hören will, dann rufe ich eben bei der Polizei an. Innerhalb von sechs Tagen habe ich mich fünf Mal bei der Polizei beschwert oder andere Menschen angezeigt: einen wegen einer weggeworfenen Kippe, einen anderen, weil er bei Rot über die Straße spaziert ist. Ich habe einen Taxifahrer verpfiffen, weil ich beobachtet habe, wie er ein Auto angefahren hat. Ich habe versucht, eine Frau anzuzeigen, die mir im Auto den Vogel gezeigt hat – und habe vom Polizisten mitgeteilt bekommen, dass diese Anzeige keine Aussicht auf Erfolg hat, wenn ich mir nicht noch ein Vergehen im Straßenverkehr ausdenken würde. Ich habe auch zwei junge Männer angezeigt, die vor unserer Haustür Kippen und anderen Müll hingeworfen haben.

Ich bin eine schreckliche Nervensäge geworden.

Einen Höhepunkt meines Querulantentums erlebe ich auf einer Feier, die mein Vater ausrichtet. Seit etwa zwei Stunden geht mir der Freund meiner Nichte auf die Nerven. Er sieht aus wie der unattraktive Bruder des Scarecrow-Darstellers aus den Batman-Filmen, hält sich aber für eine Mischung aus Brad Pitt, Stephen Hawking und Muhammad Ali. Er hat sich nur noch nicht entschieden, ob er der Schönste, der Schlaueste oder einfach nur der Größte sein möchte. Wahrscheinlich alles davon.

Er ist ein Steigerer: Diese Typen haben nicht nur die Eigenschaft, für sich selbst auf jedem Gebiet der menschlichen Existenz ein Experte zu sein – sie kennen sich auf dem Aktienmarkt ebenso aus wie in Quantenphysik, Biomechanik und Gastronomie. Sie müssen deshalb die Leistungen anderer überbieten. Schafft man selbst 100 Kilo beim Bankdrücken, behaupten diese Menschen sogleich, vergangene Woche 120 Kilogramm gedrückt zu haben. Das geht bis ins kleinste Detail – und bis zur größten Unsinnigkeit: Wenn man erzählt, dass man beim Kartenspielen einen Tarif von zehn Cent pro Spiel verwendet, dann guckt der Steigerer verächtlich und merkt an, dass er selbst nie unter 50 Cent Einsatz spielen würde.

Es ist Steigern um des Steigerns willen.

Jeder kennt so einen Steigerer.

Steigerer darf man nicht verwechseln mit menschlichen Teflonpfannen. Das sind die, die bei jeder Kritik entweder anmerken: »Selber!« Oder sie kontern mit einer gleichwertigen Beleidigung, auf ein »Blödi« folgt ein »Dummi«. Kritik prallt ab – oder geht direkt zum Sender zurück.

Steigerer sind anders. Wenn man einem Steigerer sagt, er habe so geparkt, dass da noch eine Herde Kamele plus Treiber Platz hätten, dann antwortet er: »Nein, noch fünf Kamelherden!«

Steigerer sind menschliche Tauben, die nutzlos herumlaufen und grundlos andere Menschen vollscheißen. Wenn ich zwei Stunden mit so einem Menschen verbringen muss, bin ich schlecht gelaunt. Ich bestelle mir deshalb einen Ramazzotti.

»Ich will auch einen«, sagt die jüngere Nichte forsch – und ich blicke erstaunt hinüber. Wie selbstverständlich fügt sie hinzu: »Mit Eis und Zitrone!«

Das Mädchen ist 14 Jahre alt.

»Was«, sage ich erstaunt, »was willst du denn mit Schnaps? Du bist erst 14!«

Sie sagt: »Na und?«

Der Steigerer sagt, Sie ahnen es womöglich: »Ich habe meinen ersten Schnaps mit 13 getrunken, kein Problem! Sieh an, was aus mir geworden ist.« Ich bin versucht, diesen Satz zu verwenden für eine landesweite Kampagne gegen Alkohol bei Minderjährigen.

Was würde er sagen, wenn ich nun anmerkte, dass ich bei meinem ersten Ramazzotti zwölf Jahre alt gewesen sei? Richtig: »Ach ja, jetzt erinnere ich mich: Ramazzotti, den gab's damals in der Theatergruppe. Da war ich elf!«

Die Bedienung ist schon wieder gegangen, ein wenig später bringt sie die Getränke.

»Dir ist schon klar, dass ich ein Jahr lang gesetzestreu lebe. Außerdem sehe ich absolut nicht ein, warum ein 14-jähriges Mädchen nach dem Essen einen Schnaps trinken muss.«

Sie sieht mich belustigt an, dann stößt sie mit ihrem Vater an, der einfach nur dasitzt und grinst.

Ich würde mit dem Vater nun gerne darüber streiten, dass er es offensichtlich ganz toll findet, dass seine minderjährige Tochter Schnaps trinkt. Auf der anderen Seite geht mich das überhaupt nichts an.

»Weißt du was? Ich finde es unverantwortlich, dass du deiner Tochter Schnaps gibst. Ich finde es zwar auch unmöglich von der Bedienung, dass sie den Ramazotti gebracht

Wissen gegen den Knast
In Gaststätten ist nicht nur die Abgabe von hartem Alkohol an Jugendliche verboten, auch Tabak darf nicht an Menschen unter 18 Jahren verkauft werden. (§ 10 JuSchG)

hat, denn dadurch macht die sich strafbar. Aber dass du das auch noch unterstützt, finde ich höchst fragwürdig.«

Mein Schwager gehört zur Spezies der Opportunisten – was auf Familienfeiern bedeutet, dass er immer mit dem lacht, der gerade einen Witz über den anderen gemacht hat. Wenn der Steigerer mich beleidigt, dann lacht er mit dem Steigerer – wenn es umgekehrt ist, dann lacht er mit mir. Nach Fußballspielen klatscht er gerne mit den Siegern ab. Natürlich ist so ein Mensch FC-Bayern-Fan.

Ich sage: »Gib ihr bitte keinen Alkohol!«

So viel zu meinem Plan, der coolste Onkel der Welt zu werden.

Meine Nichte sagt: »Was willst du denn? Wann hast du dein erstes Bier getrunken?«

Ich will auf diese Frage nicht antworten – vor allem deshalb nicht, weil ich vom Steigerer nicht hören will, dass er bei seinem ersten Bier erst 13 Jahre alt gewesen sei.

»Es geht nicht um mich, sondern um dich – und so wie ich dich hier sehe, nehme ich mal an, dass dies nicht dein erster Schnaps ist.«

»Na und, bloß weil du alt bist und nichts mehr verträgst!«

Das ist ein Tiefschlag für mein Third-Life-Crisis-Ego – und sofort setzt der Steigerer zum nächsten an: »Ich bin genauso alt wie du und würde dich unter den Tisch trinken.«

Normalerweise bin ich für jeden Wettkampf zu haben – an diesem Tag aber nicht. Nicht mit einem Steigerer. Am Ende würde ich verlieren, und eine Niederlage gegen einen Steigerer macht nur die Menschen nicht wütend, denen es auch nichts ausmacht, einen Boxkampf gegen ein Kleinkind zu verlieren.

Ich stecke in einem moralischen Dilemma: Das Gesetz verbietet meiner Nichte den Schnaps – und auch ich finde, dass es für ein 14-jähriges Mädchen nicht selbstverständlich sein sollte, harten Alkohol zu trinken. Ich habe nichts dagegen, wenn ein Teenager hin und wieder mal trinkt, aber zum Ramazzotti greifen wie ein Kleinkind zur Morgenflasche macht mir dann doch Sorgen. Vor allem, weil ich glaube, dass es für das Trinken einen Anlass gibt, der deutlich tiefer liegt als die Lust auf Alkohol.

Ich will nicht bei der Polizei anrufen, sondern erinnere mich an die Worte meines Vaters: »Früher haben wir die Dinge noch selbst geregelt.«

Ich nehme den Ramazzotti und kippe ihn in meinen Mund.

Ich sage zu meiner Nichte: »Ich weiß schon, dass du mich jetzt für einen Arsch hältst.«

Komischerweise sagt der Steigerer nun nicht, dass er ein noch viel größerer Arsch ist – obwohl das zum ersten Mal an diesem Tag die Wahrheit wäre.

»Ich trinke jetzt einfach jeden Schnaps, den du dir bestellst!«

Bei 0,3 Promille stelle ich fest: Ich bin nicht die einzige Nervensäge in unserer Gesellschaft.

Meine Gedanken bei 0,6 Promille: Wir sind alle auf irgendeine Weise nervige Querulanten, wenn es darum geht, bei anderen Menschen Fehler zu suchen.

Bei 1,0 Promille halte ich mich kurz für unbesiegbar, dann denke ich: Wir sind keine Solidargemeinschaft mehr, wir sind eine Zwangsgemeinschaft, in der jeder versucht, seinen persönlichen Vorteil zu steigern und bestenfalls noch den Nachteil des anderen zu maximieren. Denn, und das belegen Studien, es geht uns besser, wenn es den anderen schlecht geht.

Bei 1,6 Promille schiele ich, dann fordere ich den Steigerer zu einem Boxkampf heraus, zu dem er bis heute nicht angetreten ist. Bei 1,9 Promille ist die Familienfeier vorbei, meine Nichte hat keinen einzigen Schnaps getrunken, ich habe den Steigerer noch ein paar Mal mit Superlativen belegt – ein Steigerer kann damit nur schwer umgehen, weil er dann nicht mehr steigern kann – und halte mich nun wie jeder betrunkene Mann für absolut unwiderstehlich.

Am nächsten Morgen jedoch merke ich zwei Dinge: Mein Körper ist zu alt für diese Menge Alkohol. Und kein Mensch mag Querulanten.

Noch schlimmer: Meine Naseweisheit führt sogar dazu, dass ich das Gesetz breche. Ich bin mit Freunden in der Tschechischen Republik, um Paintball zu spielen. Auf dem Heimweg werden wir kontrolliert, weil wir im Dienstwagen meines Freundes offenbar ins Raster der Beamten fallen: »Vier junge Menschen, BMW, auswärtiges Kennzeichen«, sagt einer. Übersetzt: So Typen wie ihr importiert normalerweise Crystal und andere Drogen.

Das möchte ich doch genauer wissen. Die Bundespolizei darf »verdachtsunabhängige Personenkontrollen« durchführen, so ist es in den Paragrafen 22 und 23 des Bundespolizeigesetzes festgelegt. Das klingt nach Zufall und so, als würde es jeden mal erwischen. Migrantenverbände und Menschenrechtsgruppen nennen es jedoch »Racial Profiling«. Das klingt nach Rassismus und so, als würde es nicht jeden mal, sondern bestimmte Gruppen öfter erwischen. Racial Profiling ist aufgrund des Gleichbehandlungsgrundsatzes des Grundgesetzes verboten. »Die Gesetze an sich sind nicht diskriminierend, das sind höchstens einzelne Beamte, die sich falsch verhalten«, sagt Harald Schneider. Er war mehr als 30 Jahre lang Polizist und ist mittlerweile sicherheitspolitischer Sprecher der SPD im bayerischen Landtag.

Es gibt allerdings Beamte bei Zoll und Bundespolizei, die andere Aussagen machen. Einer sagt: »Natürlich spielen bei Kontrollen die eigene Erfahrung und die Berichte der Kollegen eine Rolle. Wenn im vergangenen Jahr eine große Anzahl ausländisch anmutender junger Männer beim Drogenschmuggel erwischt wurde, dann kontrolliert man diese Personengruppe natürlich vermehrt – allerdings ist das ›ausländisch anmutend‹ nur ein Kriterium wie ›jung‹ und ›männlich‹. Jeder Beamte, der behauptet, dass er zufällig kontrolliert, der lügt.« Ein anderer sagt: »Natürlich gibt es ein Raster – und wer ins Raster fällt, der wird kontrolliert. Ethnische Kriterien spielen dabei sehr wohl eine Rolle.«

Ich frage den Beamten: »Wir wurden also ausgewählt, weil wir in ein Raster fallen?«

Er sagt: »Na klar.«

»Wenn nun einer von uns Ausländer wäre, würden wir perfekt passen, oder?«

Er sagt nichts, zieht nur die Augenbrauen hoch und grinst. Das ist auch eine Antwort.

Ich fühle mich sicher, weil ich die Gesetze gelesen habe.

Er kontrolliert unsere Ausweise. Ich habe nur den Führerschein dabei und bin überzeugt davon, dass das vollkommen genügt. Ich sehe den Beamten triumphierend an – doch er antwortet mit einem noch triumphierenderen Blick: »Aber Sie haben nicht die nötigen Papiere zum Grenzübertritt dabei.«

Ich gucke recht dumm aus der Wäsche. Schon wieder ein Gesetz gebrochen. Er ertappt auch noch einen Freund, der ebenfalls nur den Führerschein dabeihat.

Er belässt es bei einer Verwarnung und 15 Euro Strafe: »Ich unterstelle Ihnen mal keine Absicht, deshalb nur eine Verwarnung.«

Wissen für Nichtjuristen
Es besteht in Deutschland zwar Ausweispflicht – man muss also einen Personalausweis oder Reisepass besitzen. Eine gesetzliche Mitführpflicht besteht jedoch nur in Ausnahmefällen. (§§1, 32, Gesetz über Personalausweise)

»Wäre es bei einem Ausländer auch nur eine Verwarnung gewesen?«

Er tut so, als hätte er meine Frage nicht gehört, und schickt uns fort.

Bei 150 Fahrten zuvor hatte ich immer Personalausweis oder Reisepass dabei. Verdammtes Halbwissen.

Ich muss einen Mittelweg finden zwischen Gesetzestreue und einer Bewerbung als professioneller Erbsenzähler.

Erbsenzähler mag kaum jemand.

Vor allem aber darf ich niemals ein Steigerer werden. Die mag niemand.

Kapitel 7

Gesetzesbrecher I: Der Pokerspieler

»Das war ein schöner Abend! Wenn ihr mir nun bitte mein Geld zurückgeben würdet, ich gehe nämlich nach Hause. Es war wunderbar mit euch!«

So einen Satz darf ein Mensch normalerweise nur sagen, wenn er eine Pistole oder wenigstens ein Messer in der Hand hält.

Meine Freunde gucken verwundert, jeder auf seine Weise. Niko sieht mich an, als hätte ich ihm gesagt, dass er künftig nie wieder ein Fußballspiel im Stadion ansehen darf. Bernd guckt, als würde er versuchen, das kniffligste Rätsel aller Zeiten zu lösen. Die anderen blicken, als hätte gerade jemand einen wunderbaren Witz erzählt, nur leider die Pointe vergessen.

»Ich weiß schon, dass ich Geld verloren habe – aber das kann ich mir jetzt zurücknehmen, und ihr könnt rein gar nichts dagegen tun. Wenn ihr mir also einfach die 45 Euro zurückgeben würdet, die ich verloren habe, dann wäre das eine prima Sache.«

Noch mal: So was kann man nur mit Pistole sagen.

»Echt lustig, Jürgen«, sagt einer, »aber Spielschulden sind Ehrenschulden.«

Ich grinse nur: »Ganz genau, es sind nur Ehrenschulden, keine rechtlichen Schulden. Vor Gericht habt ihr keine Chance, das Geld einzuklagen.« Ich habe keine Pistole in

Wissen für Nichtjuristen
Wett- und Spielschulden sind nicht verbindlich, niemand kann gezwungen werden, Geld zu bezahlen. (§ 284 StGB, § 762 BGB)

der Hand, aber das Recht auf meiner Seite – und das kann auch eine recht beeindruckende Waffe sein.

Öffentliches Glücksspiel ist in Deutschland strafbar, wenn keine behördliche Genehmigung wie etwa bei Spielbanken vorliegt. Die Pokerrunde im Wohnzimmer eines lieben Freundes ist öffentlich, weil die Einladung über Facebook an einen riesigen Kreis erfolgte und darin sogar aufgefordert wurde, neue Spieler mitzubringen. Von einer geschlossenen Gesellschaft kann keine Rede sein. Gespielt wird mit Chips, abgerechnet und bezahlt wird am Ende des Abends. Die Einsätze werden derweil in einem Koffer aufbewahrt. Was die anderen von mir gewonnen haben, ist die Beute aus einer Straftat.

Das teile ich den anderen mit.

»Jetzt spinnt er komplett«, sagt einer.

»Ich stelle mir sogar die Frage, ob es überhaupt unehrenhaft wäre, wenn ich meine Spielschulden nicht bezahlen würde – schließlich ist das eine illegale Veranstaltung. Und da halte ich es doch für ehrenhaft, wenn ich den Abend in vernünftige Bahnen lenke, indem ich alle auffordere, ihren vermeintlichen Gewinn zurückzuzahlen. Damit würde ich die Runde legalisieren, indem wir sie als Training ohne Einsatz und Gewinn betrachten.«

Ralf hilft mir – schließlich hat auch er einen ordentlichen Batzen Geld verloren: »Das ist die beste Idee, die der Schmieder jemals hatte!«

Ralf und ich klatschen uns ab – doch Kai springt auf und läuft zum Pokerkoffer, in dem das Geld aufbewahrt wird. Er nimmt den Koffer in einen Klammergriff, den ich zuletzt von Hulk Hogan bei *Wrestlemania VI* gesehen habe. Er sieht aus wie ein Kleinkind, dem mitgeteilt wurde, dass es sein Lieblingsspielzeugauto dem Nachbarskind schenken muss. Er ist offensichtlich wild entschlossen, das Geld notfalls mit seinem Leben zu verteidigen; er sieht aus wie eine New Yorkerin beim Schlussverkauf von Winterstiefeln.

Uli springt ihm zur Seite, wie eine New Yorkerin ihrer Freundin beispringt, die gerade um ein Paar Manolo Blahniks kämpft.

»Du hast verloren, du bezahlst«, sagt Uli und wirkt dabei wie der Türsteher einer Dorfdisco, der einem Jugendlichen mitteilt, dass er als Eminem-Lookalike mit Baseballmütze und Turnschuhen keine Chance auf Einlass habe.

»Ich werde mir nun den Koffer nehmen und dann das Geld herausholen«, sage ich. Beim Üben vor dem Spiegel ein paar Stunden vorher hatte ich den Eindruck, dass dieser Satz cool und bestimmt ankommen müsse – wie beim Protagonisten eines Quentin-Tarantino-Films oder bei Robert de Niro in *Taxi Driver*. In Wirklichkeit wirke ich recht lächerlich, so wie jeder lächerlich wirkt, der im wirklichen Leben versucht, was nur im Film oder in Büchern funktioniert.

»Das Einzige, was du Vollidiot bekommst, ist eine Tracht Prügel, wenn du hierherkommst, du Penner!«

»Jetzt hast du mich beleidigt und auch bedroht. Und solltest du mich tatsächlich verprügeln, dann wäre das vorsätzliche Körperverletzung.«

Kai ist Kampfsportler. Viele Menschen sind der Meinung, dass jemand wie er seine möglichen Gegner auf ihre Fähigkeiten hinweisen müsste.

Das stimmt jedoch nicht.

Uli und Kai sehen sich verwundert an.

»Ich kann auch vor Gericht gehen und dafür sorgen, dass ich nicht bezahlen muss, ich habe das Gesetz eindeutig auf meiner Seite.«

Wissen gegen den Knast

Für Kampfsportler gelten die gleichen Regeln wie für jeden anderen Menschen – das gewählte Verteidigungsmittel muss »erforderlich und geboten« sein. Ohne Notwehrsituation darf niemand körperliche Gewalt anwenden, ob Kampfsportler oder nicht. (§§ 223, 224 StGB)

Ich gehe auf Kai zu, nehme mir ruhig den Koffer, öffne ihn und nehme das Geld heraus. Ich nehme mir meinen Teil und gebe Ralf das Geld, das er an diesem Abend verloren hat.

»Nein, will ich nicht«, sagt Ralf, »es wäre zwar eine lustige Idee, aber wenn ich verliere, dann bezahle ich auch. Dieses Mal bist du allein, Schmieder.«

Ich nehme mein Geld und gehe nach Hause. Während der Heimfahrt bekomme ich eine SMS. Uli teilt mir mit: »Dir ist schon klar, dass du auf Lebenszeit von den Pokerrunden ausgeschlossen bist. Außerdem betrachte ich unsere Freundschaft als beendet. So etwas habe ich von einem Freund nicht erwartet. Viel Spaß mit deinem Gesetz-Projekt!«

Da hält man sich an das Gesetz – und schon hat man einen Freund weniger.

Ich vergesse mein schlechtes Gewissen, weil ich den Abend als Startschuss dafür nutzen will, mich mit Gesetzesbrechern zu treffen: mit professionellen Pokerspielern, Drogendealern, Huren, Betrügern, Schwarzarbeitern. Weil ich selbst nicht in ausreichendem Umfang gewisse Gesetze breche, will ich von diesen Menschen erfahren, warum sie das tun. Ich will wissen, warum sie diesen Weg eingeschlagen haben, was sie von der deutschen Gesetzgebung halten und wie sie damit umgehen.

Warum machen diese Menschen das?

Ich treffe mich zunächst mit einem professionellen Pokerspieler, der seit fünf Jahren von der Zockerei lebt. Kennen Sie die Pokerspieler aus Filmen? Steve McQueen in *Cincinnati Kid* oder Mel Gibson in *Maverick* oder Paul Newman in *The Sting*? Kein Pokerspieler ist wie diese Figuren.

Pokerspieler tragen bei öffentlichen Auftritten manchmal einen Anzug, eine Krawatte und ein Einstecktuch – aber man sieht sogleich, dass sie sich in diesen Klamotten so unwohl fühlen wie Angela Merkel im Trainingsanzug. »Ein Mann im Anzug sieht immer ein bisschen aus wie James

Bond«, sagt meine Mutter gerne. Das ist gelogen. Viele Männer im Anzug sehen ein bisschen aus wie Heinz Erhardt.

Heutzutage wird ohnehin nicht mehr in feinen Casinos oder in den Hinterzimmern von Saloons um das große Geld gespielt, sondern im Internet. Die Spieler tragen keine Anzüge und rauchen keine dicken Zigarren, an der Bar wartet auch keine hübsche Frau mit Cocktail. Sie tragen Jogginganzug und Brille, in der Küche wartet die Mutter mit dem Abendessen.

Wissen gegen den Knast

Das Veranstalten und das Vermitteln öffentlicher Glücksspiele im Internet sind verboten. (Glücksspielstaatsvertrag, § 4, Sektion 4) Der Glücksspieländerungsstaatsvertrag wurde nach einer Intervention der EU noch nicht ratifiziert.

In Deutschland pokern etwa 600 000 Menschen regelmäßig im Internet. Alle illegal. Oder zumindest in einem Graubereich des Rechts.

Sie geben sich Namen wie »Zocker68«, »All-In-King« oder ganz bescheiden »DerBeste79«. Sie sind Kunden der lukrativsten Banken weltweit. Freilich veröffentlichen die Online-Casinos keine Zahlen, meine Recherchen werden abgeblockt mit dem Hinweis, dass keine genauen Daten vorliegen würden. Auf den Hinweis, dass man doch nur den Kontostand der einzelnen Mitglieder zusammenrechnen müsse, kam die Antwort: »Das interessiert uns aber nicht – also sollte es Sie auch nicht interessieren. Ich kann Ihnen nur versichern, dass unser Unternehmen auf wirtschaftlich gesunden Beinen steht.«

Wissenschaftler haben durch repräsentative Umfragen die durchschnittlichen Einzahlungen und Auszahlungen deutscher Pokerspieler zu erfahren versucht. Die Ergebnisse sind recht unterschiedlich: Die einen sprechen von etwa 85 Euro pro Jahr, andere kommen auf bis zu 420 Euro pro Spieler. Wohlgemerkt: Diese Zahlen beschreiben den Betrag, den die Spieler netto einbezahlen – bei der 85-Euro-Umfrage zahlt der Spieler also etwa 130 Euro ein und lässt sich im Laufe des Jahres 45 Euro ausbezahlen. Er erhöht also das im Umlauf befindliche Geld um 85 Euro. Wer also der Umfrage mit der mittleren Schätzung vertraut, der kommt auf rund 50 Millionen Euro, die in Deutschland pro Jahr in die Casinos einbezahlt werden.

Die Betreiber von Online-Casinos bekommen also von deutschen Pokerspielern pro Jahr einen zinslosen Kredit von 50 Millionen Euro. Noch mehr: Die Spieler bezahlen Kontoführungsgebühr, schließlich behalten die Casinos fünf Prozent der umgesetzten Spielsumme ein. Wer einzahlt und regelmäßig spielt, der bekommt fünf Prozent Zinsen abgezogen. Online-Casinos sind die lukrativsten Kreditinstitute der Welt. Sie müssen nicht zocken wie andere Banken, sondern profitieren von der Zockerei der anderen.

Sie sind wie Sam Brannan, jener Mann, der während des Goldrauschs in Kalifornien zum ersten Millionär des Bundesstaats wurde – nicht etwa, weil er eine Goldmine entdeckte, sondern weil er den Glücksrittern die Utensilien zum Schürfen verkaufte.

Ich treffe mich mit Thomas, den ich so nenne, weil er mir mehr erzählen darf, wenn ich nicht seinen richtigen Namen verwende. Er lebt in einer Wohnung, für deren Einrichtung man einen niedrigeren sechsstelligen Betrag ausgeben muss. In seinem Arbeitszimmer ist ein Computer aufgebaut, der an zwei der größten Bildschirme angeschlossen ist, die ich jemals in meinem Leben gesehen habe. Als er mich hineinführt, trägt er einen Anzug und sieht tatsächlich eher aus wie James Bond als Heinz Erhardt.

»Mein Tagesablauf ist klar definiert«, sagt er, »ich schlafe bis 10.30 Uhr, dann gehe ich kurz joggen oder fahre mit dem Rad, dann dusche ich mich und ziehe mich so an, als würde ich zur Arbeit gehen. Ich habe mich am Anfang eine Woche lang in Schlabberklamotten vor den Computer gesetzt, doch dann war ich nicht konzentriert. Wenn man von zu Hause aus arbeitet, dann muss man sich selbst die Illusion geben, als würde man ins Büro gehen.«

Er spielt sieben Stunden pro Tag, er ist gleichzeitig an neun Tischen angemeldet. *Blinds*, also der Grundeinsatz: zwei und vier US-Dollar pro Spiel. Nebenher errechnet eine Software die Chancen auf einen möglichen Sieg bei der aktuellen Hand. Die Einstellungen hat Thomas so geändert, dass der Computer automatisch Hände wegwirft und ihn nur dann alarmiert, wenn es seiner Meinung nach interessant sein sollte. »Für die Programmierung habe ich etwa eine Woche gebraucht und modifiziere sie immer wieder.« Im Regal stehen Bücher über Mathematik, Astronomie und Schach.

Der Mann ist kein Glücksritter, der auf den großen Durchbruch aufgrund einer Serie von günstigen Händen hofft. Er hat Abitur, ihm wäre wegen seines gemessenen Intelligenzquotienten auch eine Karriere als Physiker zuzutrauen gewesen. Er ist aber Pokerprofi, der bei einem Online-Casino unter Vertrag ist. Er bezieht ein Grundgehalt und Boni für gespielte Stunden, dazu übernimmt das Casino die Startgebühren für bedeutsame Turniere. Dafür ist an jedem Kleidungsstück das Logo des Casinos eingenäht.

Er macht das nicht, weil er muss oder weil die Gesellschaft keinen anderen Beruf für ihn bereithält. Kein Zwang, kein Druck, keine Hoffnungslosigkeit. Er macht das auch nicht, weil er nichts anderes kann. Er ist Pokerspieler, weil er Pokerspieler sein möchte.

Wir kommen auf den rechtlichen Aspekt seines Berufs zu sprechen: »Was glaubst du denn, warum ich so nahe an der Grenze wohne?«

Zum Spielen wählt er sich in ein tschechisches Netz ein – und könnte notfalls behaupten, dass er jeden Tag die paar Kilometer in die Tschechische Republik fahren würde, um im Internet zu pokern. Dass er pokert, ist für jeden zu sehen, schließlich ist er mit seinem richtigen Namen angemeldet. Das Casino rühmt sich gar, ihn unter Vertrag zu haben, und lädt Amateurspieler ein, sich mit ihm zu messen. Angst, dass mal jemand in seine Wohnung marschieren und feststellen würde, dass er in Wirklichkeit von Deutschland aus pokert, hat er nicht wirklich: »Die Casinos beschäftigen Anwälte, die haben mir genau erklärt, was ich tun darf und was ich zu lassen habe.« Offiziell nehme er auch an keinen öffentlichen Pokerspielen in Deutschland teil – inoffiziell sagt er, dass er im Jahr 2011 bei 57 Veranstaltungen war. Dazu kommen noch Turniere im Ausland – weshalb er in jedem Land ein Bankkonto eingerichtet hat. »Ich kann ja das Geld nicht einfach nach Deutschland einführen.« Das haben ihm die Anwälte gesagt und geraten, mehrere Konten zu eröffnen. In Zeiten von Online-Banking ist es kein Problem, die zu verwalten. Außerdem bezahlt er auf diese Weise kaum Steuern.

Genau an diesem Punkt wird es interessant: Der Pokerspieler, der sein Jahresgehalt vorsichtig auf 500 000 Euro schätzt, bezahlt Steuern wie einer, der knapp 60 000 Euro verdient – auf seine Einnahmen als Werbefigur und auf sein Gehalt als Profi beim Online-Casino. Die anderen Gewinne versteuert er nicht.

»Ich setze aber auch keine Verluste ab, wenn ich einen schlechten Abend habe«, sagt er und sieht dabei aus, als würde er sich entschuldigen.

Al Capone sagte einst bei seiner Gerichtsverhandlung: »Wie soll ich Steuern bezahlen auf Geld, das ich offiziell niemals verdient habe?« Pokerspielern heutzutage geht es ähnlich.

»Ich würde schon Steuern bezahlen, wenn man ein vernünftiges System finden würde«, sagt er, »aber ich werde ja schon als Verbrecher stigmatisiert, nur weil ich am Pokertisch sitze.« Seiner Meinung nach werde er aufgrund der Gesetzgebung in die Steuerhinterziehung getrieben. Auf der anderen Seite sei er froh, dass Pokern weiterhin als Glücksspiel eingestuft wird – auch wenn er bei jeder Gelegenheit betont, dass es sich um ein Geschicklichkeitsspiel handeln würde. Solange das nämlich so ist, muss er die Gewinne nicht versteuern, und solange die Polizei derart lasch gegen Pokerspieler vorgeht, muss auch kaum einer etwas befürchten. Thomas sagt: »Ich glaube, dass sich außer unseren Anwälten kaum jemand mit der rechtlichen Situation auskennt.«

Wie soll die Polizei gegen etwas vorgehen, bei dem sie gar nicht weiß, ob sie dagegen vorgehen darf und wie sie dagegen vorgehen soll?

Auswandern möchte er nicht. »Ich habe hier meine Freunde, ich mag das Essen, das Land, die Leute. Ich reise ohnehin um die Welt und nehme an Turnieren teil. Aber meine Heimat bleibt hier.«

Er weiß, dass das, was er da macht, illegal ist oder sich zumindest in einem Graubereich bewegt – doch es ist ihm egal. Er hat seinen Traumberuf gefunden, er ist sehr gut darin, und es scheint auch sonst keinen zu stören. Also soll er von mir aus weiterpokern.

Doch was passiert mit mir? Ich bin kein guter Pokerspieler und habe mich geweigert, meine Schulden zu bezahlen.

Natürlich habe ich alles beglichen, gleich am nächsten Tag. Schließlich wurde ich so erzogen, dass Spielschulden Ehrenschulden sind – ob sie nun rechtlich verbindlich sind oder nicht.

Kapitel 8

Durchgefallen!

»Tja, Herr Schmieder«, sagt der Prüfer, »nun haben Sie den Wagen noch nicht einmal gestartet – und haben schon zwei Minuspunkte gesammelt.« Er sagt das so, wie Harald Schmidt es sagen würde. Der Fahrlehrer sieht mich mitleidig an, als hätte Harald Schmidt gerade einen Witz über mich gemacht, den er lustig findet, über den er aber nicht lachen darf, weil er mein Freund ist.

»Was habe ich denn getan?«

Der Prüfer lächelt. »Eher, was Sie nicht gemacht haben. Sie haben die Kopfstütze nicht eingestellt – nicht schlimm, aber auch nicht gut. Und Sie sollten bemerkt haben, dass ich immer noch nicht angeschnallt bin.«

Der Gurt baumelt unmotiviert neben ihm.

»Der Fahrer ist dafür verantwortlich, dass sich alle Insassen anschnallen, das gehört zu seinen Pflichten.«

Kurzer Blick auf den Pulsmesser: Gerade stand da 66, jetzt 108.

»Dann schnallen Sie sich bitte an!«

Es ist ein schöner Wintertag in der nördlichen Oberpfalz, an solchen Tagen in solchen Gegenden werden Rosamunde-Pilcher-Filme gedreht. Die Menschen wünschen sich einen guten Start ins neue Jahr, Kinder werfen Schneebälle. Heute könnte man die Welt sich drehen lassen, ohne sich selbst mitzudrehen.

Auch eine Möglichkeit: eine Führerscheinprüfung absolvieren. Schlüssel drehen, Gang einlegen, Gas geben. Der Motor geht aus. »Das wäre dann der dritte Minuspunkt«, sagt der Mann, der mich nun in seiner Hand hat. 116, sagt die Pulsuhr. Meine rechte Hand zuckt, als hätte jemand eine Nadel zwischen Daumen und Zeigefinger gesteckt. Draußen grüßt einer. Fahrlehrer und Prüfer grüßen zurück.

Es ist ein freiwilliger Test, ob ich mehr als 14 Jahre nach meiner Führerscheinprüfung diese nochmals bestehen würde. Ob ich noch geeignet bin für den Straßenverkehr. Noch habe ich das Auto keinen Zentimeter bewegt – und habe schon drei Minuspunkte auf dem Konto. »Es war noch kein grober Fehler dabei«, sagt der Prüfer, »aber wenn sich die Minuspunkte summieren, dann können Sie auch deshalb durchfallen.«

Mein Puls: 132.

Die Führerscheinprüfung damals war das drittnervöseste Ereignis in meinem Leben. Platz zwei: Hochzeit. Platz eins: Geburt des Sohnes. Als Finn zur Welt kam, wusste ich nicht, was da herausschlüpft, am Tag meiner Hochzeit wusste ich nicht, ob da jemand in die Kirche hereinkommt. Und bei der Prüfung wusste ich nicht, ob ich das Auto zum Laufen kriege oder es schnell mal in ein anderes hineinfahre. Die körperlichen Reaktionen waren jeweils die gleichen: nasse Hände, wacklige Knie, roter Kopf. Also wie Markus Lanz bei seiner ersten *Wetten-dass*-Show.

Warum ich die Prüfung mache: Gegen Straßenverkehrsordnung und Straßenverkehrsgesetz wird in Deutschland am häufigsten verstoßen. Wer ein Jahr lang gesetzestreu leben möchte, der muss sich auch an alle Verkehrsregeln halten. Zum anderen wurde das Kind eines Freundes kürzlich von einem 78-jährigen Mann angefahren, der nicht mehr in der Lage war, ein Auto zu lenken. Weil er nichts mehr gesehen hat, nahm er seine Frau mit, die zwar keinen Führerschein, jedoch gute Augen hatte. Sie musste ihm den Weg weisen, weil er ihn selbst nicht mehr sah. Er fuhr nach Gehör und war der Meinung, dass seine Frau und er zusammengerechnet einen passablen Fahrer abgeben würden.

Seine Reflexe waren unterirdisch, seine Kenntnis der Straßenordnung datierte exakt aus dem Jahr 1954 – da hatte er seinen Führerschein gemacht und sich seitdem nicht mehr damit beschäftigen müssen. Jedes Jahr kaufte er sich ein neues Fahrzeug, weil er in das alte zu viele Kratzer hineingefahren hatte. Er bestand darauf, stets das für ihn sicherste Auto auf dem Markt zu besitzen. Er war der wahr gewordene Traum der Automobilindustrie: ein reicher Mann, der alle zwölf Monate ein nagelneues Auto braucht.

Dieser Mann, der kein Fahrzeug lenken sollte, durfte quasi blind herumfahren und letztlich den Sohn meines Freundes streifen. Dem Kind ist Gott sei Dank nichts passiert – und der alte Mann kaufte sich mal wieder ein neues Auto.

Es geht nicht so sehr um das Alter des Mannes. Es geht vor allem um seine Unfähigkeit, ein Auto zu lenken – und die Tatsache, dass es keiner überprüft.

Man absolviert in Deutschland eine theoretische und eine praktische Prüfung; zu beidem wird man erst nach endlosen Theorieabenden und Fahrstunden zugelassen. Dann bekommt man den Pkw-Führerschein, den man bis an sein Lebensende behalten darf – eingegriffen wird nur, wenn etwas passiert. Warum erst dann? Ist es nicht zu spät, wenn etwas passiert ist?

Der Grund ist klar: Wenn möglichst viele Menschen ihren Führerschein behalten dürfen, dann werden weiterhin viele Autos verkauft. Vor allem müssen diejenigen Menschen den Schein behalten, die sich endlich die teuren Neuwagen kaufen können. Es gibt viele wahr gewordene Träume der Automobilindustrie und ihrer Lobbyisten.

Ich würde gerne erreichen, dass jeder Mensch in gewissen Abständen – zwei, drei oder fünf Jahre – eine theoretische und praktische Prüfung ablegen muss, um seinen Führerschein behalten zu dürfen. Vielleicht sollte es davor einen Vortrag bei einem Fahrlehrer geben, der über die wichtigsten Änderungen der Straßenverkehrsordnung informiert – und eine kurze praktische Prüfung, um festzustellen, ob der Fahrer tatsächlich in der Lage ist, ein Fahrzeug zu bedienen und im Straßenverkehr zu bestehen. Was wäre schlimm daran?

Dadurch ließen sich Tausende Unfälle pro Jahr vermeiden – aber es würden auch Tausende Autos weniger verkauft. Kann einer wie ich gegen die Automobillobby bestehen? Ich habe da meine Zweifel.

Johannes, der Fahrlehrer, ist ein kleiner, rundlicher Typ, dem man ansieht, dass er auf jedes einzelne seiner Pfunde stolz ist, weil er hart dafür gegessen hat. Er ist ein lustiger Mensch, als Fahrlehrer ist er überaus gewissenhaft und konzentriert, was ihm im Landkreis meiner Heimatstadt einen sehr guten Ruf beschert hat. »Das wird lustig«, sagt er vor der Fahrt, »vor allem, weil ich glaube, dass du keine Chance hast zu bestehen.«

Die Beruhigung seiner Schüler gehört offensichtlich nicht zu seinen Stärken.

Der Prüfer kommt ein wenig später hinzu – und entdeckt, wie gesagt, schon vor dem Start die ersten Fehler.

Nach meinen ersten drei kleinen Fehlern fahren wir ein wenig durch die Kleinstadt. Ich halte mich strikt ans Tempolimit, blinke jedes Mal, wenn wir an einem am Straßenrand geparkten Auto vorbeifahren, ich erinnere mich an den Schulterblick ebenso wie an »Rechts vor links« und die Regel, möglichst beide Hände am Steuer zu haben.

Ich bin der Einzige, der wirklich 50 fährt.

Erinnern Sie sich noch an Ihre Führerscheinprüfung? Die Nacht zuvor? Den Moment, als Sie ins Auto gestiegen sind? Als Sie den Prüfer zum ersten Mal sahen? An die Fahrt? Und an den Moment, in dem Ihnen gesagt wurde, dass Sie bestanden haben? Es ist ein großartiger Tag, den wir gerne in einer Schublade im Gehirn archivieren, die wir nur selten öffnen. An diesem Tag werden wir innerhalb von Minuten von einem nervösen Häufchen Elend zu einem Menschen, dem die Welt plötzlich offensteht.

Keine Sorge: Ich erinnere mich auch nicht wirklich, aber gerade fühle ich Teenagerhormone in mir und spüre, dass auf der Stirn ein Pickel sprießt.

Vor uns steht ein parkender Bus. Keine Ahnung, ob da jemand aus- oder einsteigt. »Bus, Bus, Bus, da war doch was?«, denke ich mir. Ich bremse lieber ab und rolle langsam am Bus vorbei.

»Lieber Herr Schmieder«, sagt der Fahrlehrer, »wir wollen schon zügig vorankommen.«

Der Prüfer zieht die Augenbrauen hoch, wie Harald Schmidt die Augenbrauen hochzieht, wenn er einen Studiogast veralbern will.

»Das ist kein Minuspunkt, aber an einem parkenden Bus ohne Warnblinklicht und ohne aussteigende Gäste dürfen Sie gerne schneller vorbeifahren.«

Ich beschleunige – und die Nadel zeigt ein wenig mehr als 50 Stundenkilometer an.

»Wir wollen zügig vorankommen, Herr Schmieder«, sagt der Prüfer, »aber wir sind nicht auf der Flucht. Zumindest habe ich noch niemanden gesehen, der uns verfolgt und den wir abschütteln sollten. Nur ein Hinweis, kein Minuspunkt.«

Er dirigiert mich zur Autobahn; ich mache bis dahin keine Fehler und beschleunige auf 130 Stundenkilometer. Ich weiß noch, dass das die Richtgeschwindigkeit auf Autobahnen in Deutschland ist, also fahre ich lieber mal nicht schneller. Offensichtlich ist das die richtige Entscheidung, weil ich weder von Johannes noch vom Prüfer ein Zeichen bekomme.

Auf der Autobahn mit 130 Stundenkilometern zu fahren ist so spannend wie ein 100-Meter-Rennen im Dauerlauf.

Ich sehe ein Schild, das vorschreibt, die Geschwindigkeit auf 120 Stundenkilometer zu reduzieren. Das tue ich – und sehe sogleich zwei Schilder: Auf einem steht »bei Nässe«, das andere ist ein rundes Schild mit einer »80« darauf. Wenn es nass ist, dann darf ich nicht schneller als 80 Stundenkilometer fahren.

Was ist nass?

Es regnet nicht, es schneit nicht, auf der Fahrbahn befindet sich lediglich ein dünner Wasserfilm. Johannes sieht mich mit hochgezogenen Augenbrauen an, der Prüfer ebenfalls. Ich bremse, fahre exakt 80 Stundenkilometer und sage: »Das war richtig, oder?«

Johannes sagt: »Ja, in diesem Fall schon. Als Faustregel kannst du dir merken, dass eine Fahrbahn dann als nass gilt, wenn von den Reifen des Vordermanns etwas hochspritzt. In diesem Fall gibt es keinen Vordermann, also ist es richtig, zuerst einmal sicher zu fahren.« Der Prüfer nickt zustimmend. Ich hatte keine Ahnung und habe es nur gemacht, um vorsichtig zu wirken. Normalerweise wäre ich schnell weitergefahren.

Dann kommt ein Schild, das festlegt, dass alle vorherigen Verbote aufgehoben sind und ich wieder schneller fahren darf. Das mache ich. Etwa einen Kilometer weiter sehe ich ein Schild, das anzeigt, dass auch die Geschwindigkeitsbegrenzung bei Nässe nicht mehr gilt.

Puls: 130.

Ich sehe Johannes fragend an, doch der lacht nur.

»Dieses zweite Schild ist vollkommen überflüssig. Umgekehrt würde es Sinn machen, doch so ist das einfach nur Quatsch. Wer darauf reinfällt, der ist selber schuld. Aber eigentlich gehört dieses Schild entfernt.«

Johannes und der Prüfer amüsieren sich köstlich, während ich kurz vor einem Herzinfarkt stehe. Puls: null.

Als ich mich wieder beruhigt habe, stelle ich eine Frage, die mich seit Jahren beschäftigt: »Auf einer dreispurigen

Autobahn: Ich fahre links, ein anderer rechts. Wir beide wollen auf die Mittelspur. Wer hat Vorfahrt?«

Meine beiden Mitfahrer sehen sich an, 30 Sekunden lang. Sie heben die Augenbrauen, dann heben sie die Schultern, dann schieben sie die Unterlippe nach vorne. Johannes sagt: »Keine Ahnung!« Der Prüfer stimmt ihm zu.

Zwei Tage später werde ich erfahren, dass dieser Fall nicht geregelt und stets im Einzelfall zu entscheiden ist, wer mehr Rücksicht nehmen muss.

Es ist der erste Heureka-Moment meines Projekts: Ich habe tatsächlich etwas gefunden, das in Deutschland nicht durch eine Vorschrift geregelt ist.

Wir verlassen die Autobahn und fahren in eine Stadt. Direkt am Ortseingang befindet sich ein Kreisverkehr – und ich habe nur wenig Ahnung, wie ich mich verhalten soll. Soll ich beim Hineinfahren blinken? Muss ich Fußgängern den Vortritt lassen – und wenn ja, wann muss ich das tun? Beim Hineinfahren oder beim Hinausfahren?

Wissen für Nichtjuristen

Auch im Kreisverkehr gilt »Rechts vor links«, also haben die Autos außerhalb des Kreisverkehrs Vorfahrt, wenn es nicht durch Schilder anders geregelt ist.

Ich blinke beim Hineinfahren nicht und lasse auch keine Fußgänger vorbei. Beim Hinausfahren blinke ich. Offensichtlich war das richtig. Reiner Zufall.

»Jetzt machen wir es mal ostdeutsch«, sagt der Prüfer und fordert mich auf, bitte an der nächsten Ampel nach rechts abzubiegen. Sie ist rot, daneben ist jedoch ein kleiner grüner Pfeil angebracht, der nach rechts zeigt. Das bedeutet für mich, dass ich fahren darf, wenn es die Situation erlaubt. Ich halte dennoch kurz an, um Passanten über die Straße gehen zu lassen. Dann fahre ich nach vorne – und weil kein anderes Auto kommt, biege ich ab.

»Ganz ehrlich«, sagt der Prüfer, »was hätten Sie gemacht, wenn keine Fußgänger da gewesen wären?«

»Dann wäre ich gleich nach vorne gefahren – und wäre abgebogen, wenn kein Auto gekommen wäre. Dafür ist der grüne Pfeil doch da.«

Der Prüfer grinst: »Dann wären Sie durchgefallen. An einer roten Ampel muss man zuerst immer anhalten, erst dann darf man nach vorne fahren und gegebenenfalls abbiegen.«

Das habe ich nicht gewusst.

»Es ist das einzige Verkehrsschild, das bei der Wiedervereinigung übernommen wurde, deshalb sagte ich auch: ›Jetzt fahren wir mal ostdeutsch!‹«

Wieder lachen Johannes und der Prüfer.

Ich lache nicht, weil ich weiß, dass es reines Glück war, dass ich nicht durchgefallen bin.

Der Prüfer klärt mich auf: »Ich sehe, dass Sie Ihren Führerschein im Jahr 1998 gemacht haben, deshalb sollten Sie durchaus über diese Regelung informiert sein. Menschen, die ihre Prüfung vor der Einheit in Westdeutschland abgelegt haben, sind meistens in Unkenntnis – mit fatalen Folgen. Schuld ist der Fahrer, weil er über die veränderte Verkehrsordnung Bescheid wissen muss. Es ist seine Pflicht, sich über Veränderungen zu informieren – aber es kontrolliert ja keiner.«

Ich frage: »Wie viele Menschen bilden sich fort, wenn es um den Straßenverkehr geht?«

Der Prüfer lacht: »Ich glaube, dass die Leute, die sich tatsächlich vorbildlich informieren, in dieses Auto hineinpassen würden.«

Wir sitzen in einem Golf mit fünf Sitzplätzen.

Ich frage: »Ist das nicht gefährlich?«

Johannes und der Prüfer antworten fast gleichzeitig: »Brandgefährlich!«

Es gibt noch eine Regelung, die anscheinend kaum einem Menschen bewusst ist und die auch mit dem grünen Pfeil zu tun hat. Manchmal ist auf der anderen Straßenseite ein

Schild mit einem Fahrrad zu sehen oder eine gelb blinkende Leuchte mit einem Fahrrad. Das bedeutet: Fahrräder haben Vorfahrt – und sie dürfen auch dann über die Straße fahren, wenn die Fußgängerampel Rot zeigt. Das verstehen viele Autofahrer nicht – wie auch? Das verstehen nur Menschen, die auch James Joyce verstehen.

Ihre Ampel ist grün, die Fußgängerampel rot, vielleicht gibt es ein gelb blinkendes Signal. Wenn Sie von all diesen Zeichen nicht verrückt geworden sind, gibt es noch ein paar Hinweisschilder.

Zu bestaunen ist das zum Beispiel in München an der Kreuzung von Mittlerem Ring und Berg-am-Laim-Straße. Wann immer ich dort vorbeikomme – etwa 400 Mal pro Jahr –, wird ein Fahrradfahrer beinahe über den Haufen gefahren.

Warum wird ein Auto alle zwei Jahre getestet, ob es noch tauglich für den Straßenverkehr ist? Warum wird nicht auch ein Mensch alle zwei Jahre getestet?

Ich kann nicht zu lange nachdenken, denn ich werde aufgefordert: »Bei der nächsten Gelegenheit wollen wir links abbiegen!«

Die Straße, die nach links führt, ist eine Sackgasse, die nach 50 Metern endet – das deutet zumindest das Schild an. Ich wittere, dass das eine Falle sein könnte, denn was wollen wir denn in einer Sackgasse außer umdrehen und wieder herausfahren? Ich fahre an der Sackgasse vorbei. An der Kreuzung biege ich links ab.

»Das war eine richtige Möglichkeit«, sagt der Prüfer, »eine andere wäre gewesen: Sie fragen, ob wir wirklich die Sackgasse gemeint haben.«

Fragen? Ist der Mann betrunken? Welcher Prüfling fragt denn während des Tests: »Du, Herr Prüfer, ist das dein Ernst mit der Sackgasse?«

Wir fahren ein wenig durch die Stadt, die kleineren Fehler häufen sich – ich sehe ein Mal nicht in den Rückspiegel und vergesse zu blinken. Als ich zum vierten Mal langsam an einen Zebrastreifen heranfahre, sagt der Prüfer: »Herr Schmieder, wir sind natürlich nicht auf der Flucht – aber wir wollen schon immer noch zügig vorankommen.« Er klärt mich auf, dass es zwar richtig sei, vorsichtig zu sein, aber sinnlos, den Verkehr dadurch aufzuhalten, langsam an einen Zebrastreifen heranzufahren, den eindeutig niemand benutzen möchte.

(Un-)Wichtiges Wissen
Ein Teilnehmer darf den Verkehr nicht durch unangemessen langsames Fahren behindern. (§ 3, Abs. 2 StVO)

Schließlich kann auch zu langsames Fahren bestraft werden.

Wir fahren auf der Autobahn zurück in die andere Stadt – natürlich verbunden mit dem Hinweis des Prüfers, dass die Straße mittlerweile keineswegs mehr nass sei und wir »doch zügig vorankommen« wollen. Dann werde ich auf den Parkplatz eines Supermarkts gelotst und aufgefordert, möglichst nah am Eingang zu parken.

Wussten Sie, dass man nicht über die Parkplatzmarkierungen fahren darf? Nein? Ich auch nicht! Ich mache es nur deshalb nicht, weil ich befürchte, dass es so sein könnte. Wäre es keine Prüfung, würde ich glatt drüberfahren.

»Bitte vorwärts in die Lücke einparken«, sagt Johannes.

Ich bin zuversichtlich, denn vorwärts einparken kann ich. Das konnte ich schon damals mit dem Dreirad. Ich gucke, blinke – und lasse das Auto sanft in die Lücke gleiten.

»Huiuiui«, sagt der Prüfer, »beim Einparken sind Sie aber zügig unterwegs – ein wenig zu zügig für meinen Geschmack.«

Wissen für Nichtjuristen
Das Blockieren von Parklücken durch Fußgänger ist nicht nur ärgerlich, sondern eine Ordnungswidrigkeit. (§ 12 StVO)

Ich will brüllen: »Jetzt entscheide dich mal! Zügig oder nicht?«

Aber der Prüfer sagt: »Sehr gut eingeparkt.«

Also brülle ich nicht.

Puls: 132.

Wir kommen zum seitlichen Rückwärtseinparken. Auch das gehe ich selbstbewusst an – schließlich glaube ich, dass meine Frau mich auch deshalb geheiratet hat, weil ich ihr immer wieder damit imponiere, in welche Parklücken ich das Auto rückwärts hineinzupressen vermag.

Ich habe jedoch nicht mit der Versagensangst-Versagen-Spirale gerechnet.

Ich versuche es – und versage.

Ich attackiere den Randstein, wie Sebastian Vettel die Randsteine beim Großen Preis von Monaco attackiert.

Ich versuche es nochmals – und versage wieder.

Diesmal wie Michael Schumacher beim Grand Prix von Jerez 1997.

Natürlich weiß ich, dass der Prüfer »zügig vorankommen« will, weshalb ich nun wirklich nervös werde.

Ich versuche es erneut – und versage.

Diesmal wie Romain Grosjean bei jedem Rennen.

»Sorry, das klappt nicht, ich bin zu nervös!«

Der Fahrlehrer runzelt die Stirn, dann beordert er mich zum Marktplatz.

Vor dem Marktplatz ist ein Schild angebracht, auf dem spielende Kinder zu sehen sind. Ich weiß also, dass ich langsam fahren muss. Ich lege den zweiten Gang ein, löse die Kupplung und nehme den Fuß vom Gas. Ich will langsam fahren – aber nicht zu langsam, wir wollen ja schließlich zügig vorankommen.

Johannes blickt besorgt, der Prüfer sagt: »Und schon sind Sie wieder durchgefallen!«

Ich sage: »Aber ich fahre doch langsam! Und hier auf dem Marktplatz ist überhaupt nichts los!«

»Die Regel besagt: erster Gang, kein Gas – dann fahren Sie Schrittgeschwindigkeit, die hier vorgeschrieben ist.«

Ich merke: Eine Diskussion mit dem Prüfer ist so sinnvoll wie der Versuch von Christian Ulmen, eine Show zu machen, die auch viele Leute sehen wollen.

Ich fahre langsam vom Marktplatz in Richtung Fahrschule, als Johannes und der Prüfer zu lachen beginnen. Als ich Johannes fragend ansehe, sagt er: »Wäre ein Auto gekommen, wärst du schon wieder durchgefallen!«

»Das verstehe ich nicht! Hier gilt doch rechts vor links!«

»Nein. Du kommst aus einer Spielstraße. Die andere Straße gehört zu einer Tempo-30-Zone, also hat das Auto, das aus dieser Straße kommt, eindeutig Vorfahrt.«

Ich bin bereits 100 Mal an dieser Kreuzung vorbeigefahren und habe niemals aufgepasst – was, wenn ein kleines Mädchen mit dem Fahrrad angerauscht gekommen wäre in der Gewissheit, Vorfahrt zu haben? Nicht dran denken!

»Sie sind nicht schlecht gefahren, Herr Schmieder, das war schon in Ordnung«, sagt der Prüfer bei der Ankunft. »Sie sind drei Mal durchgefallen und haben kleinere Fehler gemacht, die Sie am Ende wohl noch weitere drei Mal hätten durchfallen lassen.«

»Ich bin sechs Mal durchgefallen?«

»Ja – aber da gibt es deutlich schlimmere Kandidaten als Sie! Die meisten Ihrer Fehler waren keine bösen Fehler und haben auch niemanden gefährdet. Ich denke, dass Sie die Prüfung bestanden hätten, wenn Sie vorher zwei oder drei Fahrstunden zur Auffrischung gehabt hätten.«

Ich denke mir: Warum braucht jedes Auto Ölwechsel und frische Reifen? Warum braucht in Deutschland kein Mensch eine Auffrischung seiner Kenntnisse im Straßenverkehr?

Warum sind Bilanzen von Autofirmen wichtiger als unsere Sicherheit?

Erst mal nicht darüber nachdenken, denn es wartet die Theorieprüfung.

Vor der habe ich Angst, weil es die einzige Prüfung ist, durch die ich jemals in meinem Leben geflogen bin. Es war für mich das, was für George W. Bush der Irakkrieg war: Sosehr ich mich mühte, sosehr ich es mir wünschte, dass es klappt – es sollte einfach nicht sein.

»Was soll's«, denke ich mir, »ein paar technische Fehlerchen kannst du dir leisten! Solange du bei den Fragen richtig antwortest, auf die es im Straßenverkehr ankommt, ist alles in Ordnung. Nur keine Angst haben. Und im Notfall immer den schlimmsten Fall ankreuzen!«

Ich bekomme den Bogen und beantworte die ersten drei Fragen innerhalb weniger Sekunden. Zwei Mal bin ich mir sicher, dass ich recht habe – und bei der dritten Frage gibt es drei schlimme Antworten, also müssen alle richtig sein. Auch auf der zweiten Seite fühle ich mich sicher, ich weiß nur nicht genau, wann ich mit verstärktem Wildwechsel zu rechnen habe. Ich bin versucht, als Antwortmöglichkeit »Während der Jagdsaison« hinzuzuschreiben.

Erst auf der letzten Seite komme ich leicht ins Schleudern. Erst bei dieser Frage: »Sie wollen an Ihren Pkw einen Anhänger ankuppeln. Wo finden Sie Angaben über die zulässigen Stützlasten Ihres Pkw?« Mögliche Antworten: »In der Betriebsanleitung des Pkw« und »Im Fahrzeugbrief«. In der Praxis würde ich in der Betriebsanleitung nachsehen – wenn dort nichts steht, dann im Fahrzeugbrief.

Ich habe Schwierigkeiten bei der Beantwortung der Frage nach dem Beifahrer-Airbag, obwohl ich vor einiger Zeit Vater geworden bin und mich damit auskennen sollte. Knifflig finde ich auch die Frage: »Die Bremsleuchten sind ohne Funktion. Welche Ursachen können hierfür vorliegen?« Dafür glaube ich, die Frage nach den Gründen für Schleudern in Kurven recht gut beantwortet zu haben.

DEGENER-MAXIBOGEN (Ersterwerb: Grundstoff + Klasse B) **20**

Hinweise zum Übungsbogen: Bei Fragen mit vorgedruckten Antworten können eine oder mehrere Antworten richtig sein. Jeweils richtige Antworten sind in den dazugehörigen weißen Kästchen anzukreuzen. Bei Fragen nach Zahlen oder Grenzwerten sind diese in die dafür vorgesehenen Kästchen einzutragen.

Vom Bewerber auszufüllen

Name: Schmieder — geboren am: 21.6.79

Vorname: Jürgen — Prüfdatum: 9.1.2012

Fahrschule: Höcht

Ich versichere, die nachfolgenden Fragen selbst und ohne Hilfsmittel beantwortet zu haben.

Unterschrift: [Unterschrift]

Vom Fahrlehrer auszufüllen

	Fehlerpunkte/5-Punkte-Regel											
Klasse	A1	A	B	C1	C	CE	D1	D	M	L	T	S
Grundstoff												
Zusatzstoff												
Summe												
5-Punkte-Regel *												
bestanden												
nicht bestanden			X									

Bemerkungen: 27 — geprüft von: [Unterschrift]

* mehr als eine Frage mit Wertigkeit 5 falsch beantwortet

1. **Was ist hier richtig?**

- [ ] Wenn niemand behindert oder gefährdet wird, darf man rechts auch schneller als mit Schrittgeschwindigkeit vorbeifahren
- [ ] Die Fahrgäste müssen vor dem Einsteigen den fließenden Verkehr durchlassen
- [x] Man darf mit Schrittgeschwindigkeit rechts vorbeifahren, wenn Fahrgäste nicht behindert werden und eine Gefährdung ausgeschlossen ist

1032 LBB 100/252 4

(Bremslicht an)

2. **Sie wollen nach rechts abbiegen. Wie verhalten Sie sich?**

- [x] Den Radfahrer geradeaus durchfahren lassen
- [ ] Vor dem Radfahrer abbiegen, weil der motorisierte Verkehr Vorrang hat

1107 LBB 157/257 4

3. **Warum sollen Sie hier vorsichtig fahren?**

- [x] Weil der Straßenverlauf unübersichtlich ist
- [x] Weil die Fahrbahnoberfläche ungleichmäßig ist
- [x] Weil der Gegenverkehr die Kurve schneiden könnte

1049 LBB 45/253 4

Ich gebe den Bogen ab, der Prüfer macht sich sogleich an die Korrektur. Um die Stimmung ein wenig aufzulockern, mache ich meinen Wildwechselwitz – worauf der Prüfer reagiert, als hätte ich ihm die Todesanzeige eines entfernten Verwandten vorgelesen. Er kringelt, er streicht, er umrandet.

Nach fünf Minuten schreibt er mein Ergebnis auf: 27 Fehlerpunkte! Durchgefallen – nicht nur mit Pauken und Trompeten, sondern mit einem kompletten Staatsorchester. Von 30 Fragen sind acht falsch beantwortet. Ich hatte schon damit gerechnet, nicht unbedingt zu bestehen, aber diese Fehlerpunktzahl erschüttert mich doch. Vor allem aber schockiert mich, dass ich bei so mancher technischen Frage richtig geraten hatte – dafür aber keine Ahnung von den Regeln im Kreisverkehr und vom Verhalten auf Landstraßen habe. Und bei vielen Verkehrszeichen habe ich keinen Schimmer, was sie bedeuten.

Ganz ehrlich: Das sind Dinge, die einem Autofahrer täglich passieren können und die er wissen muss.

Durchgefallen. Völlig zu Recht.

Natürlich mag nun mancher Leser dieser Zeilen einwenden, dass ich mich ja auf die Prüfung hätte vorbereiten können und dann wahrscheinlich ein besseres Ergebnis erzielt hätte. Ganz ehrlich: Wer von uns hat sich seit der theoretischen Prüfung auch nur ein Mal weitergebildet?

In Deutschland besitzen etwa 47 Millionen Menschen den Führerschein. Autofahrqualitäten sind wie der Verstand: Es hat sich noch niemand beschwert, zu wenig davon bekommen zu haben. Wenn man sich mit Fahrlehrern unterhält, dann ist der Tenor, dass die meisten Autofahrer bei der Prüfung durchfallen würden. Wir regen uns gerne darüber auf, dass 70 Millionen Amerikaner eine Waffe besitzen, und meinen, dass sie niemals eine haben sollten und deshalb eine Gefahr für die Mitmenschen darstellen. Über die Führerscheine, die manche Menschen keinesfalls haben sollten und die deshalb eine Gefahr für die Mitmenschen darstellen, regt sich kaum einer auf.

Es interessiert keinen.

Im Gegenteil: Ein paar Tage später unterhalte ich mich mit jemandem, der als Lobbyist für die Automobilindustrie tätig ist. Er bestätigt meine Theorie: »Keine Sorge! Solange wir unseren Job anständig machen, wird kein einziger Politiker auf die Idee kommen, etwas am Status quo zu ändern. Ältere Menschen können sich die teuren Autos leisten – und wenn sie die schneller kaputt fahren, dann brauchen sie eher wieder ein teures Auto.«

Ich bin ein paar Tage lang versucht, eine Gesetzesänderung anzustreben, Unterschriften im Internet zu sammeln und dann vielleicht sogar eine Verfassungsbeschwerde beim Bundesverfassungsgericht einzureichen.

Doch das muss ich gar nicht – es ist alles längst geregelt.

Im Straßenverkehrsgesetz steht unter Paragraf 2, dass eine Fahrerlaubnis nur erhält, wer zum Führen von Kraftfahrzeugen geeignet ist. Als geeignet gilt – das ist in Punkt 3 des Paragrafen nachzulesen –, wer »die notwendigen geistigen und körperlichen Anforderungen erfüllt«, »ausreichende Kenntnisse der für das Führen von Kraftfahrzeugen maßgebenden gesetzlichen Vorschriften hat« und »über ausreichende Kenntnisse einer umweltbewussten und energiesparenden Fahrweise verfügt«.

Bei Punkt 8 heißt es: »Werden Tatsachen bekannt, die Bedenken gegen die Eignung oder Befähigung des Bewerbers begründen, so kann die Fahrerlaubnisbehörde anordnen, dass der Antragsteller ein Gutachten oder Zeugnis [...] beibringt.« Und in Punkt 7: »Die Fahrerlaubnisbehörde hat zu ermitteln, ob der Antragsteller zum Führen von Kraftfahrzeugen [...] geeignet ist.«

Verbindet man das mit Paragraf 6, der die Beseitigung von Eignungsmängeln beschreibt und bereits von freiwilligen Fortbildungen zur Verkürzung der Probezeit spricht, so sind gar keine großen Gesetzesänderungen nötig, um herbeizuführen, dass die Menschen sich weiterbilden, um ihren Führerschein auch weiterhin behalten zu dürfen.

Warum nicht eine kleine theoretische Prüfung und eine 30-minütige Fahrt mit einem TÜV-Mitarbeiter alle zwei

Jahre? Alle drei Jahre? Alle fünf Jahre? Was ist so schwer daran?

Schwer daran ist, dass Gesetzgeber den Menschen ein sinnvolles Gesetz geben müssten, mit dem sie die nächste Wahl nicht gewinnen würden.

Dann eben freiwillig! Warum nicht?

Der Versuch hat mir gezeigt, dass es das wert ist. Für mich und auch für meine Mitmenschen. Ich werde nun alle drei Jahre Randsteine attackieren wie Sebastian Vettel, aber besser vorbereitet. Ich werde zügig vorankommen, aber nicht auf der Flucht sein. Und ich werde wissen, wann die beste Zeit zum Wildwechsel ist. Vor allem aber werde ich dafür sorgen, dass der Prüfer sich vor der Fahrt anschnallt.

Kapitel 9

Gesetz gebrochen! Na und?

Als mein Sohn zweieinhalb Jahre alt war, sprach meine Frau ein Verbot aus: Sie wolle nicht mehr, dass er im Auto mitfährt, wenn ich am Steuer sitze. Ihre Begründung: Ich würde unter dem Autofahrer-Tourette-Syndrom leiden, und das ginge nun gar nicht, da sich mein Sohn gerade in einen Papagei verwandelte. Das gipfelte eines Tages in dem Dialog:

»Nun fahr doch weiter, du Idiot! Hat der Valium genommen oder hat er offene Socken? So ein Blödmann!«

»Papi, warum schimpfst du so?«

»Weil der da vorne fährt wie ein Blödmann!«

»Mami, der da vorne ist ein Blödmann.«

Böser Blick meiner Frau.

»Und ein Idiot! Und er hat kaputte Socken, Mami!«

Noch ein böser Blick, verbunden mit dem Verbot. So schnell geht das.

Ich sehe ein: Wenn ich schon kein Gesetz ändern kann, dann möchte ich mich selbst ändern und immer so fahren, als wäre es eine Führerscheinprüfung. Das ist gar nicht so einfach, schließlich beinhaltet die Straßenverkehrsordnung die Regeln, gegen die hierzulande am häufigsten verstoßen wird. Wissentlich verstoßen wird. Der Polizist, der mich berät, sagt mir: »Würden wir nur einen Tag lang jeden Meter deutscher Straßen kontrollieren, so würden wohl fünf Millionen Menschen ihren Führerschein abgeben, das Bußgeld würde in die Milliarden gehen – und nicht wenige Menschen würden im Gefängnis landen.« Wer am Straßenverkehr teilnimmt, steht mit einem Bein im Knast – dass so wenige tatsächlich im Gefängnis landen, liegt an den mangelnden Kontrollen: »Wenn man bedenkt, wie viele Straßen es in Deutschland gibt, dann wird ersichtlich, warum nur so wenige Menschen erwischt werden.«

Das überörtliche Straßennetz in Deutschland erstreckt sich auf eine Gesamtlänge von 231 000 Kilometern, dazu kommen noch einmal 396 000 Kilometer Straßen innerhalb der Kommunen. Das entspricht einer Fläche von etwa 20 000 Quadratkilometern, die hierzulande zugepflastert ist. Eine flächendeckende Kontrolle ist da nicht möglich.

Jedes Jahr sterben weltweit 1,3 Millionen Menschen im Straßenverkehr, mehr als 30 Millionen werden verletzt. In den zwölf Monaten zwischen September 2011 und August 2012 betrugen die Zahlen allein für Deutschland 3892 und 393 000. Alle vier Tage kam ein Kind bei einem Verkehrsunfall ums Leben. Insgesamt registrierte die Polizei mehr als zwei Millionen Unfälle.

Sind wir ein Haufen wild gewordener Irrer, die nichts Besseres zu tun haben, als sich gegenseitig über den Haufen zu fahren?

»Betrachtet man die Anzahl derer, die täglich am Straßenverkehr teilnehmen, so relativiert sich die Zahl wieder«, sagt der Polizist. »Allerdings grenzt es an ein Wunder, dass nicht mehr passiert: Die Leute telefonieren bei 200 Stundenkilometern, rasen auch bei Schnee und Wind, überholen, obwohl es eigentlich verboten ist. Ans Gesetz hält sich fast keiner.«

Wir brechen Gesetze in der Hoffnung, niemals erwischt zu werden – einer

Wissen für Nichtjuristen

Wer mit dem Handy im Auto telefonieren will, muss nicht nur anhalten, sondern auch den Motor abschalten. Übrigens ist auch das Telefonieren auf dem Fahrrad verboten.

Studie der Allianz-Versicherung zufolge telefoniert jeder siebte Verkehrsteilnehmer während der Fahrt, bei den Teilnehmern unter 25 Jahren ist es gar jeder zweite. »Die größte Sorge der Telefonierer ist nicht, dass sie andere gefährden könnten. Es geht ihnen nur darum, nicht erwischt zu werden. Ähnlich ist es bei Verstößen gegen Tempolimit und Überholen.«

Einer der wichtigsten Gründe für Gesetze ist, dass jeder Mensch weiß, woran er sich halten muss – und dass er darauf zählen kann, dass sich auch alle anderen daran halten. Der Straßenverkehr, man kann es nicht anders sagen, ist genau das Gegenteil: Man muss permanent damit rechnen, dass sich jemand nicht an die Gesetze hält.

Viele Menschen seien nicht mehr auf dem neuesten Stand der Straßenverkehrsordnung: »Nach der Führerscheinprüfung vergessen sie recht schnell, was erlaubt ist und was nicht – und dann versuchen sie, sich bei Verstößen auf Unkenntnis zu berufen.«

Also erst einmal weiterbilden. Die Straßenverkehrsordnung kenne ich, ich muss nur noch den Strafenkatalog lesen.

(Un-)Wichtiges Wissen

Wer als Fußgänger das »Haltegebot des Polizeibeamten« missachtet, kann mit einer Strafe von fünf Euro belegt werden.

Offiziell heißt das Dokument »Bundeseinheitlicher Tatbestandskatalog – Straßenverkehrsordnungswidrigkeiten« und wird vom Kraftfahrt-Bundesamt herausgegeben. Darunter steht: »Ihr zentraler Informationsdienstleister rund um das Kraftfahrzeug.« Auf dem Titelblatt sind exakt elf Wörter – und fünf davon haben mehr als vier Silben, eines hat sogar zehn Silben.

Der Tatbestandskatalog umfasst 442 Seiten. So viele sind nötig, um alle Vergehen aufzuzählen, die man im Straßenverkehr so begehen kann: Wer beim Reißverschlussverfahren andere behindert, wird mit 20 Euro belangt. Richtig teuer wird es, wenn man außerhalb geschlossener Ortschaften mit Schneeketten mehr als 60 Stundenkilometer über dem Limit fährt: Das kostet 680 Euro, dazu muss man den Führerschein für drei Monate abgeben. Ich frage mich zwar, wie man mit Schneeketten eine Geschwindigkeit von 110 Stundenkilometern erreichen will – aber gut, dass dieser Fall geregelt ist.

Auch eine schöne Regel: »Sie hielten/parkten nicht Platz sparend.« Das ist Tatbestandsnummer 112456 und wird mit zehn Euro geahndet. Ich würde in diesem Fall ein Schild vorschlagen:

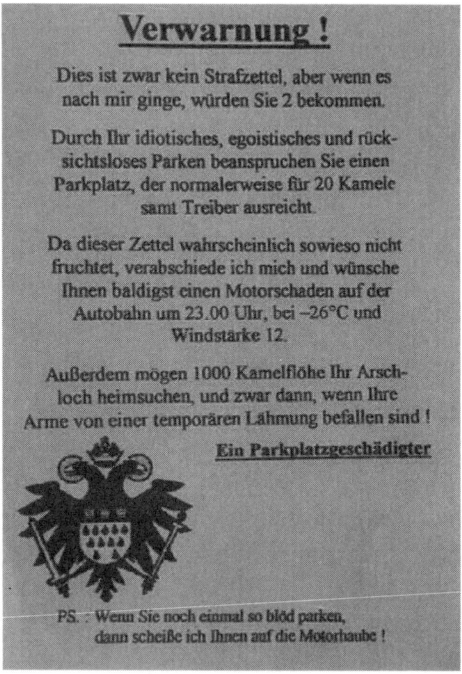

Verwarnung !

Dies ist zwar kein Strafzettel, aber wenn es nach mir ginge, würden Sie 2 bekommen.

Durch Ihr idiotisches, egoistisches und rücksichtsloses Parken beanspruchen Sie einen Parkplatz, der normalerweise für 20 Kamele samt Treiber ausreicht.

Da dieser Zettel wahrscheinlich sowieso nicht fruchtet, verabschiede ich mich und wünsche Ihnen baldigst einen Motorschaden auf der Autobahn um 23.00 Uhr, bei –26°C und Windstärke 12.

Außerdem mögen 1000 Kamelflöhe Ihr Arschloch heimsuchen, und zwar dann, wenn Ihre Arme von einer temporären Lähmung befallen sind !

Ein Parkplatzgeschädigter

PS. : Wenn Sie noch einmal so blöd parken, dann scheiße ich Ihnen auf die Motorhaube !

Linda, eine befreundete Polizistin, sagte mir dazu, dass in Nürnberg mal jemand auf die Polizeidienststelle gekommen ist und eine Anzeige wegen Beleidigung erstattet hat: »Ich habe ihn davon abbringen können, die Anzeige zu machen.

Ich finde die Idee mit der Nachricht eher genial, sie würde uns so manche Arbeit erleichtern.« Sehe ich ähnlich – und ich würde lieber so einen Zettel finden als einen Bußgeldbescheid über zehn Euro.

Wer vor einem Bahnübergang die Wartepflicht verletzt, muss zehn Euro bezahlen; wer den Übergang trotz geschlossener Schranke mit dem Auto überquert, gibt seinen Führerschein für drei Monate ab und löhnt 700 Euro. Vielleicht kann er danach aber eine Karriere als Zauberer starten, denn: Das Auto durch die geschlossenen Schranken zu navigieren, während gerade ein Zug heranrauscht, sollte doch für Nervenkitzel und Begeisterung bei den Zuschauern sorgen.

Außerdem: Das Führen eines Tieres von einem Kraftfahrzeug aus kostet fünf Euro. Wer unnütz hin- und herfährt, muss 20 Euro bezahlen. Das passierte einer Frau in Deggendorf, die sich erst einen Burger holte und dann ein paar Mal über den Stadtplatz fuhr und dann noch eine Runde durch die Stadt. Wer die Tür seines Autos zu laut zuschlägt, bezahlt ebenso zehn Euro wie jemand, der mit quietschenden Reifen um die Kurve biegt oder den Motor unnötig laufen lässt.

(Un-)Wichtiges Wissen

Wer eine Straße nicht auf dem kürzesten Weg überquert, kann mit einer Strafe von fünf Euro belegt werden.

Auch Parkscheiben sind hierzulande genormt: Wie sie auszusehen haben, zeigt das Musterbild 291 der Straßenverkehrsordnung. Erläutert werden sie in der Verkehrsblattverlautbarung Nr. 237 vom 24. November 1981: Gestattet sind nur Ziffern und Schrift nach DIN 1451 und Farben nach DIN 6171. Pink gehört nicht zu diesen Farben, weshalb eine Frau in Herten fünf Euro Strafe bezahlen musste – genauso wie ein Mann in Brandenburg, der es gewagt hatte, eine Parkscheibe mit den Maßen vier mal sechs Zentimeter zu verwenden.

Erlaubt dagegen: mit der Lichthupe die Überholabsicht anzeigen. Wir alle ärgern uns über diese Nervensägen, die einen durch Lichthupe und Blinken von der linken Spur hinunterkomplimentieren wollen – wir sitzen dann mit gezücktem Mittelfinger im Auto und fahren erst recht langsam, um den Unhold ein wenig zu erziehen.

Das Gesetz gestattet die Verwendung von Schall- und Leuchtzeichen, wenn man außerhalb geschlossener Ortschaften überholen möchte. Heißt: Auch die Hupe ist erlaubt. Es weiß nur kaum jemand, stattdessen glauben wir aufgrund unseres verkehrsstrafrechtlichen Halbwissens, dass Huper und Lichthuper angezeigt gehören oder zumindest mit einer Stop-and-go-Strafe am nächsten Parkplatz bestraft werden sollten. Wer Hupe und Lichthupe kurz, stoßweise und nicht länger als ein paar Sekunden nutzt, der handelt vollkommen regelkonform. Übertrieben langes Nutzen der Lichthupe in Verbindung mit zu dichtem Auffahren ist natürlich nicht in Ordnung.

Wie viele Autos kann man auf der 240 Kilometer langen Strecke von München in meinen Heimatort überholen und dabei diese Absicht mit der Lichthupe anzeigen? Ich leihe mir eine Corvette C6 Grand Sport aus: 6,2 Liter Hubraum, ein wenig mehr als 500 Pferde. Ich weiß schon: Es ist absolut unvernünftig, so ein Auto zu fahren – aber es geht hier um ein Experiment.

Vor dem Überholen hupe und lichthupe ich munter vor mich hin, auf jeder Straße: Auf der A9, auf der A3, auf der A93. Auf Bundesstraßen und Landstraßen und Schnellstraßen, sogar in der Stadt. Ich will Sie nicht mit Details nerven – wenn Sie wissen wollen, wie das ist, dann probieren Sie es einfach selbst aus. Deshalb nur eine kleine Zusammenfassung: Ich schaffe 1289 Überholmanöver mit Lichthupe. 234 Mal gibt es Kopfschütteln anderer Teilnehmer, 27 Mal habe ich den Vogel gezeigt bekommen, 43 Mal den Scheibenwischer – und ich habe 17 Mittelfinger gesehen.

93 Mal haben andere Autofahrer nach meinem Überholvorgang ebenfalls Hupe oder Lichthupe benutzt.

Wenn sie mal beleidigt werden wollen, dann halten Sie sich einfach ans Gesetz.

Nach diesem Wochenende möchte ich der bravste Verkehrsteilnehmer werden. Damit Sie die folgenden Erlebnisse besser einordnen können, möchte ich Ihnen kurz beschreiben, was für eine Art Mensch ich bin. Für mich ist die Hölle eine Supermarktkasse, an der es niemals vorwärtsgeht, das Fegefeuer ist ein Stau mit einer Durchschnittsgeschwindigkeit von 0,3 Stundenkilometern.

Ich starte mein Vorhaben am 2. Januar. Ich will meine Frau und meinen Sohn von meinen Schwiegereltern abholen. Das Haus befindet sich inmitten einer Tempo-30-Zone. Ich hätte nie gedacht, dass diese erste Prüfung schon schrecklich werden würde. Ich fahre in die Tempo-30-Zone hinein, ich achte auf die Rechts-vor-links-Regelung, ich lasse das Auto gemütlich durch die Straßen rollen. Nach einer Minute werde ich ungeduldig und stelle fest: Tempo-30-Zonen sind die Vorstufe zur Hölle.

Ich summe die Melodie von Jeopardy, ich trommle auf dem Lenkrad, ich beiße mir auf die Unterlippe. Ich fühle mich, als wäre ich in Zeitlupe gefangen. Als ich ankomme, spanne ich alle Gesichtsmuskeln an und brülle laut: »Aaaaaaaaaaaaaargh!« Ich muss aussehen wie ein Catcher, wenn er seinen Erzfeind zum großen Duell herausfordert, jedenfalls schüttelt meine Frau verächtlich den Kopf, während mein Sohn fragt: »Wollen wir kämpfen, Papi?«

Wir möchten zu Verwandten in ein 40 Kilometer entferntes Dorf fahren. Meine Frau hat ihr Verbot vergessen – ich darf also fahren, obwohl Finn dabei ist. Ich kenne die Strecke auswendig, weil ich sie als Beifahrer wie als Fahrer etwa 2000 Mal gefahren bin. Ich kenne die schwierigen Kurven, ich kenne die Geschwindigkeitsbegrenzung, ich kenne auch jene Stellen, an denen Polizisten gerne ihre Geräte aufstellen, weil sie dort nur schwer zu erkennen sind. Es sind keine Gefahrenpunkte, was in mir den Eindruck betonierte, dass es bei diesen Kontrollen weniger um die Erhöhung der Sicherheit ging als vielmehr um die Erhöhung der Einnahmen durch Bußgelder.

Wer sich auch im Straßenverkehr strikt an alle Gesetze halten will, der führt ständig eine Diskussion mit sich selbst. Das eine Ich sagt: »Hier gibt es keine Radarfalle. Ach, überhole doch noch schnell! Mit zwei Maß Bier kann man Auto fahren sagte schon ein bayerischer Ministerpräsident!«

Das andere Ich sagt: »Es lohnt sich nicht! Außerdem kommt es oft nicht auf deine Reaktionen an, sondern auf die der anderen! Und bayerische Ministerpräsidenten sagen nicht selten idiotische Sachen!«

Es wäre in vielen Situationen überhaupt kein Problem, das Gesetz zu brechen: zu schnell fahren, durch die Einbahnstraße abkürzen, bei Rot über die Straße gehen. Mit 1,0 Promille das Auto noch selbst heimfahren. Schnell das Gespräch während der Fahrt annehmen, anstatt auf den nächsten Parkplatz zu fahren, den Motor abzustellen und dann zu telefonieren.

Es würde höchstwahrscheinlich niemand merken, eine Strafe ist nicht zu befürchten. Dagegen spart man Zeit und Nerven.

Nur: Was, wenn doch was passiert?

Ich gehöre zu den Menschen, die sich nicht durch plumpe Verbote überzeugen lassen, sondern durch rationale Überlegungen und vernünftige Begründungen. Ein Verbot regt in mir den Reflex, es zu brechen – doch wenn ich einsehen muss, dass es richtig ist, gebe ich aus Effizienzgründen sofort nach.

Natürlich sind einige Straßenschilder vollkommen willkürlich aufgestellt, doch ein Bürger soll dennoch darauf vertrauen können, dass ein Großteil davon mit Bedacht angebracht wurde: Es macht Sinn, dass ausgerechnet hier eine

Einbahnstraße ist, obwohl eine Fahrt fünf Minuten kürzer dauern würde, wenn beide Fahrtrichtungen erlaubt wären. Das Tempolimit in diesem Abschnitt der Autobahn wurde deshalb erlassen, weil bei höherer Geschwindigkeit zu viele Unfälle passiert sind. Die Tempo-30-Zone mag einem unsinnig erscheinen, doch verlassen sich die anderen Verkehrsteilnehmer darauf, dass sich alle daran halten.

Wissen für Nichtjuristen
Außerhalb geschlossener Ortschaften ist es nicht nur sinnvoll, als Fußgänger die linke Seite zu benutzen – es ist gesetzlich vorgeschrieben.

Ist der Nutzen des früheren Ankommens derart hoch, dass es sich lohnt, die Gebote zu übertreten?

Ich gehöre auch zu den notorischen Falschparkern, weil mir eine Zeitersparnis von 30 Minuten durchaus 15 Euro wert ist. Damit liege ich offenbar im Trend der Stadt München: Das Kreisverwaltungsreferat hat im Jahr 2012 21,36 Millionen Euro durch Strafzettel und andere Delikte eingenommen – und nach Abzug aller Kosten 4,3 Millionen Euro Gewinn gemacht.

Die Versuchung ist groß – nur ist ein zweiter Teller Chili auch eine große Versuchung, obwohl jeder weiß, dass ein Chili mindestens zwei Mal brennt, was bei zwei Tellern vier Großbrände bedeutet. Ein vernünftiger Mensch lässt den zweiten Teller weg, und ein vernünftiger Mensch lässt auch viele Übertretungen im Straßenverkehr weg.

Ich bin ein eher unvernünftiger Mensch, weshalb ich auf der Fahrt zu den Verwandten beinahe ausraste. Ich fahre auf der Landstraße die ganze Zeit über Strich 100. Ich überhole nicht, sondern lasse mich zwei Mal überholen. Danach lobt mich meine Frau, während ich versuche, die Fußmatte in zwei Teile zu zerreißen oder wenigstens ins Lenkrad zu beißen.

Ein Bekannter von mir wollte Punkte in Flensburg abbauen, weshalb er sich einen Monat lang keine Übertretung leisten durfte, sonst wären alle Kurse und Prüfungen umsonst gewesen. Sein Fazit: »Man merkt erst, was für ein Krieg da draußen herrscht, wenn man sich mal ein paar Wochen an die Regeln hält.«

Hanni hält mich für einen Drängler und Pöbler. Die Zeitschrift *ADAC Motorwelt* hat bei einer Umfrage aufschlussreiche Erkenntnisse gewonnen: Ein Drittel der Autofahrer gab an, schon einmal provoziert und beleidigt worden zu sein. 80 Prozent fühlen sich durch Drängler bedroht, und 30 Prozent ärgern sich über Schleicher. Übrigens geben 40 Prozent aller Autofahrer zu, sich selbst schon mal dabei ertappt zu haben, aggressiv im Straßenverkehr zu sein.

Schön auch: Es gibt eine Rangliste nach Automarken zur Frage: »In welchen Marken sitzen die aggressivsten Menschen?« Die sieht so aus:

Platz 5: VW mit 5,4 Prozent.
Platz 4: Porsche mit 8,7 Prozent.
Platz 3: Audi mit 25,9 Prozent.
Platz 2: Mercedes mit 32,2 Prozent.
Platz 1: BMW mit 50,6 Prozent.

Ich merke in den ersten Wochen, dass ich tatsächlich ein recht aggressiver Nörgler bin, ich verzweifle mindestens fünf Mal pro Fahrt: Einmal werfe ich das Handy vom Fahrersitz aus in den Kofferraum – was bei unserem Auto tatsächlich möglich ist –, um dem Versuch zu widerstehen, einen Anruf anzunehmen. Eines Abends fragt meine Frau, warum in unserem Lenkrad Bissspuren sind und auf dem Beifahrersitz Löcher, als hätte ihn jemand als Sandsack missbraucht.

Beim Fußmarsch von der Arbeit nach Hause trete ich mit voller Wucht gegen eine Ampel. Es ist zwei Uhr morgens, die Kreuzung ist so verlassen wie eine Westernstadt nach dem Goldrausch, es fehlt nur noch der Heuballen, der trostlos über die Straße weht. Doch die Fußgängerampel zeigt an, dass ich warten muss. Ich zähle: Eins, Mississippi, zwei, Mississippi, drei, Mississippi. Beim zehnten Mississippi trete ich die Ampel.

Ich bin kurz davor, meinen Hausarzt zu bitten, mir für die verschiedenen Stadien meiner Ungeduld Baldrian, Valium und Morphium zu verschreiben, dann mache ich eine Analyse des zurückliegenden Monats. Die interessante Erkenntnis: In vielen Fällen ist der Zeitgewinn durch schnelleres Fahren minimal. Sich auf der 240 Kilometer langen Strecke zwischen München und dem Heimatort meiner Eltern an alle Tempolimits zu halten, führt zu einer durchschnittlichen Verlängerung der Fahrtdauer von sechs Minuten und 26 Sekunden. Würde ich nachts auf dem Heimweg trotz roter Ampel loslaufen, so würde ich 17 Sekunden gewinnen – wobei die Ampel einen nur jedes vierte Mal aufhält. Kein einziger der 47 Anrufe, die ich während der Autofahrten in diesem Monat bekommen habe, war derart wichtig, dass ich ihn in diesem Moment hätte beantworten müssen. Und es macht niemals Sinn, betrunken in ein Auto zu steigen.

Die Versuchung, im Straßenverkehr das Gesetz zu brechen, ist omnipräsent. Sie erscheint nicht nur verlockend, sondern bisweilen auch sinnvoll. Doch das ist sie nicht. In den meisten Fällen wäre es sinnvoller, drei Teller Chili zu essen, als eine Regel zu übertreten.

Ich halte mich einen Monat lang an alle Verkehrsregeln, die es so gibt, ich fahre wie ein Schüler bei der Prüfung. Das Erstaunliche daran ist, dass ich mit der Zeit gelassener werde. Es ist die Resignation des Ohnmächtigen: So wie ich nach sechs Jahren Ehe gemerkt habe, dass es sinnlos ist, sich gegen den Willen seiner Frau zu stellen, so erkenne ich auch, dass es wenig erquicklich ist, sich über den Straßenverkehr aufzuregen. Also gebe ich auf und entspanne mich.

Immer mehr. Irgendwann bin ich ein buddhistischer Mönch beim Morgengebet. Ich fluche nicht mehr, ich wünsche den Kindeskindern anderer Autofahrer keinen Fußpilz mehr, ich trommle auch nicht mehr auf dem Lenkrad herum.

Ich bin innerhalb von sechs Monaten zu einem der ruhigsten Autofahrer der Welt geworden – und das nur, weil ich fahre, wie ich fahren sollte.

Ist es wirklich so einfach? Bin ich zu einem lebenden Klischee geworden? Ich mache weiter. Ein ganzes Jahr lang. Es funktioniert, weil ich andere Möglichkeiten zum Abreagieren habe – dazu später mehr. Aber im Auto bin ich Zen und im Nirwana, als hätte jemand vor der Fahrt das Auto mit Marihuana eingesprüht. Hindu-Kühe sind nicht so entspannt wie ich. Das bemerkt auch meine Frau und setzt mich im Juni wieder als Chauffeur für Finn ein.

Im September dann passieren zwei Dinge: Zuerst erleben wir auf der Autobahn einen Drängler, der gerade ein Fortgeschrittenenseminar an der Volkshochschule zum Thema Nervensägen mit Prädikat abgeschlossen hat. Wir fahren mit etwa 160 Stundenkilometern, vor und neben uns befinden sich andere Fahrzeuge – und der Typ klebt an unserer Stoßstange, als wollte er mit seinem Kühlergrill den Hintern unseres Autos küssen. Geschätzter Abstand: zehn Meter. Er hupt, blendet auf, blinkt links. Dann reißt er sein Fahrzeug auf die rechte Spur, gibt Gas und küsst beinahe ein anderes Auto. Dann brettert er wieder nach links und hupt und blendet und blinkt.

Sollte jemand die 15-spurige Autobahn in Deutschland einführen, wären die rechten 14 Spuren verwaist.

Ich sitze hinten bei Finn, also habe ich die Möglichkeit, den Überholer zu fo-

(Un-)Wichtiges Wissen

Der Elbtunnel in Hamburg hat einen eigenen Paragrafen im Bußgeldkatalog: Wer die Höhenkontrolle auslöst, muss 240 Euro bezahlen. Die hohe Strafe erscheint sinnvoll, da dieses Vergehen verantwortlich ist für Mega-Staus.

tografieren und zu filmen. Ich notiere Kennzeichen und Aussehen des Dränglers und freue mich, endlich einen von diesen Typen erwischt zu haben.

Daheim zeige ich meiner Frau die Aufnahmen und erkläre, bei der Polizei eine Anzeige machen zu wollen.

»Willst du wirklich einer dieser Menschen sein?«

Dann sieht sie mich an, wie Henry Jones seinen Sohn Indiana in *Der letzte Kreuzzug* ansieht, als sich Indy nach dem Heiligen Gral streckt. Sie sagt: »Lass es doch einfach.«

Ich lösche die Bilder und lasse es einfach.

Zwei Wochen später der nächste Vorfall: Vor uns steht einer an der Ampel, dessen Lebensaufgabe es ist, andere Menschen zu ärgern. Das sind Menschen, denen an der Supermarktkasse einfällt, dass sie auch mit Kleingeld bezahlen können, und es dann exakt abzählen. Die an Weihnachten beim Geschenkeauspacken jeden Tesastreifen einzeln abmachen und das Papier säuberlich abziehen und dann zusammenlegen. Die am Flughafen ihren Laptop erst auspacken, wenn die Tasche bereits auf dem Band der Security liegt. So einer steht also an der Ampel, legt gemütlich den Gang ein und rollt los, als wäre heute Zeitlupentag.

Ich fletsche die Zähne, beiße ins Lenkrad und spüre das Tourette-Syndrom in mir aufsteigen.

Meine Frau sieht mich an.

Ich sage nichts, sondern fahre in Zeitlupe weiter.

Da fragt mich mein Sohn: »Papi, sind die anderen Autofahrer nicht mehr dumm?«

Da sagt meine Frau: »Nein, es ist anders: Papi ist nicht mehr dumm.«

Beide lachen.

Nachtrag: Wer nun wirklich geglaubt hat, dass ein Kapitel über Straßenverkehr tatsächlich ein Happy End hat und ich mich darin als ruhigen und gelassenen Menschen beschreiben darf, der hat sich geirrt. Denn die Versuchung ist groß, sie ist immerdar – und ich will nicht lügen und sagen, dass ich ein perfekter Mensch bin. Ich bin in diesem Jahr immer wieder mal zu schnell gefahren, meistens unabsichtlich, weil ich nicht auf den Tachometer geschaut habe. Dann bin ich immer erschrocken, als ich entdeckt habe, wie schnell ich wirklich war. Ich bin schräg über die Straße gegangen, ohne daran zu denken, dass das eigentlich verboten ist. Es war einfach der kürzere Weg. Und ich habe ein Mal die Lichthupe nicht stoßweise benutzt, sondern länger als erlaubt, weil der Fahrer vor mir partout links fahren wollte, obwohl die rechte Spur komplett frei war. Und ich bin mit meinem Auto in die Umweltzone gefahren, weil ich nicht wusste, dass unsere Karre derart alt ist und dass es seit ein paar Wochen verboten ist.

Die Gefahren im Straßenverkehr lauern an vielen Stellen, und oftmals tappen wir hinein, weil wir einfach nicht daran denken. Ich hatte nur Glück, nicht erwischt zu werden.

Nach drei Monaten allerdings habe ich das Gesetz ganz bewusst gebrochen.

Es schüttet, als hätte Petrus beschlossen, dass sich München mal wieder ordentlich gewaschen gehöre. Das Thermometer zeigt eine einstellige Zahl an, auf die ich so vorbereitet bin wie ein Gegner der Klitschkos auf einen WM-Fight: Ich habe nur Jeans und T-Shirt an.

Ich komme zur Ampel und sehe aus wie ein Klitschko-Gegner nach der ersten Runde: nass und abgehetzt, aber noch ohne Blutspuren. Die Ampel ist grün, als spurte ich los wie ein Bär, der am anderen Ende des Waldes einen Topf Honig entdeckt hat. Ich schaffe die zweispurige Fahrbahn in Richtung Innenstadt und den Tramübergang – doch als ich auf die zweite Fahrbahn zulaufe, springt die Ampel auf Rot. Ich laufe weiter, weil das Aus-vollem-Sprint-Anhalten nicht zu meinen Stärken gehört. Stoppen Sie mal einen Bären, der auf Honig zuläuft! Außerdem ist es saukalt.

Plötzlich höre ich eine Stimme, es ist nicht Gott, sondern

ein trockener Polizist in seinem Auto: »Das rote Männchen gilt auch für Sie«, sagt er über den Lautsprecher. Ich drehe mich um und sehe einen Blick, den Klitschko-Gegner gerne auf der letzten Pressekonferenz vor dem Kampf aufsetzen.

Ich habe mich drei Monate an jede Verkehrsregel gehalten, und dann kommt so einer daher und motzt mich an, weil ich bei eiskaltem Regen schnell noch über die Fahrbahn gehuscht bin.

Was ich gerne machen würde: ihn beschimpfen, meine Worte mit martialischen Gesten unterstreichen und dann mit ihm anstellen, was Mike Tyson in Hochform mit den Klitschkos anstellen würde. Die Versuchung ist riesengroß.

Kurze Nutzenrechnung in meinem Kopf: Lohnt sich nicht.

Ich stapfe auf den Boden wie das HB-Männchen, dann hebe ich entschuldigend die Schultern und laufe im Vollsprint davon.

Ja, ich habe in diesem Moment das Gesetz gebrochen. Tut mir leid – aber das war es wert. Ich habe es gerne getan. Ein Jahr ohne Gesetzesbruch im Straßenverkehr? Geht nicht!

Wer von euch im Straßenverkehr ohne Sünde ist, der werfe den ersten Stein!

Kapitel 10

Verbrechen lohnt sich

Verbrechen lohnt sich! Ich weiß das! Ich kann es sogar beweisen!

Zufällig habe ich das Theorem des Nobelpreisträgers Gary Stanley Becker angewandt, der 1968 in seinem Werk *Crime and Punishment: An Economic Approach* die ökonomischen Aspekte der Kriminalität beleuchtet hat. Demzufolge unterscheidet sich die Handlungsweise von Kriminellen nicht grundlegend von der anderer Individuen. Vereinfacht: Verbrecher wollen meistens nicht anderen Personen schaden, sondern nur den eigenen Nutzen erhöhen.

Das stimmt mit meinen Recherchen überein: In sehr vielen Fällen wissen die Menschen gar nicht, dass sie ein Gesetz brechen oder eine Ordnungswidrigkeit begehen – etwa wenn sie zu schnell fahren, weil sie ein Verkehrsschild übersehen haben. In anderen Fällen glauben sie, dass der Gesetzesbruch niemandem schadet, etwa wenn sie nachts um drei Uhr auf einer unbefahrenen Straße bei Rot über die Straße gehen. Manchmal ignorieren sie den Schaden des anderen – sie werfen eine Zigarette einfach auf die Straße und denken nicht daran, dass es jemand wegräumen muss. Oft werden die negativen Folgen auch vergessen: Wer zu schnell fährt, denkt nicht daran, dass er dadurch andere Verkehrsteilnehmer gefährdet. Selten wird der Nachteil des anderen billigend in Kauf genommen: Steuerhinterzieher rechnen damit, dass schon jemand anderer dafür aufkommen wird. Meistens ist »jemand anderer« die Allgemeinheit, die durch höhere Steuern bestraft wird.

Bösartigkeit und Böswilligkeit sind in den allerseltensten Fällen die Katalysatoren für den Gesetzesbruch. Wir alle sind potenzielle Verbrecher – ob es nun um zu schnelles Fahren geht, um das Downloaden von urheberrechtlich geschütztem Material im Internet, um das Wegwerfen von Müll auf die Straße oder um das Klauen von Handtüchern im Hotel. Wir alle haben solche Dinge wohl schon gemacht, ob nun absichtlich, unbewusst oder einfach aus Versehen. Wer behauptet, er hätte so etwas noch nie gemacht: Legen Sie dieses Buch weg, und melden Sie sich an für einen Platz im Himmel. Ich glaube es Ihnen dennoch nicht!

Wir alle überlegen bei einer Untat: Lohnt es sich? Ist der Gewinn so groß, dass er das Risiko lohnt, erwischt zu werden? Das ist nicht nur beim Gesetzesbruch so, sondern in vielen anderen Momenten auch: Lohnt sich eine Lüge? Ergibt ein Seitensprung Sinn? Soll ich beim Fußball den Gegenspieler umhauen, bevor er ein Tor erzielt? Wir müssen abwägen und eine Entscheidung treffen.

Das war meine Entdeckung – und meine Überlegung, ob ich ein Verbrecher sein möchte oder nicht: Der Preis für eine Monatskarte des Münchner Verkehrsverbunds errechnet sich nach der Anzahl der Ringe um den Stadtkern herum. Meine Frau und ich wohnten vier Jahre lang im Münchner Osten – nur eine U-Bahn-Station im dritten Ring gelegen. Eine Zwei-Ringe-Monatskarte kostete 46,40 Euro, das entsprechende Ticket für drei Ringe 55,80 Euro.

Entweder wir bezahlen den Tarif für alle drei Ringe – oder wir riskieren es, bei jeder einzelnen Fahrt eine Station lang schwarz zu fahren und womöglich ertappt zu werden. Da meine Frau ein besserer Mensch ist als ich und den Spruch »No Risk – No Fun« für ein Relikt aus den 90er-Jahren hält, der ebenso verschwinden sollte wie Karottenjeans und Elektropop, entscheidet sie sich sofort für die teurere Variante. Ich wähle die billige, aber illegale Möglichkeit.

Das Ergebnis nach vier Jahren: Meine Frau hat 2678,40 Euro bezahlt, um in München U-Bahn fahren zu dürfen, ich 2227,20 Euro. Ich wurde bei ungefähr 1600 Fahrten drei Mal ohne Ticket erwischt. Ich musste also wegen Schwarzfahrens insgesamt 120 Euro Strafe bezahlen, weshalb meine Gesamtkosten für die Benutzung der U-Bahn bei 2347,20 Euro lagen.

Ich hatte gegenüber meiner Frau 331,20 Euro gespart.

Verbrechen lohnt sich.

Gary Beckers Entdeckung war ähnlich: Er kam zu spät zu einer Verabredung und musste sich entscheiden: entweder das Auto im Parkhaus abstellen, dafür aber zu spät zum Meeting kommen und womöglich einen lukrativen Auftrag verpassen – oder den Wagen schnell auf der Straße parken und einen Strafzettel riskieren, dafür aber den Gesprächspartner nicht verärgern. Becker entschied sich damals für das Falschparken und entwickelte daraus die Theorie, dass Kriminelle ihre Verbrechen vor allem aus ökonomischen Gründen planen und durchführen würden. Dieser Ansatz wurde zwar schon im 18. Jahrhundert von den Philosophen Cesare Beccaria und Jeremy Bentham verfolgt, der Ökonom Becker hat ihn jedoch weiterentwickelt, in Formeln gepackt und letztlich bekannt gemacht.

(Un-)Wichtiges Wissen

Der Begriff »schwarzfahren« hat nichts mit der Farbe Schwarz zu tun. Er leitet sich vielmehr ab vom jiddischen Wort *shvarts*, das *Armut* bedeutet. Der Schwarzfahrer ist also einer, der zu arm ist, um sich ein Ticket leisten zu können.

Es funktioniert so: Durch eine illegale Handlung kann der potenzielle Verbrecher Güter oder Geld (B) erbeuten. Der errungene Vorteil kann aber auch aus Zeitgewinn bestehen oder der Wiederherstellung der Ehre nach einer Beleidigung. Die dazu nötige Handlung kostet ihn womöglich Geld (K – wenn er etwa Werkzeug für einen Einbruch besorgen muss) und Zeit (Z), in der er durch eine legale Tätigkeit Geld verdienen oder einfach Urlaub machen könnte. Dazu muss er die Wahrscheinlichkeit (W) abwägen, erwischt zu werden – und sie mit der zu erwartenden Strafe (S) multiplizieren, die er bezahlen muss, würde er bei jedem Versuch erwischt werden. Wenn der Gewinn (G) größer ist als null, dann müsste sich der rationale Mensch für die Straftat entscheiden.

Auf meinen Fall des Schwarzfahrens angewandt bedeutet das: Meine Handlung kostet mich weder Zeit noch Geld. Würde ich jedes Mal erwischt werden, dann läge die Strafe bei 64000 Euro für 1600 Schwarzfahrten. Die Wahrscheinlichkeit, auf der Fahrt von der vorletzten zur letzten Station erwischt zu werden, liegt aufgrund meiner persönlichen Erfahrungen bei 0,1875 Prozent.

Meine Formel lautet: G = 421,20(B) – 0 (K) – 0(Z) – 0,001875(W) × 64000(S)

Also: G = 331,20 Euro.

In dieser recht einfachen Version ist es also sinnvoll, den kriminellen Akt des Schwarzfahrens zu wählen – dennoch würde es meine Frau nicht tun, weil sie das Risiko der Blamage nicht eingehen will. Aus diesem Grund hat Becker in seine Überlegungen auch die unterschiedliche Risikobereitschaft eingeführt – und gezeigt, dass selbst risikobereite Menschen von einem Verbrechen absehen würden, wenn die Wahrscheinlichkeit des Erwischtwerdens und die resultierende Strafe – oder auch die Demütigung beim Ertapptwerden – nur hoch genug seien. Wenn ein Dieb damit rechnen müsste, in acht von zehn Fällen erwischt zu werden und ihm jedes Mal ein Finger abgehackt würde, dann würde wohl fast jeder böse Bube auf den Diebstahl verzichten.

Würde der Münchner Verkehrsverbund die Anzahl der

Kontrolleure verdoppeln und mir bei jedem Aufgreifen einen Finger abhacken, würde ich es wohl bleiben lassen. Es würde schon reichen, die Strafe zu erhöhen: Bei 100 Euro und einer Wahrscheinlichkeit des Ertapptwerdens von 0,37 Prozent sähe meine Formel so aus:

G = 421,20(B) – 0(K) – 0(Z) – 0,0037(W) × 160 000(S)

Also: G = – 170,80 Euro.

Das Verbrechen würde sich nicht mehr lohnen.

Also wäre es doch ganz einfach, das Schwarzfahren für Menschen wie mich unrentabel zu machen: Rauf mit Kontrollen und Strafen – und alles ist gut! Es ist erstaunlich, wie viele Politiker so denken, obwohl diese Überlegung meistens totaler Quatsch ist.

Ich möchte mich zunächst mit der Wahrscheinlichkeit des Erwischtwerdens beschäftigen. In meinem Fall konnte ich das Risiko, ertappt zu werden, aufgrund meines vier Jahre dauernden Selbstversuchs relativ präzise definieren. Bei den meisten Verbrechen und Ordnungswidrigkeiten ist das nur schwer oder überhaupt nicht möglich: Wie groß ist die Wahrscheinlichkeit, bei zu schnellem Fahren erwischt zu werden? Die meisten Autofahrer werden behaupten: »Ich werde auf jeden Fall häufiger geblitzt als alle anderen!« Der Mensch führt einen lebenslangen Indizienprozess gegen das eigene Dasein, was meist in dem Satz resultiert: »Siehst du, immer ich!«

Wie irreführend Statistiken sein können, zeigen Kriminalstatistik und Aufklärungsquote, die die Bundesländer jährlich präsentieren. Bayern hat seine hohe Aufklärungsquote zum Verkaufsschlager gemacht und rühmt sich selbstbewusst als sicheres Bundesland mit fähigen Beamten. Beweis: die Kriminalstatistik. Auch in Niedersachsen pries sich Innenminister Uwe Schünemann im Jahr 2012 mit einer einfachen Formel: »Je mehr Täter man schnell dingfest macht, desto sicherer ist ein Land. Ich bin froh, dass wir in Niedersachsen aufgeschlossen haben und unter den Ländern mit der besten Aufklärungsquote sind.« Schünemann will gewählt werden, während des Wahlkampfs sind solche Sätze von immenser Bedeutung: Guckt mal her, 62 Prozent aller Verbrechen werden aufgeklärt! Ist das nicht prima, was wir für die Sicherheit der Bürger tun?

Jörg Ziercke muss keine Landtagswahlen gewinnen. Er ist der Chef des Bundeskriminalamts und muss deshalb keine Sätze sagen, die Wähler begeistern sollen. Er sagt deshalb: »Das Gieren nach der Aufklärungsquote ist absolut daneben.«

Als in Niedersachsen im August 2011 befürchtet wurde, dass die herausragende Quote des Vorjahrs wohl nicht zu halten sei, da wurden den Polizeidirektionen in einem vier Seiten langen Papier Maßnahmen empfohlen, dem Rückgang entgegenzuwirken. Eine der Maßnahmen: stärkere Kontrollen im Rauschgiftbereich. Die haben den für die Quote schönen Effekt, dass es sich dabei um ein sogenanntes Kontrolldelikt handelt: Erwischt die Polizei jemanden, der mit Drogen handelt, so hat sie ihn normalerweise auch gleich dingfest gemacht. Auf der anderen Seite könnten Beamte darauf verzichten, ein schwer aufzuklärendes Delikt aufzunehmen – also eine Anzeige abzuwimmeln, um die Aufklärungsquote nicht zu gefährden. Den Beamten wurde also direkt befohlen, die Statistiken zu beschönigen.

Ich treffe mich mit einer Polizistin, die seit mehr als einem Jahrzehnt im Dienst ist und an der Aufklärung nicht unbedeutender Fälle beteiligt war. Sie möchte weder ihren Namen in einem Buch lesen noch Details über die Fälle, an denen sie gearbeitet hat, also werde ich sie Susi nennen.

»Diese Zahlen sind kein Abbild der Realität«, sagt sie und schüttelt den Kopf, »sie sagen auch nichts darüber aus, wie es um die Sicherheit in einem Bundesland bestellt ist. Diese Statistiken werden für politische Zwecke missbraucht, anstatt sie für interne Analysen zu nutzen.«

Ein einfaches Beispiel: »Wenn wir bei Fußballspielen im

Einsatz sind, dann haben wir eine Aufklärungsquote, die sehr hoch ist. Bei Schlägereien nehmen wir den Täter sofort fest, das ist natürlich gut für die Quote. Was aber, wenn sich zwei Fans abseits des Stadions prügeln und es niemand anzeigt? Oder wenn ein Taschendieb 20 Euro erbeutet und das Opfer von einer Anzeige absieht? Das taucht in keiner Statistik auf, die Quote bleibt überragend, obwohl es eigentlich zwei Opfer gibt und zwei Täter, die weiter frei herumlaufen. Kann man aufgrund der tollen Quote sicher sein, dass einem beim Besuch eines Fußballstadions nichts passiert? Nein, natürlich nicht!«

Sie sagt am Ende unseres Gesprächs noch einen interessanten Satz: »Es könnte sogar sein, dass sich die Bürger aufgrund der hohen Aufklärungsquote zu sicher fühlen und auf Schutzvorkehrungen und Vorsicht verzichten. Das wäre natürlich fatal, weil es sich dadurch für Verbrecher wieder eher lohnen könnte, eine Straftat zu begehen!«

Das führt mich natürlich zu der Frage: Wie müsste denn die ideale Strafverfolgung und die ideale Bestrafung von Verbrechern wie eben mir als Schwarzfahrer aussehen? Gary Beckers Antwort: Die Entscheidung des Verbrechers wird nicht nur von der Wahrscheinlichkeit des Erwischtwerdens beeinflusst, sondern auch vom Verhalten potenzieller Opfer. Die können durch Schutzvorkehrungen ein Verbrechen erschweren. Sie können etwa in ihrem Haus eine Alarmanlage installieren, sie können bei Fußballspielen ihr Bargeld in die Unterhose stopfen. Das erschwert dem Täter die Arbeit beziehungsweise erhöht seine Kosten: Er braucht womöglich besseres Werkzeug, um

Wissen für Nichtjuristen
Gerichte können einen Prozess ablehnen mit dem römisch-rechtlichen Grundsatz *Minima non curat praetor* – um Kleinigkeiten kümmert sich das Gericht nicht. Da ein Prozess beim Amtsgericht den Steuerzahler mehr als 1000 Euro kostet, kann das Gericht ein Verfahren wegen Geringfügigkeit einstellen. (§ 153 STPO)

in ein Haus einzudringen, womöglich muss er aufgrund der Alarmanlage auch deutlich mehr Zeit aufwenden – was einen Kriminellen letztlich überzeugen könnte, von einem Einbruch abzusehen, weil es sich für ihn einfach nicht mehr lohnt.

Die Anschaffungen kosten aber auch das potenzielle Opfer Zeit und Geld: Es muss die Alarmanlage bezahlen, es muss aber auch in den Supermarkt fahren, um sie zu kaufen – währenddessen hätte es arbeiten oder einfach seine Freizeit genießen können. Auch in diesem Fall muss die Risikobereitschaft des Menschen berücksichtigt werden. Es gibt welche, die bauen ihr kleines Häuschen zu einer Festung um: Ich habe einmal in einem Haus gewohnt, das gesichert war wie der Geldspeicher von Onkel Dagobert.

Bei den Täter- und Opferentscheidungen muss noch die Ausgangslage beider Individuen berücksichtigt werden, die die Risikobereitschaft beeinflussen könnte: Ein ärmerer Mensch muss eventuell riskieren, beim Schwarzfahren erwischt zu werden, weil er mit dem ergaunerten Gewinn seine Familie ernähren muss. Vereinfacht ausgedrückt: Wer wenig zu verlieren hat, ist eher dazu bereit, etwas zu riskieren.

Der Staat greift nun nicht nur deshalb ein, weil er die Sicherheit innerhalb seiner Jurisdiktion gewährleisten möchte, sondern auch, weil es ein ökonomisches Ungleichgewicht bei den Entscheidungen von Täter und Opfer gibt. Der Täter zieht bei seiner rationalen Entscheidung nur seine eigene Situation in Betracht und nicht die des Opfers. Bei einem Einbruch etwa interessiert den Gauner zunächst einmal die Beute. Wenn er dabei ein Fenster zerschlägt, einen Safe beschädigt oder eine Vase hinunterwirft, muss er das in seiner Formel nicht berücksichtigen. Das Opfer verliert jedoch nicht nur die gestohlenen Dinge, sondern muss auch Fenster, Safe oder Vase bezahlen.

Die Strafe muss also so festgelegt werden, dass die er-

(Un-)Wichtiges Wissen
Der Anteil an Bus- und Bahnfahrern ohne gültigen Fahrausweis wird auf etwa 3,5 Prozent geschätzt. Den Verkehrsunternehmen entgehen dadurch etwa 250 Millionen Euro pro Jahr.

wischten Täter sämtliche Kosten bezahlen. In meinem Fall des Schwarzfahrens bedeutet das: Ich habe pro Jahr einen Schaden von 82,80 Euro verursacht. In München gibt es geschätzte 100 000 Schwarzfahrer, der Gesamtschaden beläuft sich auf 8,28 Millionen Euro pro Jahr.

Der Münchner Verkehrsverbund (MVV) muss Geld für Kontrolleure und Kameras ausgeben, um blinde Passagiere zu erwischen – gäbe es keine Schwarzfahrer, müsste auch niemand kontrollieren. Experten schätzen diesen Betrag auf 4,7 Millionen Euro im Jahr, also liegen die wahren Kosten des Schwarzfahrens bei 13 Millionen Euro.

Ich wende nun meine eigene Kontrollquote von 0,1875 Prozent an. Demnach sind die Kontrolleure pro Jahr 300 000 Mal erfolgreich. Teilt man durch diese Zahl die Kosten von 13 Millionen Euro, erhält man eine Strafe von 43,33 Euro, um die Kosten zu decken – was der tatsächlichen Strafe fürs Schwarzfahren ziemlich nahe kommt.

Der »Markt für Verbrechen« verhält sich also analog zu einem normalen Gütermarkt. Auf dem Verbrechensmarkt entscheiden die potenziellen Täter anhand von Nutzen und Kosten ihrer illegalen Tätigkeit darüber, wie häufig sie Straftaten begehen – und die möglichen Opfer bezahlen den Preis dafür in Form der entstandenen Schäden und der Schutzvorkehrungen. Das Gehalt für Polizisten und Richter, auch die Kosten für Zeugen, Polizeiautos und Gerichtsgebäude werden von uns allen in Form von Steuern bezahlt. Eine Alarmanlage schützt nur ein einzelnes Haus, eine Polizeistreife, die permanent in einem Stadtviertel patrouilliert, kann Einbrecher davon abschrecken, dieses Viertel überhaupt aufzusuchen.

Natürlich würden wir alle gerne in einer Welt ohne illegale Handlungen leben: Niemand hinterzieht Steuern, niemand stiehlt, niemand fährt schwarz. Was für eine schöne Utopie!

In diesem ökonomischen Modell freilich ließe sich das scheinbar leicht erreichen: Man erhöht die Anzahl der Kontrollen derart, dass es sich nicht mehr lohnt, als blinder Passagier unterwegs zu sein. Es würde nicht lange dauern, und es gäbe keine Schwarzfahrer mehr. Das ist die einfache Formel, die Politiker gerne anwenden, wenn ihnen nichts Besseres einfällt.

Diese Kontrollen kosten Geld, sehr viel Geld sogar. Die zusätzlichen Kosten freilich werden auf die Passagiere abgewälzt – und es ist durchaus wahrscheinlich, dass eine Fahrkarte in Utopia deshalb teurer ist als der Preis für ein Ticket in einer Welt mit einigen Schwarzfahrern.

Wissen für Nichtjuristen
Auch bekennende Schwarzfahrer werden bestraft – durch das Tragen eines T-Shirts mit der Aufschrift »Ich fahre schwarz« erhält man nicht automatisch die Erlaubnis des Fahrers. (AG Hannover, AZ 223 Cs 549/09)

Eine weitere Möglichkeit wäre es freilich, die Strafen drastisch zu erhöhen, um böse Buben abzuschrecken. Ein Schwarzfahrer, der 2000 Euro bezahlen müsste, dürfte es sich mehr als zwei Mal überlegen, ob er sich nicht doch lieber ein Ticket kauft. Eine Erhöhung der Strafe klingt zunächst plausibel – doch verletzt sie am Ende unser Verständnis von Gerechtigkeit und Verhältnismäßigkeit. Wenn ein Mensch seinen Geldbeutel vergisst, in dem sich die Monatskarte befindet, dann erscheint eine Strafe von 2000 Euro doch ein wenig zu hoch.

Eine Erhöhung der Strafe könnte freilich auch dazu führen, dass eine Straftat eine weitere Straftat nach sich zieht. Wenn ein Schwarzfahrer 2000 Euro bezahlen müsste, dann könnte er es als durchaus lohnenswert ansehen, den Kontrolleur zu verprügeln und sich aus dem Staub zu machen, um der hohen Strafe zu entkommen.

Ich habe den Eindruck, dass Politiker gerne in Utopia leben und dass folgendes Szenario in Deutschland recht häufig vorkommt:

Es wird eine Studie veröffentlicht, die erläutert, dass es in einem bestimmten Bereich einen Anstieg der Kriminalität gegeben hat. Journalisten entdecken, dass sich aus dieser Studie eine schöne Geschichte stricken lässt. Politiker erkennen, dass sich daraus Werbung in eigener Sache machen lässt. Also werfen alle die Empörung-Panikmache-Maschinerie an.

Es gibt eine Titelseite in der *Bild*. Es gibt eine Titelgeschichte im *Spiegel*. Die *FAZ* ignoriert das Thema, springt aber spätestens zwei Wochen später auch auf den Zug auf, wenn alle anderen schon mitfahren. Jetzt rollt die Talkshow-Lawine los: Bei Maischberger duellieren sich Markus Söder und Gregor Gysi. Bei Beckmann duellieren sich Sigmar Gabriel und Gregor Gysi. Bei Jauch duellieren sich Angela Merkel und Gregor Gysi. Bei Friedman duellieren sich Michel Friedmann und Gregor Gysi. Bei Kerner duelliert sich Gregor Gysi mit Gregor Gysi. Geht es um Philosophie, darf Richard David Precht nicht fehlen, bei Gesundheitsthemen ist Werner Bartens nicht fern. Schwere Verbrechen: Josef Wilfling. Musik: David Garrett. Wirtschaft: Hans-Werner Sinn. Essen: Karl Lauterbach. Burn-out: Miriam Meckel. Jugendstrafrecht: Christian Pfeiffer. Energie: Claudia Kemfert. Junge Menschen: Wolfgang Gründinger. Altersvorsorge: Bernd Raffelhüschen. Alles: Hans-Ulrich Jörges. Und immer dabei: Wolfgang Kubicki, Ursula von der Leyen, Sahra Wagenknecht. So wie es für einen Rapper die Homepage *rentabitch.de* gibt, wo er sich für seine Videos die halbnackten Tänzerinnen bestellen kann, so gibt es für Talkshows die Datenbank *rent-a-talkshowgast.de*.

Bei anderen Politikern macht sich nun Panik breit, weil sie nichts sagen dürfen und deshalb irgendwie untätig wirken. Das darf nicht sein! Irgendwann meldet sich ein Abgeordneter aus den hinteren Reihen, der gerne ein wenig weiter vorne sitzen würde. Er klagt die Regierung an, er fordert Taten statt Worte.

Die alten Hasen auf den vorderen Sitzen haben auf diese Steilvorlage gewartet und lancieren zunächst den Aktivismus-Klassiker unter Politikern: Verkehrszeichen! Überall! Ampel drauf auf Lebensmittelverpackungen oder Stoppschilder vor gefährlichen Internetseiten! Das kann man medienwirksam präsentieren und suggeriert Initiative. Nur ergeben viele dieser Aktionen keinen Sinn und sind das Verwerflichste, was Politiker machen können – denn sie bekämpfen das Problem nicht an der Wurzel, sondern berühren in vielen Fällen noch nicht einmal die Oberfläche. Welcher Teenager hockt vor seinem Computer und sagt: »Ui, guck mal: Frau von der Leyens Stoppschild! Da klicke ich jetzt besser mal nicht weiter!« Wenn sie einen kennen, der das gemacht hat: Er möge bitte eine E-Mail schicken an juergen.schmieder@sz.de und mir ein Interview für die möglicherweise zweite Auflage dieses Buches geben.

Glaubt ein Politiker, dass so eine Aktion wirksam ist, so ist er einfach nur dumm. Glaubt er es nicht und macht es trotzdem, so lügt er uns an. Er ist also entweder ein Lügner oder ein Dummkopf.

Weil der Aktivismus-Erstschlag nichts hilft, holt die Politik nun den Gesetz-Holzhammer raus: Strengere Gesetze, härtere Strafen!

Wer ein Lied herunterlädt, bekommt Internetverbot auf Lebenszeit! Wer ein Killerspiel kauft, wird auf die Liste möglicher Amokläufer gesetzt. Wer Rockmusik hört, gehört strafversetzt nach Nordkorea.

Vielleicht findet sich noch ein verzweifelter Hinterbänkler, der sich zu der Aussage hinreißen lässt, dass überhaupt das komplette Internet Teufelszeug sei, womit er der Partei die Stimmen der älteren Wähler sichert. Womöglich findet sich noch ein Chefredakteur einer Tageszeitung oder Zeitschrift, der diese These in einem Leitartikel unterstützt, um die Zahl der Abonnements unter den bürgerlichen Lesern nicht zu gefährden. Wenn alle zusammenhelfen, dann glauben die Menschen wirklich, dass alles verboten gehört.

Politiker führen so lange Verbote ein, bis sich andere Wissenschaftler endlich erbarmen, eine aktuelle Studie zu einem neuen Thema vorzulegen, damit Gras über die alte Sache wachsen kann und man endlich den nächsten Aktivismus-Talkshow-Gesetzgebungszyklus einläuten kann. Alle schnaufen kurz durch, und dann geht es weiter.

Was kaum passiert – jedoch von Gary Becker und seinen Unterstützern gefordert wird: Mitunter könnte auch eine Liberalisierung zu einem Rückgang der Kriminalität führen und positive Effekte haben – weil es sich dann für den Verbrecher überhaupt nicht mehr lohnen könnte, noch aktiv zu sein.

Vor dem folgenden Absatz möchte ich versichern: Ich bin ein absoluter Gegner von Drogen, ich verabscheue sie sogar noch mehr als Lakritze und zu enge Unterhosen. Ich mache hier nur ein Gedankenspiel aus der Perspektive der ökonomischen Theorie der Kriminalität. Es gibt zahlreiche Werke anerkannter Ökonomen zu dem Thema, eine leicht verständliche Zusammenfassung bietet der Artikel »The Economic Case Against Drug Prohibition« der Wirtschaftswissenschaftler Jeffrey Miron und Jeffrey Zwiebel, erschienen im *Journal of Economic Perspectives*. Darin werden auch gängige Vorurteile entkräftet, wie etwa der angeblich enge Zusammenhang von Drogenkonsum und Verbrechen. Zahlreiche Studien zeigen, dass es zwar eine Verbindung zwischen Drogenhandel und anderen Verbrechen wie Mord, Körperverletzung und Diebstahl gibt – dass aber etwa 80 Prozent dieser Verbrechen durch die Prohibition provoziert werden. Weil keine vor Gericht einklagbaren Verträge existieren, müssen Drogenhändler ihre Forderungen auf andere Weise durchsetzen: nämlich mit Gewalt oder zumindest der Androhung von Gewalt.

Durch eine Liberalisierung der Drogengesetze wäre es auch möglich, Qualitätsstandards einzuführen. Weil Drogen illegal sind, gibt es auch keine Vorschriften, die regulieren, wie etwa eine Marihuanazigarette, eine korrekte Dosierung und Anwendung aussehen könnte. Zahlreiche Erkrankungen, die von Politikern und Lobbyisten gerne ausgeschlachtet werden unter dem Schlagwort »Drogen machen krank«, haben weniger mit dem Konsum von Drogen zu tun als vielmehr mit qualitativ minderwertigen Produkten. Auf einem freien Markt mit festgelegten Qualitätsstandards, so viele Ökonomen, ließe sich das verhindern.

Bei der Diskussion wird auch immer wieder angeführt, dass es sich bei Marihuana um eine Einstiegsdroge handeln würde. Diese These unterstützen auch Wirtschaftswissenschaftler, sie merken jedoch an: Durch die Prohibition ist es nötig, sich an einen Dealer zu wenden, der illegal Marihuana verkauft. Mit diesem Schritt gelangt der Konsument nicht nur an die Einstiegsdroge, er hat auch gleich die Telefonnummer von dem bekommen, der ihm härtere Drogen besorgen kann.

Eine Liberalisierung würde, so die Zusammenfassung anerkannter Ökonomen, kurzfristig zu einem Anstieg des Konsums führen. Doch würden sowohl kurz- als auch langfristig die positiven Effekte für den Einzelnen und auch für die Gesellschaft überwiegen. Nur einige Beispiele: Weil die Preise deutlich fallen würden, könnte es für il-

Wissen für Nichtjuristen

Die weitverbreitete Annahme, es sei legal, kleinere Mengen an weichen Drogen zu erwerben oder zu besitzen, ist nicht korrekt. Was legal ist, hängt von vielen Faktoren ab. (§ 29 Betäubungsmittelgesetz)

legal operierende Drogenhändler unrentabel werden, ihre Beschäftigung auszuüben. Mit Drogen in Verbindung stehende Verbrechen wie Gewalttaten und Diebstähle würden zurückgehen. Auch die Kosten für die Allgemeinheit würden zurückgehen, weil bei einer Liberalisierung weniger Geld für den Kampf gegen Drogen aufgewendet werden müsste.

Das ist die Meinung vieler Ökonomen – und zahlreiche Beispiele aus anderen Ländern zeigen, dass dieses Modell durchaus erfolgreich ist. Doch kann man damit kaum im deutschen Wahlkampf punkten. Wer fordert, Hanf freizugeben, der taucht eher in einem Lied von Stefan Raab auf als in einer politischen Diskussionsrunde.

Ich bin ein Gegner von Drogen. Ich bin aber auch ein Gegner der Gesetz-drauf-und-Schluss-Methode, die meiner Meinung nach in Deutschland viel zu häufig angewandt wird. Die Diskussionen im Bundestag dienen weniger dem Meinungsaustausch – es ist Schaufenster-Parlamentarismus: Ein paar knackige Zitate, um in einer Nachrichtensendung vorzukommen. Ein paar Beschimpfungen für den politischen Gegner, obwohl dessen Ideen womöglich gar nicht so schlecht sind. Gelächter an der richtigen Stelle, wenn der Vertreter einer anderen Partei versucht, am Rednerpult zu glänzen.

Ich würde mir wünschen, dass ruhig und sachlich diskutiert würde – statt dass man stets versucht, sich mit Aktivismus und schön klingenden, letztlich aber sinnlosen Gesetzen zu profilieren. In so manchem Fall könnte sich aus einer intensiveren Diskussion ergeben, dass Liberalisierung der vernünftigere Weg ist. Nicht nur bei Drogen, auch bei zahlreichen anderen Dingen: im Straßenverkehr etwa durch die Abschaffung vieler Straßenschilder.

Es lohnt sich, zumindest darüber nachzudenken.

Das ökonomische Modell von Becker unterliegt freilich auch Beschränkungen, weil es von rational handelnden Menschen ausgeht. Wenn jeder Mensch rational agieren würde, dann müssten Casinos und Lottoanbieter schließen, weil es mathematisch meist völlig unsinnig ist, Roulette oder »6 aus 49« zu spielen. Es würde auch niemand betrunken ins Auto steigen, weil er wüsste, dass die Risiken einer schweren Verletzung viel zu hoch sind, um sich nicht ein Taxi zu leisten. Dennoch tun es viele Menschen.

Einige Verbrechen wie Beleidigung oder Körperverletzung finden im Affekt statt, gegen jegliche Vernunft. Deshalb muss bei der Analyse von Verbrechen und Ordnungswidrigkeiten das ökonomische Modell zwar eine Rolle spielen, man sollte aber auch psychologische und soziologische Aspekte berücksichtigen.

Eine effektive Form der Verbrechensbekämpfung wäre also nicht unbedingt, noch mehr Verbote zu erlassen – sondern einfach, Straftaten so unrentabel wie möglich zu machen.

Das sollte das Ziel der Politik sein: nicht durch Aktionismus im Wahlkampf punkten wollen, sondern Probleme an der Wurzel bekämpfen – und dafür sorgen, dass Verbrechen so unrentabel wie möglich werden.

Und wir alle sollten uns überlegen, ob sich Verbrechen wirklich lohnt – nicht nur für uns, sondern auch für unsere Mitmenschen. Ob wir wirklich Geld sparen, wenn wir Steuern hinterziehen – oder ob es nicht sinnvoller wäre, die Steuererklärung ehrlich zu machen und langfristig durch die daraus resultierenden Erleichterungen mehr Geld auf dem Konto zu haben. Ob es nicht lohnenswerter wäre, keine Handtücher und Bademäntel aus Hotelzimmer zu klauen und dafür weniger für eine Übernachtung zu bezahlen. Ob es nicht rentabel ist, aufs Schwarzfahren zu verzichten, weil dann die Preise gesenkt werden könnten und es weniger Kontrollen bräuchte.

Wir dürfen immer eine Entscheidung treffen. Wir dürfen das Gesetz brechen, wenn wir bereit sind, die Konsequenzen zu tragen: Wem es wert ist, die Strafe dafür zu bezahlen, der wird weiter zu schnell fahren. Wer 800 Euro übrig hat, der darf einen anderen Menschen »Vollidiot« nennen. Wer es riskieren möchte, ins Gefängnis zu kommen, der kann eine Bank überfallen.

Oder wir hören einfach auf damit.

Wie das geht, hat meine Frau bewiesen: Sie hat mich gezwungen, das gesparte Geld in Geschenke für sie und unseren Sohn zu investieren. Weil es sich für mich persönlich nicht mehr lohnt, schwarzzufahren, kaufe ich mir ein Ticket, das überall gültig ist. Allerdings, das muss ich zugeben, sind wir mittlerweile in eine Wohnung gezogen, die am Rand des zweiten Rings liegt. Verbrechen lohnt sich für mich also nicht mehr.

Kapitel 11

Die Abmahner

Es gibt einen genialen Sketch von Gerhard Polt: Er spielt einen Kleinbürger, der sich über die Firma Ismayer beschwert. Es geht um einen Leasingvertrag für ein Auto. »Dieser Al Capone, dieser Kretin«, echauffiert er sich. »jetzt nehme ich mir den besten Advokaten und führe einen Prozess, dass die Funken spritzen!« Er sagt zum Richter: »Das darf doch nicht wahr sein, dass ein Mensch, der sich immer anständig aufgeführt hat, der nicht einmal einen Strafzettel bekommen hat, dass man den mit einem Leasingvertrag drankriegt!« Da sagt der Richter: »Doch, das geht!«

Der Vortrag Polts ist lustig, weil er wahr ist: Wir kümmern uns kaum um das Gesetz, solange wir nicht damit in Berührung kommen. Justitia ist, gemalt von Lucas Cranach dem Älteren und Giotto und Raffael, eine nette Frau mit Waage und Augenbinde, die milde lächelt und bei der weder Palmzweig noch Schwert bedrohlich wirken.

Irgendwann kommen wir mit dem Gesetz in Berührung – und wollen nicht glauben, dass wir die ganze Zeit falsch lagen. Dann durchlaufen wir wie Polt vier der fünf Stufen der Trauer: Nicht-wahrhaben-Wollen (»Das kann doch nicht sein, dass ich einen Leasingvertrag unterschrieben habe!«), Wut (»So ein Mensch, der gehört angekettet!«), Verhandeln (»Natürlich bin ich hingegangen und habe gesagt: ›Mit dem Leasingvertrag, da haben wir doch einen Fehler gemacht!‹«)

und Depression (»Das darf doch nicht die Wahrheit sein!«). Die fünfte Stufe, das Akzeptieren, wird erst nach dem Durchlaufen des Privatfernsehen-Nachmittagsprogramm-Lebenszyklus erreicht. Der geht so:

Es beginnt mit einer Klage gegen das eigene Dasein: »Siehst du, immer erwischt es mich!« Das lässt sich am besten bei *Mitten im Leben* tun oder bei *Pures Leben – Mitten in Deutschland*. Sind Kinder beteiligt, bieten sich *Die Schulermittler* an oder *Familien im Brennpunkt* oder *Familien-Fälle* oder *Family Stories*, für Streitereien um die Miete gibt es *mieten, kaufen, wohnen* oder *Die Schnäppchenjäger – Der Traum vom Eigenheim* oder *Zuhause im Glück – unser Einzug in ein neues Leben* oder *Unsere erste gemeinsame Wohnung* oder *Mieterzoff* oder *Nachbarschaftsstreit!*, bei verletzten Tieren ist *Menschen, Tiere & Doktoren* empfehlenswert, und bei Einkaufsproblemen werden *Shopping Queen* und *Trödeltrupp* aktiv. Geht es um Autos, dann einfach zu *Die Autohändler – Feilschen, kaufen, Probe fahren* oder *Augen auf beim Autokauf* oder *Die Ludolfs – vier Brüder auf'm Schrottplatz*. In besonders schlimmen Fällen ist *Schicksale – und plötzlich ist alles anders* angeraten.

Was auch immer passiert, am Ende gibt es *Hilf mir doch!* oder für die forscheren Menschen *Verklag mich doch!*

Detektive, Sozialarbeiter und Moderatoren mit abgelaufenem Verfallsdatum kämpfen für den armen Bürger in *Verdachtsfälle* oder *Betrugsfälle* oder *Privatdetektive im Einsatz* und *Kommissare im Einsatz*. Oder auch *Toto & Harry – die Zwei vom Polizeirevier* oder *Achtung Kontrolle – Die Topstories der Ordnungshüter* oder *Unter Beobachtung* oder *Schneller als die Polizei erlaubt*. Wer Glück hat, der darf zu *Lenßen* oder *Zwei bei Kalwass* und muss nicht zu *Alexander Hold* oder *Barbara Salesch*. Mit wem es das Schicksal ganz schlimm gemeint hat, der muss eine Stunde lang bei *Britt* darüber sprechen.

Der Gegner allerdings beschäftigt ein Heer von Anwälten, gegen die nicht einmal die Ermittler *Niedrig und Kuhnt* genügend Beweise sammeln könnten. Verurteilung durch Hold oder Salesch. Aufregung. Ausruf: »Armes Deutschland!« Zweiter Ausruf: »*Goodbye Deutschland*«! Ab nach Thailand – Sprachkenntnisse und Ersparnisse braucht kein Mensch. *Auf und davon – Mein Auslandstagebuch*.

Plötzlich wird im Leben der Schnellvorlauf angestellt: Kennenlernen einer Schönheit. Verlobung. Brief nach Deutschland: »Hach, bin ich glücklich! Hier umarmt man sich am Strand!« Geschäftsidee der Freundin: Hotel. Kauf einer Hütte am Strand. Überschreiben der Hütte an die Verlobte, weil Ausländer keinen Grund besitzen dürfen. Hochzeit. Umarmung am Strand. Probleme mit der Hütte, weil es weder Wasser noch Strom gibt. Brief nach Hause: »Kann jemand Geld schicken? In zwei Wochen eröffnen wir das Paradies-Hotel!« Geldsendung aus der Heimat bleibt aus. Verzweiflung. Tränen. *Der Hotelinspektor* findet das Unternehmen ganz schlimm, nicht einmal die *Helfer mit Herz* können Abhilfe schaffen. Die Geliebte teilt einem mit, dass die Hochzeit illegal gewesen sei, weil sie schon verheiratet war. Mit einem Preisboxer, der gerade bei *Prominent* porträtiert wird und dann mit *Daniela Katzenbeger* dreht, bevor er bei 24 *Stunden* auftritt und später mit den *Geissens – eine schrecklich glamouröse Familie* ein Training absolviert. Da hilft auch keine *Familienhilfe mit Herz*. Noch mehr Verzweiflung. Noch mehr Tränen. Immerhin gibt es von *Endstation Rosenkrieg – Wenn aus Liebe Hass wird* oder *Urlaub, wo der Pfeffer wächst* ein bisschen Geld. Brief in die Heimat: »Hilfe!« Die Geliebte teilt mit, dass die Hütte natürlich ihr gehört und dass man sich künftig vom Grundstück fernhalten möge. Gang zum thailändischen Ingo Lenßen. Klage vor dem thailändischen Gericht. Der Richter ist der Onkel der Geliebten. Verurteilung. Wut. Kurz zum Arzt, weil es überall am Körper juckt. Verweigerung der Behandlung wegen fehlender Versicherung. Skandal, da muss *Akte 20.12* eingreifen oder *Galileo Mystery.*

Ab geht's zu *Die Rückwanderer*. Auftritt bei *Punkt 12* und *Explosiv*. Kurzes Nachdenken über eine Geschlechtsumwandlung bei *Transgender – Mein Weg in den richtigen Körper* oder zumindest eine Operation bei *Extrem schön – Endlich ein neues Leben*. Oder wenigstens Pfunde verlieren bei *Jedes Kilo zählt*. Die Gage bei *Frauentausch* wäre großartig, doch die Frau ist ja in Thailand mit dem Preisboxer, Daniela Katzenberger und den Geissens. Immerhin: *30 Minuten Deutschland* bezahlt etwas.

Die Gage wird in ein Restaurant gesteckt, *Lafer, Lichter, Lecker* sind dabei. Anruf bei Freunden: »Hier in Deutschland herrscht wenigstens Recht und Ordnung!« Restauranteröffnung. Besuch des Gesundheitsamts. Klage. *Rach, der Restauranttester* bekommt beim Testen der Küche Brechdurchfall, die *Küchenchefs* und die *Kochprofis* verzweifeln. Schulden. Auftritt Peter Zwegat. Er kapituliert, weil *Raus aus d(ies)en Schulden* niemand mehr kommt. Verzweiflung. Auch *Hagen hilft* bringt nichts mehr. Letzter Versuch: ein perfektes Dinner für Freunde. Alle bekommen Brechdurchfall. Festnahme. Urteil, diesmal von Hold. Gefängnis. *Hinter Gittern* fehlt. Planen einer Karriere als Sänger, um in den Abendzyklus des Privatfernsehens einsteigen zu können. *Supertalent* und *Superstar* und *Popstars* warten schon.

Der schlimmste Moment ist der finale Richterspruch oder der Brief des Anwalts. Dann ist alles vorbei. Eine richterliche Entscheidung gilt als so unumstößlich, als hätte Gott höchstpersönlich zu uns gesprochen, ein Brief vom Anwalt oder das Schreiben einer Versicherung als in Stein gemeißelt wie die Zehn Gebote. Ein schicker Briefkopf, ein beeindruckender Kanzleiname und ein Stempel, bestenfalls sogar ein Siegel – und wir Deutschen glauben, dass wir in der Hölle schmoren oder zumindest in einem Gefängnis, wenn wir nicht sofort machen, was da gefordert wird. Raffinierterweise steht auf diesen Briefen meist noch der Zusatz: »Begleichen Sie den Betrag noch heute, um sich einen womöglich teuren Prozess zu ersparen.« Da denken wir, dass Bausparer, Lebensversicherung und Prima-Girokonto in Gefahr sind. Schon wird bezahlt.

Deutschland ist nicht nur das Land der Dichter und Denker, sondern vor allem auch das Land der Droher.

Es gibt sogar professionelle Droher – und die werden meist von Staat bezahlt. Man findet die Spezies des Drohers meist auf Finanzämtern. Dort muss er niemals seinen Namen nennen, er schreibt seine Briefe zwar in der Ich-Version, unterschreibt aber stets als komplette Behörde.

Meine Frau hat etwa einen Brief bekommen, in dem sie darauf hingewiesen wird, aufgrund des Umsatzsteuergesetzes eine Voranmeldung zu übermitteln: »Ich mache Sie darauf aufmerksam, dass die Nichtangabe bzw. die verspätete Abgabe von Umsatzsteuer-Voranmeldungen ggf. als Steuerhinterziehung bestraft oder als leichtfertige Steuerverkürzung mit Geldbuße geahndet werden kann (§§ 370, 378 der Abgabenordnung). Mit freundlichen Grüßen. Ihr Finanzamt.«

Das könnte übersetzt heißen: Eigentlich können wir Ihnen nicht wirklich etwas anhaben – deshalb ja das »ggf.« –, aber wir drohen Ihnen lieber mal damit, dass wir Sie zur Not auch aus Deutschland ausweisen oder in eine Zelle sperren und Sie mit dem Dauerglotzen von Privatsendern bestrafen.

Oder die Drohung, die meine Frau und ich vom Kirchensteueramt bekommen haben: »Gleichwohl nehme ich an, dass Sie Vollstreckungsmaßnahmen (z.B. Pfändung von Sachen, des Arbeitseinkommens oder anderer Forderungen und Rechte) vermeiden und sich weitere Kosten und Unannehmlichkeiten ersparen wollen. Ich bitte Sie deshalb, die Rückstände innerhalb von 5 Tagen nach Zustellung des Schreibens zu entrichten. Hochachtungsvoll. Finanzamt. Vollstreckungsstelle.«

Es hört sich immer schlimm an, tatsächlich jedoch sind zahlreiche Bescheide fehlerhaft und die Drohungen ohne Grundlage. Mehrere Studien zeigen, dass mindestens 20 Prozent der Androhungen in Briefen vom Finanzamt unwahr oder übertrieben sind.

(Un-)Wichtiges Wissen
Ein Brief einer Behörde wie des Finanzamts ist keine rechtsverbindliche Anordnung. Es kann und darf dagegen protestiert und geklagt werden – oft mit Erfolg.

Diese Angst der Menschen nutzen auch Fitnessstudios oder Mobilfunkanbieter. Ich treffe mich mit einem Anwalt, der sich auf Abmahnungen spezialisiert hat. Weil er seinen Namen nicht in einem Buch lesen möchte, nenne ich ihn einfach Winfried Ismayr – weil der Autohändler in Polts Geschichte auch so heißt. Ich treffe ihn an einem Montagmorgen in seiner Kanzlei. Die Einrichtung und die Attraktivität seiner Sekretärin lassen erahnen, dass er durchaus erfolgreich ist in dem, was er den ganzen Tag so treibt. Was er den ganzen Tag so treibt: Abmahnungen verschicken.

Er sieht nicht aus wie ein Anwalt, sondern eher wie einer, der Ende der 90er ein Internet-Start-up in den Sand gesetzt hat und nun sein großes Comeback plant: Gegelte Gordon-Gekko-Haare, rosa Hemd, eine halbe Nummer zu klein, auf schmalen Schultern, Theaterregisseur-Schal unter schwarzem Sakko, dazu Gürtelschnalle, Uhr mit überdimensionalem Zifferblatt und glänzende Lederschuhe.

Wissen für Nichtjuristen
Die Erstberatung bei einem Rechtsanwalt darf lauf Rechtsanwaltsvergütungsgesetz nicht mehr als 190 Euro plus Steuern kosten. Viele Kanzleien bieten den Service für 20 Euro an.

So einen wie ihn hätte man gerne zum Nachbarn: Er feiert ein Mal pro Monat eine wilde Party, zu der man eingeladen wird, damit man nicht die Polizei ruft. Er begegnet einem freundlich im Hausgang und leiht einem auch gerne mal ein Stück Fleisch, ohne selbst aufdringlich zu werden. Zum Grillen bringt er Champagner mit und unterhält die anderen Gäste mit witzigen Anekdötchen. So einer kann Menschen einreden, dass Rauchen eine kerngesunde Sache sei und dass das Schlagen von Frauen durchaus zur Beruhigung der männlichen Seele beitragen kann. Lässt man so einen Menschen länger als fünf Minuten reden, dann würde man ihm dessen Großmutter abkaufen. Das Schlimme an solchen Menschen: Sie würden einem ihre Großmutter sogar verkaufen.

Auf meine kurze Einstiegsfrage hält er einen Vortrag, der exakt zehn Minuten dauert. Er spricht von Gaunereien, die gestoppt werden müssten, von der Ungeheuerlichkeit, dass Menschen ehrlichen Künstlern das geistige Eigentum klauen würden, und von der Dreistigkeit, das am Ende nicht einmal zugeben zu wollen. Er echauffiert sich über die Regierung, die seinen hehren Kampf gegen die Internet-Piraterie nicht unterstützen würde, und räsoniert über die Pflicht, gegen diese bösen Menschen vorzugehen. Er schließt seinen Vortrag mit dem Satz: »Die größte Gefahr im Internet sind nicht Firmen oder Hacker oder Viren, sondern die ganz normalen Nutzer.«

Ich bin tatsächlich versucht aufzuspringen und zu brüllen: »Jawohl, zeigen Sie es den Kerlen!«

Von dieser Kanzlei aus sind im Jahr 2011 mehr als 20000 Briefe mit Abmahnungen verschickt worden, ein Jahr später waren es schon 35000. Dazu gab es Überlegungen, von einem Anbieter für pornografische Filme Daten zu kaufen, die Nutzer zu ermitteln und diese dann auszunehmen. Die Idee: Abmahnungen verschicken und dazu ankündigen, die Namen ins Internet zu stellen. Klar: Wer lässt sich schon gerne als exzessiver Nutzer pornografischer Seiten outen? Also lieber mal bezahlen. »Wäre ein tolles Geschäft«, sagt er. Aber eine andere Kanzlei sei ihm zuvorgekommen und habe damit für einen kleinen Skandal gesorgt.

Bei manchen Abmahnungen geht es darum, dass sich jemand im Internet ein Lied heruntergeladen hat, andere werden zugestellt, weil da doch wirklich jemand seinen Handyvertrag fristgerecht gekündigt hat. Hin und wieder geht es um ein Fitnessstudio, das seinen Kunden zum Verbleib zwingen möchte, und nicht selten einfach darum, dass ein Kleinunternehmer auf seiner Homepage kein vollständiges Impressum eingestellt oder bei Ebay eine Garantie vergessen hat. Schon wird abgemahnt.

Ein Kollege von mir bekam von Ismayr eine Abmahnung in Höhe von mehr als 1000 Euro. Er habe sich ein Album heruntergeladen und müsse nun bezahlen. Es war exakt aufgelistet, an welchem Tag er sich welches Album heruntergeladen hat – also: 21. August, neues Album von Coldplay. Mein Kollege und sein Mitbewohner waren zu diesem Zeitpunkt auf Südamerikareise. Egal, sagt der Anwalt. Wem der Anschluss gehört, der muss bezahlen. Und das musste schließlich die argentinische Untermieterin, die den Computer genutzt hatte. 1000 Euro für ein Album. »Alles reibungslos«, sagt Ismayr.

Im Jahr 2012 wurden in Deutschland mehr als 4,3 Millionen Abmahnungen verschickt, die Zahl wird weiterhin deutlich steigen. Bei einer Summe, die sich laut Ismayr auf »durchschnittlich etwa 1500 Euro pro Abmahnung« beläuft, sind das Forderungen von 6,45 Milliarden Euro pro Jahr. Und die Mahner können gut davon leben. »Mir geht es gut«, sagt Ismayr.

Abmahnungen sind eigentlich eine vernünftige Sache. Sie wurden einst eingeführt, damit Streitigkeiten ohne teure Gerichtsverfahren beigelegt werden können. Vereinfacht ausgedrückt läuft es so: Der Geschädigte teilt dem Bösewicht mit, dass er unzweifelhaft geschädigt wurde – meist verfasst ein Anwalt das Anschreiben. Der Übeltäter bezahlt den entstandenen Schaden und auch den Rechtsanwalt, die Sache ist schnell erledigt. Ohne Bürokratie, ohne zusätzliche Kosten.

Aus einer vernünftigen Sache ist ein Spiel mit der Naivität und der Unwissenheit vieler Menschen geworden – ein äußerst lukratives Spiel.

(Un-)Wichtiges Wissen
Ein Anwalt versteht sich nicht unbedingt als Anwalt des Rechts, sondern als Anwalt seines Klienten.

Wer sich nicht wehrt, ist der Dumme – und Abmahner und andere Unternehmen vertrauen darauf, dass es viele Dumme gibt, mit denen sie viel Geld verdienen.

Doch was passiert, wenn man sich wehrt? Vor ein paar Jahren haben wir das mal getan: Meine Frau wollte den Vertrag bei ihrem Fitnessstudio kündigen, weil sie nach München zog. Ein juristisch erfahrener Freund teilte ihr mit, dass dies ohne Probleme möglich sei, weil der neue Wohnort 130 Kilometer entfernt sei und das Studio keine Dependance in München hat. Ich will den Fall kurz so schildern:

Brief meiner Frau: Ich möchte den Vertrag kündigen.

Antwort des Studios: Nein, möchten Sie nicht.

Brief meiner Frau: Doch, will ich wirklich.

Antwort des Studios: Nein, wollen Sie nicht.

Brief meiner Frau: Ich ziehe um, also kann ich das.

Antwort des Studios: Nein, können Sie nicht.

Brief meiner Frau: Sie haben kein Studio in München.

Antwort des Studios: Na und?

Brief meiner Frau: Lassen Sie mich in Ruhe!

Antwort des Studios: Nein, tun wir nicht. Wir hetzen Ihnen ab sofort einen Anwalt auf den Hals!

Dann kam das Schreiben des Anwalts mit den üblichen Floskeln und Gesetzen, es hörte sich recht unfreundlich an. Es lagen Gerichtsurteile angeblich ähnlicher Fälle bei, laut derer die Beklagten mehr als 1000 Euro bezahlen mussten. Der Brief endete mit einer meiner Lieblingsformulierungen: »Bitte bezahlen Sie weiter Ihren Beitrag, da die Kündi-

Wissen für Nichtjuristen
Jeder darf selbst mitgebrachte Getränke im Fitnessstudio konsumieren. Die Verbotsklauseln in den Verträgen oder auf Schildern sind unwirksam. Es dürfen nur Glasflaschen aus Sicherheitsgründen untersagt werden. (§ 307 BGB)

gung rechtlich nicht haltbar ist. Durch Bezahlen können Sie einen langwierigen und möglicherweise teuren Rechtsstreit verhindern.«

Ismayr sagt zu dem Fall: »Fantastischer Anwalt, der kämpft für seinen Klienten. Die meisten geben an diesem Punkt auf. Herrlich!«

Ich wollte damals tatsächlich aufgeben, doch Hanni lehnte ab: »Die Fälle, die da beigelegt wurden, haben doch mit meiner Sache überhaupt nichts zu tun!«

Ich sah mir die Fälle an: Einer handelte von einem Umzug innerhalb der Stadt, ein anderer von einer ungewollten Schwangerschaft, ein dritter von einer Kündigung komplett ohne Grund.

Brief meiner Frau: Sie sind im Unrecht, lassen Sie mich in Ruhe!

Die Antwort des Anwalts: Nein, tun wir nicht!

Meine Frau legte zwei Urteile aus tatsächlich sehr ähnlichen Fällen bei. Und wir mussten tatsächlich einen Anwalt fragen, ob er uns nicht einen kleinen Brief aufsetzen könne. Das tat er – und wir haben nie wieder etwas vom anderen Anwalt und vom Fitnessstudio gehört.

»Fantastisch, Ihre Frau! Eine echte Beißerin«, sagt Ismayr.

Was wir durch den Fall gelernt haben: Liebe Leute, seid bitte nicht so unglaublich naiv und ängstlich, wenn Ihr einen Brief von einem Anwalt bekommt! Mahatma Gandhi sagte einst: »Wenn du im Recht bist, kannst du dir leisten, die Ruhe zu bewahren; und wenn du im Unrecht bist, kannst du dir nicht leisten, sie zu verlieren.« Bleibt ruhig, atmet durch – und kontaktiert einen Anwalt.

Seitdem sind wir aus einem Handyvertrag herausgekommen – nach einem ganz wunderbaren Briefwechsel und etwa 50 Telefonaten mit der Telekom, die es durchaus verdient hätten, in einem Sketch von Gerhard Polt vorzukommen. Wir haben einen Festnetzanschluss gekündigt nach einem Streit mit dem Anbieter, wir haben unseren Internet-Anbieter gewechselt und haben das Abonnement für einen Bezahlsender gekündigt – es war immer das gleiche Prozedere: Brief meiner Frau, Antwort des Unternehmens, Brief meiner Frau, böses Schreiben von einem Anwalt, böser Brief meiner Frau mithilfe eines Anwalts – und wir haben nie wieder etwas davon gehört.

In Deutschland wird alles abgemahnt, was nicht bei Drei auf den Bäumen ist – und der Rest wird heruntergeschüttelt und wegen illegalen Besteigens von Bäumen abgemahnt. In vielen Unternehmen arbeiten Armeen von Anwälten, die darauf spezialisiert sind, jede noch so kleine Schlacht zu gewinnen. »Und wir nutzen auch den psychologischen Vorteil«, sagt Ismayr: »Wer geht schon gerne zum Anwalt und erklärt ihm, dass er wegen des Herunterladens pornografischer Seiten verklagt wird – und muss dann zugeben, dass er das Zeug tatsächlich heruntergeladen hat? Da bezahlt er lieber gleich, und die Sache ist gegessen.«

Es ist ein Spiel mit der Unwissenheit und dem Schamgefühl der Menschen.

Der Einzelne ist meistens der Dumme. Oder etwa nicht?

Ich finde, es ist an der Zeit, einfach mal zurückzuschlagen und eine kleine Rebellion zu versuchen. Warum denn auch nicht?

Die erste Gelegenheit bietet sich mir, als auf dem Weg zu meiner Arbeitsstelle die Straße aufgerissen wird, als ginge es darum, die Versorgungslinie zwischen Berg am Laim und Steinhausen abzuschneiden. Mir ist bewusst, dass es Baustellen geben muss – jedoch hat sich das Münchner Baureferat in diesem Fall einen Schildbürgerstreich geleistet, der kaum zu überbieten ist. Er lässt sich am besten durch drei kleine Grafiken verdeutlichen:

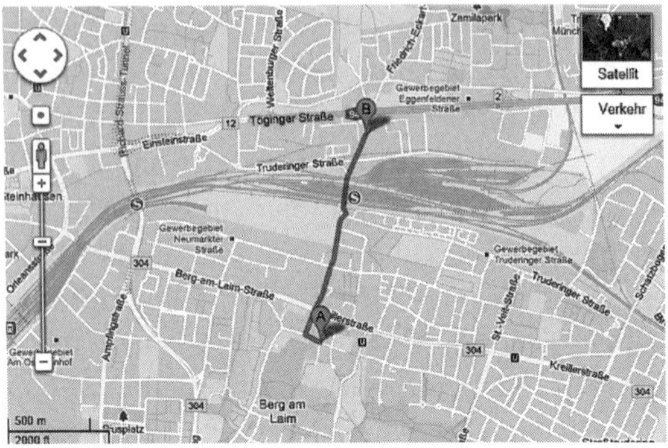

Normale Route

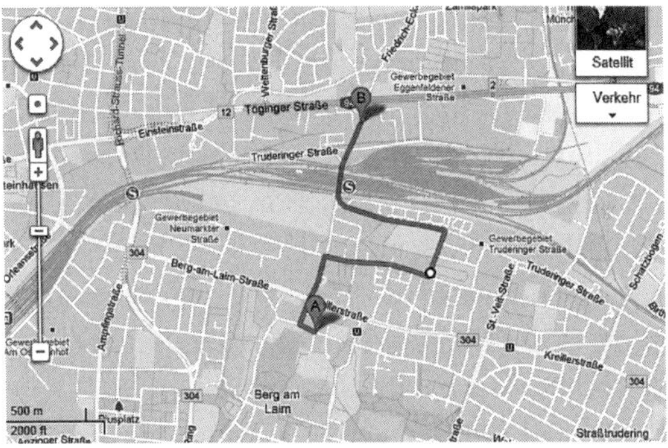

Route aufgrund der ersten Umleitung

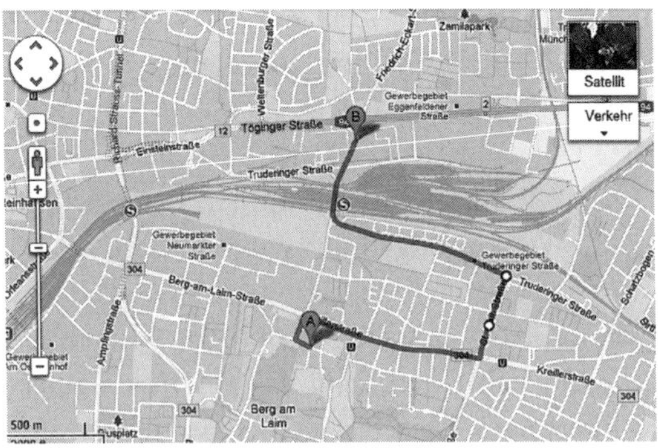

Route aufgrund der zweiten Umleitung

Ich brauche gewöhnlich für die 1,3 Kilometer zur Arbeit zu Fuß etwa zwölf und mit dem Auto rund fünf Minuten. Aufgrund der Baustelle gab es zunächst eine Umleitung, die 2,5 Kilometer lang war. Nach einigen Tagen allerdings – ich vermute, nach wütenden Anrufen von Anwohnern, die sich gestört fühlten durch die Autos, die da durch ihr Naherholungsgebiet fuhren – wurde die eine Straße gesperrt, die aufgrund der Umleitung stärker frequentiert war. Und tatsächlich lauerten immer wieder Polizisten hinter der Holzhütte für Spargel und Schnittblumen, um Nichtanwohner, die mit dem Auto oder dem Fahrrad die Straße benutzen wollten, zu ermahnen und ihnen ein Bußgeld zu verpassen.

Jedenfalls hat das Baureferat die Umleitung erweitert, auf für mich 4,1 Kilometer. Ich habe gerechnet, welche Auswirkungen die absolut sinnfreie Erweiterung der Umleitung für mich hat: Der Hinweg bleibt unverändert, weil die Umleitung nur den Rückweg betrifft. Da die Baustelle von April bis Ende Oktober existiert, bin ich davon – zähle ich alle beruflich und familiär bedingten Fahrten (Abholen meines Sohnes aus dem Kindergarten) und Spaziergänge zusammen – an insgesamt 143 Tagen betroffen. Hin und wieder gehen wir zu Fuß zum Kindergarten, bei schlechtem Wetter nehmen wir das Auto oder den Bus – die Kilometerzahl bleibt gleich, beim Zeitverlust habe ich den Durchschnitt gewählt.

Ich muss 228,8 Kilometer mehr fahren oder gehen und brauche ungefähr 1400 Minuten länger. Das sind 23 Stunden und 20 Minuten meines Lebens, die mir durch diese unsinnige Umleitung gestohlen werden. Ich möchte dafür bezahlt werden. Dienstreisen werden in meinem Unternehmen mit 0,31 Euro pro Kilometer angesetzt. Daraus errechne ich, dass ich Anspruch auf 70,93 Euro habe. Ich habe zudem gelernt, dass vor Gericht gerne Tagessätze angewandt werden, weshalb ich die fast 24 Stunden einfach auf drei Arbeitstage von jeweils acht Stunden aufteile. Ein Richter erklärt mir, dass mein Tagessatz bei ungefähr 100 Euro liegen sollte, weshalb ich also durchaus 300 Euro für die verlorene Zeit beanspruchen dürfte. Ich bin also der Meinung, dass ich 470,93 Euro in Rechnung stellen kann.

Ich frage natürlich vorher bei Winfried Ismayr nach.

»Sie sind ein böser Mensch! Sie hätten einen prima Anwalt abgegeben. Eine geniale Idee, aber die Erfolgsaussichten sind gering. Grundlagen wären nur Staatshaftungsansprüche, die ohnehin nur schwer durchzusetzen sind, weil der Staat noch bösere Menschen beschäftigt. Zuständig für Umleitungen sind die Straßenverkehrsbehörden, dort werden Umleitungen geplant und so gelegt, wie das für sinnvoll empfunden wird – dabei sind viele Kriterien zur Bewertung möglich. Die Behörde hat also einen sehr weiten Argumentationsspielraum, warum welche Streckenführung sinnvoll ist. Aber sollten Sie erfolgreich sein, dann eröffnet uns das ganz neue Möglichkeiten.«

Uns? Warum uns? Ich will doch nur das Geld haben, das ich ausgegeben habe.

Ismayr fragt: »Können Sie denn beweisen, dass Sie geschädigt wurden? Puh, dann könnten wir bei fast jeder Umleitung Briefe verschicken.«

Ich setze also eine Rechnung auf. Das ist der Wortlaut:

»Sehr geehrte Damen und Herren,

hiermit stelle ich Ihnen die Kosten in Rechnung, die mir durch eine fehlerhafte Umleitung bei der Baustelle in der Baumkirchner Straße in den Monaten April bis Oktober entstanden sind. Die Kosten entstanden direkt durch die unzulässige wie unsinnige Streckenführung der Umleitung, durch die ich an 143 Tagen insgesamt 228,8 Mehrkilometer zu bewältigen hatte, was zu einem Zeitverlust von 23 Stunden und 20 Minuten geführt hat. Deshalb erlaube ich mir, Ihnen folgende Rechnung zu stellen:

Mehrkilometer: 228,8 à 0,31 Cent:	70,93 Euro
Tagessatz für Zeitverlust 3 x 8 Stunden à 100 Euro:	300,00 Euro
Gesamtbetrag:	370,93 Euro

Ich möchte Sie bitten, den Betrag innerhalb von zwei Wochen auf mein unten genanntes Bankkonto zu überweisen. Ansonsten sehe ich mich gezwungen, ein womöglich teures Gerichtsverfahren einzuleiten.

Mit freundlichen Grüßen. Ihr Bürger.«

Ich lege auch die drei Grafiken bei, um mein Anliegen zu verdeutlichen.

Zwei Monate später habe ich noch immer nichts gehört, auch auf meinem Konto ist noch keine Zahlung eingegangen. Ich rufe wieder bei Ismayr an.

»Ich könnte Ihnen schon helfen, aber ich werde Ihnen alles in Rechnung stellen, damit Sie die Sinnlosigkeit erkennen. Wir können abmahnen, das wird nichts bringen. Dann gehen wir vor Gericht – und werden höchstwahrscheinlich verlieren aufgrund des schon erwähnten Argumentationsspielraums. Natürlich ist Ihre Wut begründet, natürlich ist Ihre Forderung legitim – nur das wird Ihnen nicht weiterhelfen. Am Ende werden Sie noch mehr bezahlen. Und da ich ein guter Anwalt bin, rate ich Ihnen, einfach damit aufzuhören.«

So schnell geht das – und ich bin mehr denn je davon überzeugt, dass die größten Gauner hierzulande nicht Anwälte sind oder Versicherungsunternehmen, sondern dass dies der Staat ist.

Natürlich waren meine Aussichten auf Erfolg gering, doch ich bin schon einigermaßen enttäuscht darüber, überhaupt keine Antwort zu bekommen. Es gibt keinen, der schreibt: »Lieber Herr Schmieder, das ist ja nett, dass Sie sich mal melden. Und einen schönen Antrag haben Sie da. Verstehen wir, das ist wirklich blöd, dass Sie diese Kilometer fahren mussten. Aber sehen Sie, die andere Straße gilt als verkehrsberuhigte Zone – und wenn da jeden Tag 1250 Autos durchfahren (haben wir gemessen), dann ist das für die Bewohner unerträglich. Deshalb: Lieber ein kleines Opfer von allen statt ein großes Opfer einiger weniger. Wir hoffen, Sie haben dafür Verständnis. Ihre Straßenmeisterei.«

Wäre prima gewesen, hätte ich verstanden.

So aber denke ich: Es interessiert euch nicht mehr, als würde in China ein Sack Reis umfallen. Wobei: Wenn in China ein Sack Reis umfiele, dann würdet ihr eine Reis-Kommission einrichten, ein Expertenteam hinschicken und ein Hilfspaket schnüren, damit das mit den umfallenden Säcken nicht mehr passiert. Dann würdet ihr anregen, dass in China die EU-Norm für Reissäcke eingeführt wird – an der dicksten Stelle maximal 60 Zentimeter Durchmesser, gefüllt mit Reiskörnern, die höchstens einen Zentimeter lang sind und bis auf eine Braunfläche von einem Quadratmillimeter immer weiß sein müssen. Dazu durch eine Schnur versackt und nicht verbeutelt und durch die Mittelung der Schnur im Gleichgewicht bleibend.

Ich bin für euch nur wichtig, wenn ich etwas bezahlen muss.

Aber ich bin ja auch kein Abmahn-Profi.

Kapitel 12

»Versicherer sind die größten Schweine!«

Finn steht da und sieht aus wie eine Miniaturversion von John McEnroe: verschwitzte Haare, nach vorn geschobener Unterkiefer, aufeinandergepresste Lippen. »Das war ein Punkt«, brüllt er und unterstützt sein Anliegen, indem er zuerst mit dem rechten Fuß gegen das Stuhlbein kickt und dann den Schläger gegen die Couch pfeffert. Ich bin der Meinung, dass er keinen Punkt gemacht hat und der Ballwechsel wiederholt werden muss. Ich werfe den Schläger auf den Boden und fordere den Videobeweis.

In unserem Wohnzimmer werden gerade die ersten Berg-am-Laim-Open ausgetragen, im Finale begegnen sich das Nachwuchstalent Finnegan James Schmieder und der im Wohnzimmertennis ungeschlagene Altmeister Jürgen Schmieder. Die Regeln: Wer es schafft, einen Gegenstand von einem Möbelstück hinter dem Gegner wegzubefördern, der bekommt einen Punkt. Fensterbrett zählt doppelt, Esstisch dreifach. Die Diskussion um den Punkt dreht sich um einen Kerzenständer, den Finn mit einem unglaublichen Rückhand-Topspin nur umgestoßen hat. Dennoch Punkt, behauptet Finn.

Wir klären die Sache bei einer Partie Tisch-Eishockey. Finn gewinnt.

Sollten Sie zu den Menschen gehören, denen die Götter nicht nur einen fantastischen Buchgeschmack, sondern auch

Kinder geschenkt haben, dann wissen Sie, wovon ich gerade schreibe. Kinder wollen spielen – was für die Sauberkeit und Sicherheit in der Wohnung in etwa so verheerend ist wie ein Wasserrohrbruch, ein Sandsturm oder eine Aschewolke.

Meine Frau hat deshalb ein Problem: Sie hat nicht nur ein Kind, das in der Wohnung herumtobt, Sachen kaputt macht und niemals aufräumt – sie hat auch noch einen drei Jahre alten Sohn.

Finn und ich sind die Terminatoren des Kleinraum-Designs, die Guerilla-Terroristen der Innenarchitektur. Wenn beim Indoor-Fußball etwas kaputtgeht, dann nennen wir das »Tooooor«, meine Frau nennt es »mutwillige Zerstörung«. Sagen wir es so: Da wir offensiv spielen, fallen sehr viele Tore. Die Couch ist eine Wrestling-Arena, der Gang eignet sich herausragend zum Hürdenlauf. Medaillen-Zeremonien finden auf dem Hocker statt. Finn legt sehr viel wert auf Realismus, also wird beim Basketball das komplette Intro der Bayernkorbjäger gespielt und bei olympischen Wettbewerben dröhnt die Melodie von London 2012 aus den Boxen.

Wissen für Nichtjuristen

Es gibt keinen Tatbestand namens »Grober Unfug«. Im Gesetz über Ordnungswidrigkeiten werden diese Aktionen mit »Belästigung der Allgemeinheit« bezeichnet, womit auch klar ist: Nicht jeder Unfug ist gleich eine Ordnungswidrigkeit.

Aus diesem Grund schließen Menschen Versicherungen ab. Einen Schaden muss nicht der Einzelne bezahlen, sondern er kann sich darauf verlassen, dass sich die Gemeinschaft daran beteiligt. Auf diese Weise ist niemand ruiniert, nur weil er mit seinem Auto einen Unfall baut, eine Operation benötigt – oder eine 6:9-Niederlage gegen seinen Sohn in der zweiten Runde des Socken-Fußballturniers hinnehmen muss. Versicherungen sind eine prima Sache.

Menschen jedoch, die Versicherungen verkaufen, lassen sich grundsätzlich in zwei Spezies unterteilen: Den einen hat die Natur statt eines Herzens einen Stein verpasst. Wer eine Versicherung möchte, der wird bezirzt und umworben wie eine attraktive Frau in einer Bar auf dem Ballermann. Wer jedoch nach Abschluss des Vertrags etwas von einem Versicherer haben möchte, ist ungefähr so beliebt wie eine Frau mit Selbstachtung in einer Bar auf dem Ballermann. Wenn man anruft und einen Schaden melden möchte, sind sie entweder nicht erreichbar, nicht zuständig oder sagen mit dem Tonfall eines sarkastischen Grundschullehrers: »Für diesen Fall sind Sie nicht versichert.«

Wissen für Nichtjuristen
Für Zuzahlungen gibt es eine Belastungsgrenze, die bei zwei Prozent der jährlichen Bruttoeinnahmen zum Lebensunterhalt liegt (chronisch Kranke: ein Prozent). Eine Prüfung lohnt oftmals.

»Versicherer sind die größten Schweine«, sagt ein befreundeter Richter, der mit diesen Fällen zu hat: »Die vertrauen darauf, dass nicht einmal 30 Prozent der Menschen sich gegen einen solchen Bescheid wehren. Damit verdienen die ihr Geld.« Wer sich wehrt, bekommt oft sofort den Bescheid: »Das Geld wird angewiesen.« Die Versicherer würden gar nicht protestieren, weil sie wüssten, dass sie im Unrecht sind. Nur in seltenen Fällen käme es tatsächlich zu einer Gerichtsverhandlung.

Für dumm verkauft wird der, der sich nicht wehrt.

Den anderen hat die Natur statt eines Steins ein schwarzes Loch überreicht. Sie tun zwar so, als wären sie die Freunde des Versicherten, in Wirklichkeit sind sie aber einfach nur schlechte Menschen – zumindest die meisten von ihnen. Von ihnen hört man Sätze wie »Das regle ich für Sie«, gefolgt von dem Ausspruch: »Wir müssen das nur ein wenig anders regeln.«

Die meisten Versicherten halten diese Menschen nicht für

Verbrecher, sondern für Freunde. Als einmal eine Fensterscheibe zu Bruch ging, weil ich versucht habe, einen Schrank zu verschieben, war der Rat des Versicherungsagenten: »Da sagen wir, dass es ein Windstoß war, dann gibt es das Geld ohne Probleme.« Er gab mir sogar Ratschläge, aus welchem Winkel ich das Foto machen und welche Formulierungen ich verwenden soll. Als meine Nachbarin mein Motorrad umgefahren hatte, half er uns, »möglichst viel Kohle rauszuholen«: Ich sollte auch die Kratzer, die schon vorhanden waren, dem Unfall ankreiden – und natürlich auch die Lenkstange, die ich schon Monate zuvor verbogen hatte. Das würde dem Gutachter niemals auffallen. Und als ich einmal einen Flug absagen musste und herausfinden wollte, ob die viel gepriesene Reiserücktrittsversicherung greifen würde, da bekam ich den Rat: »Haben Sie keinen Freund, der Arzt ist und Ihnen eine Krankheit attestiert? Das würde in unserem Fall helfen.« Er gab noch schnell an, einen ganz wunderbaren Arzt zu kennen, der einem jede Krankheit attestiert, sollte ich »keinen an der Hand haben«.

Diese Menschen sprechen immer von »wir«, wenn es darum geht, Geld zu bekommen – ähnlich wie die *Bild*-Zeitung in Falle einer erfolgreichen Nationalelf oder günstigen Papstwahl auch immer von »wir« spricht.

Nicht schön ist: Diese Menschen sprechen immer von »Sie«, wenn es darum geht, dass es kein Geld gibt – ähnlich wie die *Bild*-Zeitung bei einem Ausscheiden von »Ihr Versager« spricht.

Ich habe mithilfe dieser Menschen Geld bekommen und war dabei stets der Meinung, dass es mein gutes Recht sei.

Die Wahrheit war jedoch: Wozu diese Menschen einen verleiten, ist Betrug. Aber das würde natürlich öffentlich niemand zugeben.

In anonymen Interviews gaben mehr als 25 Prozent der Befragten an, gegenüber einem Versicherer in mindestens einem Fall falsche Angaben gemacht zu haben. Schätzungen haben ergeben, dass mehr als zehn Prozent aller Schadensmeldungen betrügerisch sind, in manchen Sparten wird gar von mehr als 50 Prozent ausgegangen. Fast jeder Dritte hält aktuellen Studien zufolge Versicherungsbetrug für ein Kavaliersdelikt, weitere 25 Prozent geben an, dass es zwar verwerflich sei – aber vertretbar, weil es schließlich alle machen würden.

Nur weil alle es machen, so die Begründung, wird es legal.

Pro Jahr werden 4,2 Milliarden Euro an Betrüger ausbezahlt.

Wie passiert das?

Ich habe tagelang damit verbracht, im Internet Briefe zu lesen, die Menschen an Versicherungen schicken und in denen sie Vorfälle erklären. Wer bei der Lektüre dieser Anschreiben nicht lachen muss, dem haben die Götter weder Herz noch Humor gegeben. Hier meine Lieblingsanschreiben:

»In einer Linkskurve geriet ich ins Schleudern, wobei mein Wagen einen Obststand streifte und ich – behindert durch die wild durcheinanderpurzelnden Bananen, Orangen und Kürbisse – nach dem Umfahren eines Briefkastens auf die andere Straßenseite geriet, dort gegen einen Baum prallte und schließlich – zusammen mit zwei parkenden Pkws – den Hang hinunterrutschte. Danach verlor ich bedauerlicherweise die Herrschaft über mein Auto.«

»Ich trat auf die Straße. Ein Auto fuhr von links direkt auf mich zu. Ich dachte, es wolle noch vor mir vorbei, und trat wieder einen Schritt zurück. Es wollte aber hinter mir vorbei. Als ich das merkte, ging ich schnell zwei Schritte vor. Der Autofahrer hatte aber auch reagiert und wollte nun doch vor mir vorbei. Er hielt an und kurbelte die Scheibe herunter. Wütend rief er: ›Nun bleiben Sie doch endlich stehen. Sie!‹ Das tat ich auch – und dann hat er mich überfahren.«

»Alle Rechnungen, die ich erhalte, bezahle ich niemals sofort, da mir dazu einfach das Geld fehlt. Die Rechnungen werden vielmehr in eine große Trommel geschüttet, aus der ich am Anfang jeden Monats drei Rechnungen mit verbundenen Augen herausziehe. Diese Rechnungen bezahle ich dann sofort. Ich bitte Sie, zu warten, bis das große Los Sie getroffen hat.«

»Ich habe noch nie Fahrerflucht begangen; im Gegenteil, ich musste immer weggetragen werden.«

»Ich überfuhr einen Mann. Er gab seine Schuld zu, da ihm dies schon einmal passiert war.«

»Schon bevor ich ihn anfuhr, war ich davon überzeugt, dass dieser alte Mann nie die andere Straßenseite erreichen würde.«

»Erfahrungsgemäß regelt sich so was bei einer gewissen Sturheit von selbst. Darum melde ich Unfälle immer erst, wenn der Gegner mit Zahlungsbefehlen massiv wird.«

»Einnahmen aus der Viehhaltung haben wir keine. Mit dem Tod meines Mannes ging das letzte Rindvieh vom Hof.«

»Ich kann nicht schlafen, weil ich Ihre Versicherung betrogen habe. Darum schicke ich anonym 250 Euro. Wenn ich dann immer noch nicht schlafen kann, schicke ich Ihnen den Rest.«

Andere Seiten, die ich im Internet gefunden habe, sind Anleitungen zum perfekten Versicherungsbetrug. Es beginnt meist mit einer einfachen Frage wie: »Ich habe einen Kratzer in ein Auto gemacht – was tun?« Oder: »Mein Sohn hat eine Vase hinuntergeworfen – wie melde ich das der Versicherung?« Oder: »Ich habe

Wissen für Nichtjuristen
Wer krank ist, hat mindestens sechs Wochen lang Anspruch auf Entgeltfortzahlung durch den Arbeitgeber, danach längstens 78 Wochen Anspruch auf Krankengeld. Das hört sich lange an, kann chronisch Kranke jedoch in finanzielle Notlagen bringen.

mein Handy in der Badewanne versenkt, übernimmt das die Versicherung?«

Die ersten Antworten sind meist harmlos: Jemand erklärt kompetent, was eine Versicherung übernimmt und was nicht. Er verweist sogar auf Seiten mit den Musteranschreiben und fügt Links zu den Seiten der Versicherungen hinzu, auf denen das Prozedere in solch einem Fall erklärt wird. Eigentlich wäre die Frage hiermit beantwortet, doch spätestens der vierte Eintrag befasst sich damit, wie man die Versicherung betrügen und mehr Geld herausschlagen könnte. Es beginnt mit einem »Ist mir auch schon passiert, ein Freund hat mir dann geraten, so vorzugehen …« Dann wird der Betrug in sämtlichen Details erläutert, meistens werden die Schlupflöcher in den Versicherungsverträgen erklärt und die Vorgehensweise von Gutachtern. Also: Was muss der Antragsteller kaschieren, was sollte er auf jeden Fall erwähnen, und mit welcher Geschichte hat er die größte Aussicht auf möglichst viel Geld?

Warum ist das so?

Warum betrügen Menschen ihre Versicherungen?

Nur weil es angeblich jeder macht, wird es noch lange nicht legal!

Und nur weil viele Versicherer unseriös arbeiten, ist es noch nicht erlaubt, dass man sie betrügt.

Es gibt mehrere Gründe, warum die Menschen so handeln: Einer davon ist das psychologische Phänomen, das sich mit dem Begriff *Herdendynamik* umschreiben lässt. Eine Tat wird allein dadurch als weniger schlimm empfunden, dass sie mehrere Menschen begehen. Dies wird dann verstärkt, wenn es sich um Bekannte handelt oder Prominente: Der Ehemann legitimiert den Besuch in einer Table-Dance-Bar dadurch, dass die anderen Jungs auch mitkommen. Der Studienabbrecher begründet seine Entscheidung damit, dass aus anderen Menschen ohne Abschluss wie Günter Jauch, Charles Darwin oder Madonna auch etwas geworden sei. Eine Studie der Universität Stanford zeigte, dass 30 Prozent aller Überfälle auch alleine durchführbar gewesen wären und die Diebe nur deshalb jemanden dabeihaben wollten, um sich nicht allein zu fühlen.

Der zweite Grund ist das Phänomen der *Systemrache.* Versicherungen genießen nicht gerade einen blendenden Ruf, viele Menschen sind der Meinung, von diesen Unternehmen regelmäßig betrogen zu werden durch zu hohe Beiträge, durch mangelnde Hilfe im Schadensfall und durch allzu penible Arbeit der Gutachter. Den Betrug legitimieren nicht wenige Menschen mit der Begründung, einen Betrüger zu betrügen. Es ist ein egoistisches Robin-Hood-Syndrom: Man klaut das Geld von den bösen Reichen (den Versicherungen) und gibt es den braven Armen (sich selbst).

Schon sind wir beim dritten Grund: *Egoismus!* Seien wir ehrlich: Wenn wir irgendwo mehr Geld herausschlagen können, dann schlagen wir mehr Geld heraus. Wenn es möglich ist, kaum kontrolliert wird und von den anderen Mitgliedern der Gesellschaft auch noch akzeptiert wird, dann wäre es doch geradezu töricht, diese Gelegenheit nicht zu nutzen.

Natürlich gibt es viele Menschen, die bei Versicherungen nicht betrügen – aber die Zahlen belegen, dass es eben auch viele Menschen gibt, die genau das tun. Und dass sie es tun, ohne ein schlechtes Gewissen zu bekommen.

Das muss sich ändern!

Die Gründe sind Gruppenzwang, Rache und Egoismus – nicht unbedingt Eigenschaften, mit denen man in Verbindung gebracht werden möchte. Oder doch?

Wollen wir Herdentiere und rachsüchtige Egoisten sein – oder doch lieber anständige Menschen, die aufeinander achtgeben und gegen die teils illegalen Machenschaften von Versicherungsmitarbeitern vorgehen?

Ich habe meine Entscheidung getroffen.

Ich habe mich von meinem Versicherungsmakler getrennt – und ihn auch bei der Versicherung gemeldet, bei der ich meine Verträge hatte und manche immer noch habe. Was aus ihm geworden ist, weiß ich nicht. Ich habe nur gehört, dass er nicht mehr bei dieser Versicherung arbeitet. Die Götter mögen ihm gnädig sein und ihm irgendwann ein Herz und ein Gewissen schenken.

Wir haben nun einen neuen Versicherungsmakler, der kein Loch in der Brust hat und keinen Stein, sondern tatsächlich ein Herz. Er berät uns vernünftig, er betrügt nicht, er verzweifelt nur hin und wieder, weil ich schon wieder etwas wissen will oder eine Versicherung brauche, an der er nichts verdient, wofür er aber stundenlang arbeiten muss. Vor allem aber kenne ich ihn schon seit fast 30 Jahren. Er weiß, was für ein Mensch ich bin und dass ich aufgrund meines latenten Wahnsinns auch nur eine Sorte Mensch zeugen kann: Eine, die mit einer gewaltigen Rückhand den Tennisball durch die Wohnung schickt auf direktem Weg zu einer Vase, die sogleich herunterfällt.

Meine Frau nennt das eine Frechheit.

Mein Makler nennt das einen Schaden, gegen den wir versichert sind.

Mein Sohn und ich nennen das einen Drei-Punkte-Schuss.

Er hat gewonnen.

Wir klatschen ab.

Kapitel 13

Wie krumm darf eine Gurke sein?

Meine Mutter ist, das muss an dieser Stelle einmal gesagt werden, nicht nur eine heilige Frau, sondern auch ein gerissenes Luder. Schon vor mehr als 20 Jahren wandte sie bei ihren Kindern das Prinzip des Drohens und Bestechens an. Weil sie eine heilige Frau ist, hat sie diese Vorgehensweise bei der christlichen Kirche abgeguckt, die ebenfalls recht erfolgreich mit Androhen von Höllenfeuer und Aussicht auf Erlösung operiert. Sie ist deshalb gerissen, weil sie mich jahrelang so erzogen hat: War ich beim Einkaufen lieb, so bekam ich ein Überraschungsei – ansonsten gab es trockenes Vollkornbrot. Ähnliches galt für Kaffeekränzchen und Sonntagsspaziergang: Bei guter Führung durfte ich beides ausfallen lassen, ansonsten musste ich mit.

Das führte dazu, dass ich nun über eine erstaunliche Happy-Hippo-Sammlung verfüge, mir beim Anblick von Vollkornbrot schlecht wird und ich Angst vor Spaziergängen, Kaffeekränzchen und Supermärkten habe. Supermärkte sind für mich Orte, an denen der Mensch Grundrechte auf- und den Verstand abgeben muss. Am Eingang bekommt man einen eisernen Wagen, den man durch enge Gänge schiebt und wobei man Musik hören muss, die in pornografischen Filmen der 70er-Jahre immer dann eingeblendet wird, wenn sich der Mann mit dem überdimensionalen Schnauzer und die Frau mit der überschminkten Cellulite zum ersten Mal küssen. Es gilt noch nicht einmal »Rechts vor links«, weshalb man ständig angestoßen wird. Alle im Raum sind schlecht gelaunt, unfreundlich und hektisch. Wer sich der Kasse nähert, hört von dort schon unheilvolles Piepen, das jede Verkäuferin in den Wahnsinn treiben muss.

Ich fühle mich in Supermärkten unwohl, habe allerdings herausgefunden, dass man dort auch Spaß haben kann, wenn man ein paar einfache Regeln beachtet beziehungsweise Gesetze kennt.

Meine Frau schickt ihre beiden Männer an einem Samstagvormittag zum Einkaufen – wir sollen nur Getränke und Mittagessen besorgen. Wir nicken eifrig und machen uns auf den Weg. Hanni wundert sich kurz, warum ich ein elektronisches Gerät, ein Messer und eine Nadel dabeihabe und zudem meinem Sohn erlaube, Maßband und Meterstab einzustecken und seine Bob-der-Baumeister-Brille aufzusetzen, aber sie sagt nichts.

Wissen für Nichtjuristen
Das Aufreißen einer Verpackung verpflichtet den Kunden noch nicht zum Kauf. Er muss nur für den entstandenen Schaden aufkommen. (§§ 307, 309, 433 BGB)

Wir betreten den Supermarkt – und bei meinem Sohn findet die übliche Metamorphose statt. Aus einem hyperaktiven Dreijährigen wird innerhalb von 0,2 Sekunden das Säbelzahneichhörnchen Scrat aus den *Ice Age*-Filmen. Er will nur keine Eicheln, sondern Süßigkeiten. Wenn er ein Überraschungsei entdeckt, spurtet er los und kann nur durch einarmiges Hochheben am Krawittel aufgehalten werden, wobei seine Füße weiter in Bewegung bleiben und die Hände immer nach vorne schnellen, um sich eines der Eier zu sichern. Wenn er eines bekommt, behandelt er es sorgsam. Er verteidigt es knurrend gegen alle anderen Kunden, die dem Ei zu nahe kommen – und es würde mich nicht wundern, wenn er wie Scrat durch den Supermarkt laufen und das Ei irgendwann in den Boden rammen und damit eine Verschiebung der Kontinentalplatten verursachen würde.

Aber am Ende teilt er immer mit mir.

Heute wollen wir zwei Übel in ein lustiges Abenteuer verwandeln: Wir wollen den Besuch im Supermarkt mit den EU-Normen zu Lebensmitteln und anderen Gesetzen zum Einkauf miteinander in Einklang bringen.

Wir beginnen bei den Kiwis, einer für meinen Sohn recht ambivalenten Frucht. Einerseits mag er das Süße, andererseits findet er die vielen schwarzen Knubbel mehr als beängstigend. Wir überprüfen zunächst die Früchte der Klasse I. Wir haben dazu eine Nadel so präpariert, dass wir durch eine Frucht hindurchstechen und dann den Durchmesser ablesen können. Auf diese Weise kann ich die Einhaltung der EU-Norm prüfen: »Das Verhältnis zwischen dem kleinsten Querdurchmesser und dem auf der Höhe des Fruchtäquators gemessenen größten Querdurchmesser muss mindestens 0,7 betragen.«

Ich steche zwei Mal in eine Frucht, dann tippe ich die Resultate in einen Taschenrechner ein: 0,74 – alles in Ordnung, die Frucht kommt in den Einkaufswagen. So verfahren wir bei drei weiteren Exemplaren. Das Verhältnis passt, nur eine weist einen leichten Schalenfehler auf. Finn misst die Seitenlängen mit seinem Maßband, und wir stellen fest, dass der Fleck nicht größer als ein Quadratzentimeter ist und wir die Kiwi ohne Bedenken kaufen können. Als wir ein Exemplar aufschneiden, um zu überprüfen, ob das Fruchtfleisch auch vollkommen gesund ist, geht eine Kundin an uns vorbei und sieht uns verwundert an.

«Ich prüfe nur die Qualität, ich will meinen Sohn lehren, nur frische Früchte zu kaufen.«

Finn hilft mir: »Weißt du, Kiwi kann man nur essen, wenn sie gut schmeckt. Guck mal, das ist eine gute Kiwi. Aber die Knubbel schmecken nicht!«

Die Frau lacht und geht weiter.

Finn fordert als Belohnung ein Überraschungsei und ist der Meinung, dass er während der weiteren Überprüfung dringend seine Schutzbrille tragen sollte.

Wir schauen zu den Paprikas, schließlich muss eine »eckig abgestumpfte Paprika« mindestens vier Zentimeter groß sein, eine »platte Gemüsepaprika« gar fünf Zentimeter. Wir sehen uns auch bei den Bananen um. Für die gibt es komischerweise keine Verordnung, die besagt, wie krumm sie sein dürfen oder müssen – aber es ist festgelegt, dass sie mindestens 14 Zentimeter lang und 27 Millimeter dick sein müssen. Finn und ich messen penibel nach, finden jedoch kein einziges Mängelexemplar. Wir sehen auch einige Pigmente bei Trauben, doch die sind von der Sonne hervorgerufen und damit zulässig. Wir überprüfen auch diesen Satz: »Die Beeren müssen prall sein, fest am Stiel sitzen, in gleichmäßigen Abständen in der Traube angeordnet und praktisch überall mit ihrem Duftfilm bedeckt sein.« Finn riecht an den Beeren und findet, dass alles in Ordnung ist. Wir legen auch 50 Äpfel einzeln auf die Waage, um zu kontrollieren, ob auch jeder mindestens 90 Gramm wiegt.

Wir erwischen einen leichteren und heben ihn sogleich auf.

Wir prüfen, ob die Erdbeeren frei von Erde sind und ob die kleinen weißen Stellen ein Zehntel der Fruchtoberfläche nicht überschreiten. Zwei Exemplare empfinden wir als mangelhaft, auch bei drei Nektarinen finden wir leichte Druckstellen von über einem Quadratzentimeter Gesamtfläche. Auch bei zwei Zitronen konstatieren wir Schalenfehler.

Wir übergeben alle Mängelexemplare der Verkäuferin.

»Oh, da haben Sie aber viele schlechte Früchte erwischt, die nehme ich sofort mit und werfe sie weg.«

Wir protestieren: »Aber die kann man doch noch essen! Sie dürfen sie nur nicht als Klasse I verkaufen! Aber zu Klasse II kann man sie doch einfach legen, oder? Uns würde schon ein Rabatt genügen. Aber doch nicht wegwerfen!«

»Nein, wir haben Richtlinien und Vorschriften. Die Erdbeeren kommen weg. Nochmals Entschuldigung und vielen Dank, dass Sie uns darauf hingewiesen haben.«

Das wollte ich nun nicht.

Doch anscheinend ist das, was da gerade im Supermarkt passiert, ganz normal in Deutschland und anderen EU-Ländern: Die Normen sollen Verpackung und Transport erleichtern und für Qualitätsstandards sorgen – doch was nicht passt, wird nicht passend gemacht oder woanders verkauft. Es wird einfach weggeworfen, obwohl es frisch und genießbar ist.

Elf Millionen Tonnen Nahrungsmittel landen deshalb pro Jahr in Deutschland in der Mülltonne. Der Filmemacher Valentin Thurn hat darüber eine Dokumentation gedreht, die *Frisch auf den Müll* heißt und in der ARD ausgestrahlt wurde. Viele Lebensmittel kommen aufgrund von EU-Normen erst gar nicht in den Handel, bei Kartoffeln sind es etwa bis zu 40 Prozent, die direkt im Abfall landen. »Aussortiert werden alle Kartoffeln, die zu klein, zu groß oder verkatscht sind. Sie sind absolut essbar, aber der Bauer muss sie wegwerfen oder zu Tierfutter verarbeiten.«

Dazu würden die Verantwortlichen in Supermärkten peinlich genau darauf achten, dass die Regale immer voll sind und frisch aussehen. Klar, wer will schon beim Einkaufen eine zermatschte Tomate sehen oder eine Erdbeere, die nicht rot schimmert, sondern noch ein bisschen Erde am Fruchtfleisch kleben hat? Bernhard Walter von »Brot für die Welt« glaubt, dass dadurch Paranoia in den Supermärkten herrschen würde: »Alles, was nicht der Norm entspricht, landet im Müll. Die Ware muss immer perfekt aussehen, das Angebot an Lebensmitteln muss immer riesengroß sein.« Deshalb kämen Äpfel mit kleinen Rissen sofort in die Tonne. Auch das abgelaufene Mindesthaltbarkeitsdatum spielt eine Rolle. In diesem Fall werden die Produkte sofort weggeworfen, obwohl sie noch genießbar wären.

Doch nicht nur EU und Supermärkte sind schuld an der gigantischen Verschwendung, auch wir selbst. Die Universität Wien hat kürzlich eine Studie veröffentlicht, in der untersucht wird, wie in Haushalten mit Lebensmitteln umgegangen wird. Die Erkenntnis: Zehn Prozent der gekauften Lebensmittel werden weggeworfen, ohne dass jemand die Verpackung geöffnet hat. Bei weiteren zehn Prozent wird lediglich eine Kostprobe – etwa eine Scheibe Wurst – verzehrt und der Rest wenig später in die Tonne geworfen, weil man ihn für ungenießbar hält.

Den Wert der vermeidbaren Lebensmittelabfälle beziffert das Bundesverbraucherministerium auf 235 Euro. Pro Kopf. In meiner Familie werden also pro Jahr Lebensmittel im Wert von 705 Euro weggeworfen, auf Deutschland hochgerechnet sind das bis zu 21,6 Milliarden Euro, die da einfach verschwendet werden.

Bei der Vorstellung der Studie im März 2012 sagte Bundesverbraucherministerin Ilse Aigner: »Wir leben in einer Überfluss- und Wegwerfgesellschaft. In Deutschland und Europa wird viel zu viel weggeworfen, wertlos gemacht, vernichtet. Jeder von uns kann seinen Beitrag leisten, die Verschwendung wertvoller Ressourcen zu stoppen.« Schön dabei: Aigner forderte nicht nur die Bürger und Supermärkte auf, endlich die Verschwendung zu stoppen, sondern fasste sich auch an die eigene Nase. Es seien zwar schon zahlreiche Vermarktungsnormen abgeschafft worden, aber »hier dürfen wir nicht stehen bleiben. Irgendwelche Normen dürfen kein Vorwand sein, Agrarprodukte unterzupflügen oder einfach wegzuwerfen«.

Mittlerweile gibt es gar ein Hobby, das sich *Containern* oder *Mülltauchen* oder *Dumpstern* nennt. Politische Aktivisten wollen damit ein Zeichen gegen die Wegwerfgesellschaft setzen, auch viele Bedürftige haben sich angeschlossen. Mülltaucher suchen in den Containern von Supermärkten nach Lebensmitteln, die noch genießbar sind.

Wissen für Nichtjuristen
Ein Mülltaucher kann nicht wegen Diebstahls angezeigt werden, weil der Eigentümer die Sachen gar nicht mehr haben will. Eine derartige Anzeige wäre Rechtsmissbrauch laut § 226 BGB. Möglich ist nur eine Anzeige wegen Hausfriedensbruchs.

Dann treffen sie sich und tauschen untereinander aus. Natürlich ist das Dumpstern hierzulande nicht erlaubt. Die meisten Verfahren werden jedoch wegen Geringfügigkeit oder gegen kleine Auflagen eingestellt.

Hierzulande bemüht sich die Linkspartei um eine Legalisierung des Containerns, in Österreich ist es erlaubt, solange keine Schlösser aufgebrochen werden. In der Schweiz gilt die Regel: Was weggeworfen wird, gehört niemandem mehr. Wer also nicht über einen Zaun steigt oder Türen und Schlösser aufbricht, der darf containern. In Schweden dagegen vergiftete eine Lebensmittelkette die weggeworfenen Waren mit Reinigungsmittel, um Obdachlose abzuschrecken.

Finn und ich beschließen, unsere Prüfung zu beenden. Wir kaufen noch ein Überraschungsei und eine Zeitschrift. Finn hat die Verpackung aufgerissen, weshalb ich ihm erst einmal mitgeteilt habe, dass ich deshalb noch lange nicht zum Kauf verpflichtet bin. Unsere Lieblingsverkäuferin belauscht unsere Unterhaltung und sagt: »Aber die Verpackung müssen Sie bezahlen – und Sie gehen heim in der Gewissheit, dass Ihr Sohn traurig ist und wir das Heft wohl wegwerfen müssen.«

Schon liegt das Heft auf dem Band der Kasse. Supermarktverkäuferinnen sind ebenso gerissen wie meine Mutter.

Meine Frau ist begeistert, als sie von unserem Plan hört, etwas gegen die Verschwendung zu tun. Sie motzt schon seit Monaten, dass wir viel zu viele Sachen wegwerfen würden und dass wir bewusster einkaufen sollen. Sie entwickelt deshalb ein System: Wer Lebensmittel kauft, die nicht verbraucht und deshalb weggeworfen werden, muss eine kleine Strafe bezahlen oder Aufgaben im Haushalt übernehmen.

Innerhalb von sechs Monaten haben wir Hannis Schätzungen zufolge unseren Lebensmittelmüll um 60 Prozent reduziert.

Absolut vorbildlich dabei ist übrigens Finn. Er kauft ausschließlich Überraschungseier und Waffeln – und es ist noch kein einziges Mal passiert, dass wir etwas hätten wegwerfen müssen, weil es zu lange im Süßigkeitenfach herumgelegen wäre.

Kapitel 14

Gesetzesbrecher II: Der Drogendealer

New Journalism ist ein Reportagestil, bei dem der Autor sich selbst zum Teil der Berichterstattung macht. Truman Capote hat damit angefangen, bekannt wurde dieser Stil durch Hunter S. Thompson und seine Werke über die Hell's Angels. Er lebte ein Jahr lang bei der Motorradgang, er wurde ein Teil von ihr, dann schrieb er darüber. Thompson wurde heftig kritisiert, rechtfertigte seinen Stil jedoch damit, dass es so etwas wie journalistische Distanz gar nicht geben könne. Er radikalisierte den Subjektivismus von René Descartes oder Immanuel Kant und trieb diese literarische Form nach dem kommerziellen Erfolg von *Hell's Angels* immer mehr auf die Spitze.

Wie ist es, wenn man selbst Teil wird einer Geschichte über Menschen, die man abgrundtief hasst? Wie ist es, wenn man einen Drogendealer porträtieren muss?

Die zerstören wissentlich das Leben anderer Menschen und machen damit Geld. Sie bewegen sich nicht in einer juristischen Grauzone oder einem moralischen Dilemma. Diese Menschen sind Verbrecher. Sie bringen Leid und Elend zu anderen Menschen.

Den Kontakt hat mir ein Kollege vermittelt, der vor ein paar Jahren einmal eine Geschichte über Drogen in Deutschland gemacht hat. Eine Telefonnummer ist alles, was ich bekomme – und ich habe keine Ahnung, was mich da erwartet: ein Typ im Anzug, der wie ein Geschäftsmann seine Waren vertickt – oder doch eher ein Hippie wie der Charakter aus *Pulp Fiction*, der John Travolta mit »zwei Gramm Wahnsinn« versorgt.

Wir treffen uns an einem Samstagabend, weil er mir am Telefon versichert hat, dass an diesem Tag ein bisschen was los sei – und er dennoch genügend Zeit habe, um sich zu unterhalten. Er wohnt in einer Gegend, in der man eher reiche Familien vermuten würde. Er sieht aus wie eine Mischung aus Popstar und Profifußballer – nur eben zehn Jahre nach der Karriere. Der Mann ist eine Kreuzung aus Stefan Effenberg und Axl Rose.

Er trägt Worn-Out-Jeans, die ein wenig eng sitzen. Er kann sich das allerdings leisten, weil er die Hüften eines durchtrainierten Abiturienten hat. Über den schmalen, aber doch definierten Schultern hängt ein T-Shirt aus der Adidas-Star-Wars-Kollektion, auf dem Darth Vader abgebildet ist, wie er vor seinen Fans die Arme ausbreitet. Dazu Sneakers, Kettchen um den Hals und beide Handgelenke. Tattoo am Unterarm. Drei Ringe, keiner davon am Ringfinger. Er trägt die 2012er-Version des Mario-Gomez-Haarschnitts, nur dass sein Haar schon ein wenig dünn ist und die Farbe eines Fünf-Cent-Stücks hat. Seine Haut sieht aus, als hätte man dunkelbraunes Leder über die Knochen gespannt, sie ist so faltig wie die Innenseite einer Walnuss.

Ich muss ihm High Five geben, er sagt: »Komm rein, Alter!« Dann dreht er sich um und geht in sein Wohnzimmer. Seine Knie federn beim Gehen, er wirkt ein wenig, als würde er tanzen. Hin und wieder zuckt er, als

Wissen gegen den Knast

Der Konsum auch harter Drogen wie Heroin und Kokain ist in Deutschland erlaubt. Strafbar ist, was man sonst mit Drogen tun kann: Herstellung, Handel, Erwerb, Besitz, Anbau, Einfuhr und Ausfuhr. Das macht es quasi unmöglich, Drogen zu konsumieren, ohne eine Straftat zu begehen. (§29 Betäubungsmittelgesetz)

würde ihm jemand auf die Schulter tippen. Er hebt seine Schulter, dreht den Kopf nach rechts, und nachdem er festgestellt hat, dass niemand was von ihm möchte, sieht er wieder nach vorne, als wäre nichts gewesen.

Seine Wohnung sieht aus, wie man sich eine WG von Stefan Effenberg und Axl Rose vorstellen würde: Poster von halbnackten und ganz nackten Frauen an der Wand. Couch. Tisch. Fernseher. Bierkiste. Kondome. Volle Aschenbecher. Auf dem Tisch liegen Eintrittsbändchen verschiedener Diskotheken und Konzerte.

Er heißt Toby, seine Kunden nennen ihn Toby, seine Freunde nennen ihn Toby – und ich soll ihn auch Toby nennen. Er hat also nicht einmal einen abgefahrenen Spitznamen wie etwa »White Mike« aus dem Roman *Twelve* von Nick McDonald. »Warum sollte ich?«, sagt er, als er sich eine Zigarette anzündet und mir ein Bier hinhält.

Die Realität ist kein Film und kein Roman.

Er besteht darauf, dass wir anstoßen, dann macht er sich über die Dose her wie ein Geier, der ein Stück Aas auf der Straße findet. Die Zigarette raucht er in weniger als vier Zügen, dann drückt er sie aus und steckt sich eine neue an. Er schaltet seine Stereoanlage ein, wir hören House-Musik, nebenbei läuft im Fernseher die Zusammenfassung der Fußballspiele des Nachmittags. Immer wieder klingelt das Telefon, Toby antwortet und sagt meist nur »Ja« oder »Geht klar«. Hin und wieder sagt er: »Geht nicht.« Nach jedem Telefonat dreht er sich zu mir um und sagt: »Kundschaft.« Dann schreibt er etwas in seinen Notizblock.

Wenn er glaubt, dass ich den Namen des Kunden kennen müsste, sagt er, wer ihn angerufen oder eine Nachricht geschickt hat. Es sind offensichtlich Menschen, die in Tobys Weltbild unter den Begriff *Prominenz* fallen. Ich kenne keinen einzigen Namen.

Er erzählt mir von der Freiheit, die er durch seinen Job hat, und von dem vielen Geld, das er verdient. Es ist ein sechsstelliger Betrag pro Jahr. Um ehrlich zu sein, höre ich ihm nicht wirklich zu – weil das bedeuten würde, dass ich ihn ernst nähme. Aber das kann ich nicht. Ich will keinen Menschen ernst nehmen, der Drogen verkauft. Und ich kann keinen Menschen ernst nehmen, der 40 Jahre alt ist und dessen Wohnung mit Ed-Hardy-Accessoires gepflastert ist.

Lieber Leser, ein kleiner Hinweis: Die Götter haben uns eindeutige Hinweise geschenkt, welche Menschen wir keinesfalls ernst nehmen dürfen: die Aufschrift »Ed Hardy« auf jeder Form von Kleidung. Der Autoaufkleber mit der Silhouette von Sylt. Das Reiseziel »Ballermann«, wenn man älter als 23 Jahre ist.

Es wird schnell klar: Toby macht das nicht, weil er es muss oder weil er da hineingerutscht ist oder weil er keine andere Möglichkeit hat, im Leben zurechtzukommen. Er macht das, weil er es will und weil er es offensichtlich cool findet. Wenn ich mir vorstelle, dass mein Sohn in 15 Jahren mal von so einem Menschen angesprochen wird, dann fällt es mir schwer, diesem Typen nicht schon heute eine aufs Maul zu hauen. Rein prophylaktisch.

Toby hat keine Lust, darüber zu sprechen, von wem er die Drogen bekommt, er zeigt mir nur, wo er sie aufbewahrt. Er hat unter seinem Bett einen Schubkasten, darin sind in verschiedenen Kammern verschiedene Sachen. Es sieht ein wenig aus wie im Medizinschränkchen meiner Eltern; er beschreibt den Inhalt so, wie meine Eltern den Inhalt ihres Medizinschränkchens beschreiben würden. Kokain gehört offensichtlich immer noch zu den Klassikern, obwohl es »auf der Straße angekommen ist«, wie er behauptet. Auf der Straße angekommen, das bedeutet, dass sich anscheinend nicht mehr nur die Reichen und Berühmten – oder wen Toby für berühmt hält – etwas leisten können, sondern dass offensichtlich sehr viele Menschen etwas davon wollen und deshalb auch viele Konkurrenten etwas davon verkaufen würden. Viel besser für sein Geschäft seien die Drogen, die nicht so viele Konkurrenten anbieten, weshalb er sich mittlerweile darauf spezialisiert habe. Crystal Meth besorgt er sich – das rutscht ihm heraus – persönlich aus der Tschechischen Republik vom Vietnamesenmarkt. Heroin sei zu viel Stress, weshalb er so etwas nicht verkaufen würde.

Ketamin sei eines seiner Lieblingsprodukte, es sei ein Schmerz- und Narkosemittel, bei dem der Konsument Friede und Ruhe verspüre. Vor allem Menschen nahe am Burnout würden geradezu darauf abfahren, was ihm gerade in München monströse Umsätze beschert. Auch Nachtschattengewächse würden gerade ein grandioses Comeback feiern. Hat er aber nicht im Sortiment. Er kennt zwar viele Drogen, verkauft selbst aber nur vier: Kokain, Ketamin, Marihuana, Crystal.

»Nimmst du das Zeug selbst?«

Er sieht mich erstaunt an, als ich das Gespräch in diese Richtung lenke.

»Früher habe ich ein paar Sachen probiert, aber nie über einen längeren Zeitraum. Hab keinen Bock darauf.«

Ich wette, das ist die Standardantwort eines jeden Dealers. Kurz darauf zuckt er wieder, als würde ihm einer auf die Schulter tippen.

»Woher weißt du dann, dass die Sachen gut sind, die du verkaufst?«

»Weiß ich nicht!«

»Und woher wissen deine Kunden, dass es gut ist, was du da verkaufst?«

»Das wissen sie, wenn sie es nehmen!«

»Aha.«

»Das ist eine Sache von Vertrauen. Natürlich kommt jeden Monat einer daher, der glaubt, er könne einfach einsteigen – aber so funktioniert das nicht. Ich bin seit 15 Jahren im Geschäft – und ich bin gut darin.«

Er ist offensichtlich stolz darauf, wie er seine Arbeit macht.

»Schon mal erwischt worden?«

»Kein einziges Mal – auch wenn es ein paar Mal knapp war! Ganz ehrlich: Die Polizei kontrolliert nicht wirklich, manche lassen einen gegen ein paar Geschenke in Ruhe. Hin und wieder opfert sich einer, damit wieder Ruhe ist. Hoffentlich bleibt das so.«

Er klopft mit der Faust auf seinen alten Wohnzimmertisch.

»Und was ist mit den Menschen, denen du das verkaufst? Du weißt, dass du ihnen damit schadest...«

Er hat auf diese Frage gewartet.

»Klagst du jede Brauerei an, wenn einer Alkoholiker wird? Willst du dich mit Verkäufern von Messern anlegen, nur weil einer den anderen absticht? Ich bin Geschäftsmann. Ich kaufe Sachen ein und verkaufe sie mit Gewinn. Fertig. Aus. Dass meine Produkte illegal sind, macht die Sache gefährlicher, aber auch lukrativer. Nur die Harten überleben.«

Diese Antwort hat er auswendig gelernt und sie offensichtlich schon vielen Menschen erzählt, weil er die Sätze absolut fehlerfrei vortragen kann.

»Schon mal erlebt, dass einer deiner Kunden ins Krankenhaus musste oder gestorben ist?«

Er sieht mich an, dann atmet er kurz und wuchtig durch die Nase aus, sodass es seinen Oberkörper anhebt, dann schüttelt er den Kopf.

»Na?«

Er sieht mich wütend an: »Keine Ahnung! Nein!«

»Schon mal ans Aufhören gedacht?«

»Und das hier aufgeben? Niemals! Mir geht es gut, ich habe Spaß, und mein Leben ist der Wahnsinn.«

In diesem wahnsinnigen Leben sitzt er am Samstagabend daheim, beantwortet Anrufe mit einem Wort und trinkt gerade sein fünftes Bier, während ich mich an meinem zweiten herumplage.

»Los geht's. Arbeiten.«

Er zieht sich kurz um, prüft im Spiegel seine Frisur, reibt sich Creme in sein Gesicht und sprüht Parfüm auf sein T-Shirt (Aufschrift: Ed Hardy), das ich zuletzt als Teenager gerochen habe. Dann zählt er Bars auf, in die er gehen möchte. Normalerweise trifft er sich mit den Kunden auf der Straße, hin und wieder auch in Bars und Clubs. »Nie daheim«, sagt er. Er hat einen Laufweg, den er in den nächsten Stunden absolvieren will. »Gott sei Dank ist heute kein Konzert – zumindest keines, auf das ich gehen muss.«

»Ist das nicht anstrengend?«

Er sieht mich an.

»Sollte ein Samstagabend nicht anstrengend sein? Mann, Alter, du bist echt zu alt!«

Ich bin zehn Jahre jünger als er.

»Ich hänge jetzt mit Freunden ab und verdiene Geld dabei.«

Es geht diesem Menschen nicht ums Geld, dieser Beruf – oder was er als Beruf bezeichnet – ist nicht so sehr der Weg, den Lebensunterhalt zu bestreiten. Er ist vielmehr seine Eintrittskarte in eine Welt, für die Menschen in seinem Alter eigentlich kein Ticket bekommen oder es sich teuer erkaufen müssen. Er ist kein Geschäftsmann, er ist jemand, der nicht weiß, was er sonst mit seinem Leben anfangen soll, als durch die Clubs zu ziehen und zu feiern.

»Kommst du?«

»Ja, aber ich will nichts mit dir zu tun haben. Ich rufe ein paar Freunde an, damit sie auch kommen, dann wird mir nicht langweilig.«

Ich will nicht der Sidekick eines Menschen sein, der Drogen verkauft. Ich glaube, dass ich entweder zu nervös wäre – oder dass ich irgendwann die Polizei rufen würde, weil ich es nicht mehr aushalte.

»Schon okay. Wenn du willst, können wir uns so gegen drei Uhr vor dem Eingang treffen, dann erzähle ich dir, wie der Abend so war. Und natürlich bringe ich dich und deine Freunde in den Club. Das kann ich für dich drehen.«

Ich muss ihm wieder High Five geben.

Ich dachte, High Five unter erwachsenen Männern, die nicht professionelle Sportler sind, ist Mitte der 90er verboten worden.

Wir gehen in einen Club – und tatsächlich muss Toby eingreifen, damit der Türsteher meine beiden Freunde und mich hineinlässt. »Ohne Frauen ist das für Nichtstammgäste immer schwer«, sagt er. Man merkt, dass er recht stolz darauf ist, auch ohne Frau am Arm hineinzudürfen.

Drinnen haben etwa 70 Prozent der Menschen mindestens ein Kleidungsstück von Ed Hardy an, und ich bin mir sicher, dass die anderen 30 Prozent entweder einen Sylt-Aufkleber auf dem Auto haben oder gerne zum Ballermann fahren. Ein Bier kostet so viel, wie man im Getränkemarkt für eine komplette Kiste ausgeben würde, ein Cocktail hat den Gegenwert eines Abendessens.

Toby verteilt High Fives – offenbar feiert das Abklatschen ein grandioses Comeback wie auch der Künstlerschal, den die Männer trotz einer Temperatur von mindestens 30 Grad tragen. Die Männer klatschen sich dauernd ab. Einer erzählt was, dann lachen die anderen, und dann gibt es High Five. Schließlich wird das teure Getränk auf ex geleert und das nächste bestellt. Für die Frauen dagegen ist der gesamte Club eine Mischung aus Laufsteg und Spielfeld. Der Wettkampf scheint zu sein, dass die Frau gewinnt, die am meisten Cocktails spendiert bekommt. Es ist ein harter Wettbewerb, denn ich habe in meinem Leben noch nie derart viele hübsche Frauen gesehen, die ihre Schönheit derart durch Make-up und Silikon zerstören.

Es ist die Sorte Club, in der ein Mann zu einer Frau sagen kann, dass er gerne Arsch und Titten sehen würde – und ihm die Frau tatsächlich Arsch und Titten zeigt.

Toby fühlt sich wohl, ihm gehört die Tanzfläche. Er beherrscht Tanzstile aus vier Jahrzehnten: Bei rockigeren Liedern präsentiert er den Mir-ist-eine-Bowlingkugel-auf-den-rechten-Fuß-gefallen-Hüpfer mit Luftgitarre, bei Hip-Hop packt er sich eine jüngere Frau und vollführt die Aufwärmübungen eines Menschen, der gerne Koitus betreibt – er kann sogar Electric Slide und Wippen-und-mit-den-Fingern-Schnippen, wenn er sich einer Frau nähert, die sich nun gar nicht bewegen kann.

Hin und wieder verschwindet er.

Er verfügt über die Energie eines 20 Jahre alten Studenten, der drei Mal pro Woche laufen geht, Fußball spielt und hin und wieder ein Fitnessstudio von innen sieht. Nur: Ich war mit 20 Jahren nicht so fit wie er, obwohl ich Fußball spielte und hin und wieder im Fitnessstudio war. Ich frage mich, woher er diese Energie nimmt.

Hin und wieder zuckt er auch beim Tanzen nach rechts.

Ich hatte mir das Leben eines Drogendealers anders vorgestellt – wahrscheinlich deshalb, weil ich mir nur vorstellen konnte, was ich zuvor im Fernsehen oder in Büchern kennengelernt hatte. In meiner Fiktion ist ein Dealer entweder ein stinkreicher Sack in einer Villa voller Models und Ganoven, er organisiert nebenher Boxkämpfe und sorgt dafür, dass die pelzverarbeitende Industrie auch weiterhin existiert. Oder er ist ein schüchterner Student, der unerkannt um die Häuser zieht und seinen ehemaligen Schulkameraden in dunklen Gassen ein bisschen Marihuana verkauft.

Die Realität ist manchmal verrückter als die Fantasie.

Irgendwann möchte ich nach Hause. Ich kann Toby eine Stunde lang nicht finden, also gehe ich und bedanke mich per SMS für das Gespräch.

Ich will nicht mehr mit ihm sprechen, weil ich keine Lust mehr habe. Zum ersten Mal seit Beginn des Projekts will ich aufhören. Da gibt es einen Menschen, der kann sich frei bewegen, der tanzt in Diskotheken, der fühlt sich wie Leonardo DiCaprio am Bug der »Titanic« – und der verdient sich dieses Leben damit, dass er das Leben von anderen kaputt macht. Und es scheint kaum jemanden zu interessieren, denn selbst wenn Toby aufhört oder erwischt wird, wartet schon der Nächste, der sein Leben übernimmt.

Und wir sehen nur dabei zu.

Das macht mich wahnsinnig.

Ich sehe seine Antwort am nächsten Morgen und kann mir nur vorstellen, wie er die Nachricht in sein Handy getippt hat. Er hat nebenbei High Fives verteilt und erzählt, dass er mit einem berühmten Schriftsteller hier sei. Wahrscheinlich haben die Leute dann die Augenbrauen hochgezogen und sich gedacht: »Jürgen wer? Kennt kein Mensch, diesen Typen!« Aber das ist Toby egal. Er tanzt und verteilt High Fives. Und nebenbei verkauft er Drogen.

Erinnert sich noch jemand an die Zeit zwischen Abitur und Studium, zwischen Schulabschluss und Beginn der Ausbildung? Diese drei bis sechs Monate, in denen das Leben daraus bestand, sich an einem See zu treffen, sich mit Bier und billigem Schnaps zuzuschütten und sich dann auf die Suche nach einem paarungswilligen Gleichaltrigen zu machen? Als die wichtigste Tätigkeit am nächsten Morgen darin bestand, sich eine Kopfwehtablette zu besorgen, den Freunden von der letzten Nacht zu erzählen und den nächsten Abend zu planen? Als die größte Sorge im Leben war, genügend Alkohol und paarungswillige Gleichaltrige auf die nächste Party zu bekommen?

Nein? Keine Sorge, ich auch nicht.

Hin und wieder tauchen in meinem Kopf Bilder auf, und ich weiß dann, dass es eine tolle Zeit war. Aber sie kommt mir weit entfernt vor, aus der Erinnerung ist ein Film geworden, den ich mir hin und wieder gerne ansehe und worüber ich herzlich lachen muss, in dem ich aber um Gottes willen nicht mehr mitspielen möchte. Ich halte mich manchmal für ein missverstandenes Genie – dann stelle ich fest, dass ich kein Genie bin und die anderen mich einfach nur für dumm halten. So geht es mir an diesem Abend: Ich bin der Dumme.

Toby spielt seit 20 Jahren in diesem Film mit. Er muss einem nicht leidtun, denn er spielt gerne mit. Aber wenn ich ihn das nächste Mal sehe, dann muss ich aus drei Optionen wählen, von denen für mich höchstens zwei infrage kommen: Entweder gebe ich ihm High Five. Oder ich zeige ihn an. Oder ich haue ihm gewaltig aufs Maul.

Kapitel 15

Der Letzte zahlt die Rechnung

Wer kennt das nicht: Da führt man seine Liebste in ein schickes Restaurant, bestellt ihr das eindrucksvollste Gericht auf der Speisekarte – und was passiert? Die Freundin findet eine Perle in einer der Austern. Sie darf sich also nicht nur auf Sodbrennen freuen, sondern auch auf einen Scheck über Tausende von Euro. So etwas passiert jeden Tag – zumindest in der Welt der Juristen.

Christian Fahl hat diesen beliebten Fall in seinem Buch *Jura für Nicht-Juristen* beschrieben: Die Begleiterin findet eine Perle im Essen, zu dem sie ihr Freund eingeladen hat. Wem gehört die Perle? Der Begleiterin, die sie gefunden hat? Dem Partner, der sie eingeladen und damit Essen und Perle gekauft hat? Dem Besitzer des Restaurants, der nicht wusste, dass da eine Perle in der Auster gewesen ist, und der deshalb die Rückgabe fordert? Oder gar dem Fischer, der die Auster einst gefangen und sie an den Besitzer des Restaurants verkauft hat? Der Fall beschäftigt Juristen seit 1905. Fahl führt den Leser auf Irrfährten, er schreibt über Schatzfund, Abstraktion und Aneignungsgestattung und erklärt, wie anerkannte Juristen zu unterschiedlichen Ergebnissen kommen und warum am Ende der Restaurantbesitzer die besten Chancen hat.

Laien zeigt dieser Fall: Das Recht ist ein hochkomplexes System, das eine eigene Methodik hat und nach eigenen Gesetzen funktioniert. Es ist ein Monstrum, mit dem sich nicht einmal mehr jene auskennen, die es einst geschaffen haben. Es ist, als würde Victor Frankenstein vor seinem Monster stehen, auf die Einzelteile blicken und feststellen, dass er da etwas Schreckliches erschaffen hat – dass er aber nicht mehr in der Lage ist, es zu kontrollieren.

Natürlich sind diese Fälle auch für den Laien interessant zu lesen, doch eigentlich sind sie ihm egal. Er möchte wissen, wie das tägliche Leben durch das Recht beeinflusst wird. Rechtsprechung soll ein Instrument der gesellschaftlichen Konfliktlösung sein und kein Lieferant für Schenkelklopfer beim Juristenstammtisch.

Wir wollen Hilfe, wo uns halbwahre Volksweisheiten die Sinne vernebeln. Und es gibt zwei Bereiche, in denen wir vor lauter Halbwahrheiten schon gar nichts mehr sehen: beim Restaurantbesuch und beim Mieten einer Wohnung. Das sind die Bereiche im Dschungel, in die sich nicht einmal giftige Spinnen und acht Meter lange Schlangen trauen.

Etwa 50 Millionen Menschen wohnen hierzulande zur Miete, und nicht immer geht es harmonisch zu. Mal ärgert man sich über den Vermieter, mal regt einen der Nachbar auf, und natürlich nörgelt die Putzfrau an jedem Dienstag darüber, dass da immer noch der Kinderwagen im Treppenhaus herumstehen würde. Dann erklärt man ihr selbstbewusst, dass dies völlig legal sei und dass sie eben drumherum putzen oder den Wagen kurz wegschieben solle.

Andauernd kommt es in Deutschland zu heftigen Streitereien, die sich nur noch vor Gericht klären lassen. Mehr als 300 000 Wohn- und Mietfälle müssen die Richter pro Jahr bearbeiten. Ein Richter sagte mir: »Die Leute hören Halbwahrheiten, dann ärgern sie sich

(Un-)Wichtiges Wissen

Es ist nicht erlaubt, seinen Kinderwagen im Hausflur zu parken, ohne ihn zu nutzen. Gelegentliches Abstellen ist gestattet, doch vor allem abends und in der Nacht soll der Flur frei sein. (OLG Hamm)

über den Nachbarn oder den Vermieter und glauben, sie wären im Recht. Es beginnt mit Kleinigkeiten, wird immer größer, und schließlich gibt es einen handfesten Streit. Die Mischung aus Unkenntnis und Sturheit führt dann zu einem Fall, den es eigentlich nie gebraucht hätte.« Das habe auch zur Folge, dass es mittlerweile vor dem Einzug zu wahren Verhören kommt.

Als ich mit meiner Familie vor einigen Jahren in München eine Wohnung suchte, haben wir den potenziellen Vermietern alles mitgeteilt, was die wissen wollten: Haben wir Schulden? Wollen wir noch mehr Kinder? Wer sind unsere Arbeitgeber? Ist einer von uns arbeitslos? Sind wir vorbestraft? Das alles haben wir beantwortet, hätten es aber nicht müssen. In München kämpfen allerdings Menschen um Wohnungen wie Frauen um Schuhe beim Winterschlussverkauf – und die Chancen auf eine Wohnung erhöhen sich natürlich nicht unbedingt, wenn man dem Vermieter bei der Frage nach Vorstrafen entgegenschleudert: »Geht Sie gar nichts an!«

Wir wurden auch häufig gefragt, ob wir Raucher seien. Manche Vermieter erklärten ihr Haus zur rauchfreien Zone und wollten nur Mieter haben, die auf die tägliche Dosis Nikotin verzichten würden. Auch diese Frage ist unzulässig, der Vermieter kann einem das Rauchen nicht verbieten.

Es gibt noch mehr Volksweisheiten, die in etwa so wahr sind wie Politikeraussagen in Talkshows. Viele glauben, dass es vollkommen genügen würde, dem Vermieter drei mögliche Nachmieter zu präsentieren, um rasch aus dem Mietvertrag herauszukommen. Wer

Wissen für Nichtjuristen

Der Bundesgerichtshof entschied im Jahr 2008, dass Raucher beim Auszug nicht verpflichtet werden können, die Wohnung in besonderem Maße zu renovieren – sie müssen es nur tun, wenn die Spuren des Rauchens nicht durch Anstreichen und Tapezieren beseitigt werden können.

eine Nachmieterklausel vereinbart hat, der muss nur einen zumutbaren Nachmieter stellen. Ohne die Klausel allerdings kann er eine ganze Schiffsladung an Nachmietern anschleppen – es wird nur in Härtefällen (Job in einer anderen Stadt, Nachwuchs) funktionieren.

Auch die Annahme, fünf Mal Grillen pro Jahr sei einem gesetzlich zugesichert, ist vollkommener Quatsch. Das Grillen darf komplett untersagt werden, wenn es eine erhebliche Belastung für die Nachbarn darstellt – die Nachbarn dürfen gar die Miete mindern, wenn der Vermieter nicht dafür sorgt, dass die Belästigung aufhört.

Man kann als Mieter jedoch Spaß haben, wenn man sich mit den Gesetzen des Mietens und Wohnens auskennt. Da meine Familie zu den eher langweiligen Mietern gehört und wir in einem der harmonischsten Häuser dieses Planeten wohnen, veranstalten wir den Spaß im Mehrfamilienhaus, in dem mein Freund Tobias wohnt. Er ist der ideale Kandidat dafür: Er hasst seinen Vermieter, er hasst zwei seiner Nachbarn – und er ist sich sicher, dass er vom Vermieter und den Nachbarn ebenso gehasst wird.

(Un-)Wichtiges Wissen

Wenn sich ein Garagentor nur mit erheblicher Geräuschentwicklung öffnen lässt, darf die Garage nachts nicht benutzt werden. Wer zwischen 22 und 6 Uhr nach Hause kommt, muss sein Auto im Freien stehen lassen.

Tobi ist eigentlich ein lieber Kerl, als Tier wäre er ein Bär geworden, der tagsüber gemütlich auf einem Felsen herumliegt und Honig schlürft und nachts laut schnarchend in einer Höhle schläft und von Honig träumt. Er ist immer noch Single, was vielleicht daran liegt, dass er sich tatsächlich ausschließlich von Honig ernährt und es in seiner Wohnung aussieht, als wären sämtliche Superhelden dort eingezogen: Batman-Bettwäsche, Spiderman-Bademantel, He-Man-Zahnbürste. Dazu Actionfiguren, die noch immer unausgepackt auf den Regalen herumstehen. Er ist eine Mischung aus allen männlichen *Big-Bang-Theory*-Charakteren zusammen. Der Mann hat einen IQ von mehr als 140, er kann einem innerhalb von zwei Minuten die Relativitätstheorie erklären und die Aufgabe des Rubik-Zauberwürfels aus jeder Stellung in höchstens 25 Zügen lösen. Er kann aber keine Frau ansprechen, weil er die meistens für »blöde Schlampen« hält. Sein Zitat, nicht meins.

Tobi ist ein treuer Kumpel, zu Studienzeiten war er ein perfekter Begleiter, weil er Frauen gleichzeitig anzog und abstieß. Man musste ihm nur Alkohol geben und geduldig warten, dann lieferte das System Tobi genügend Frauen, um eine Demonstration für Gleichberechtigung starten zu können.

Wir treffen uns an einem Sonntagmorgen, weil Tobi der Meinung ist, dass sich um diese Uhrzeit interessante Beobachtungen machen ließen. Ich bin um acht Uhr morgens bei ihm, er führt mich in sein Schlafzimmer und sagt: »Gerade noch pünktlich, gleich geht es los!«

Sieben Minuten später hören wir aus der Wohnung unter uns Geräusche, bei denen ich mir sicher bin, dass eine Sau rituell abgeschlachtet wird, gleichzeitig ein brünftiger Elch röhrt und dazu noch das Treffen der Federkerninnung stattfindet. Vier Minuten später endet das Spektakel mit einem lang gezogenen Schrei der Sau und einem Röhren, das alle anderen Elche aus Bayern verjagen soll.

»Kein Rekord«, sagt Tobi gelangweilt und notiert in seinem Notizbuch die Zeit und die Lautstärke: 66 Dezibel. Ja, er besitzt tatsächlich ein Gerät, mit dem man die Lautstärke in seinem Schlafzimmer messen kann. Und er protokolliert seit mehr als drei Monaten die Aktivitäten in der Wohnung unter ihm. »Immer sonntags ab ungefähr acht Uhr, meistens drei Mal hintereinander, hin und wieder vier Mal. Die Bestmarke liegt bei sechs Mal Koitus.«

Er sagt wirklich Koitus.

Ich will gerade lachen, da beginnt der zweite Akt der

Schwein-Elch-Aufführung. Dauer: vier Minuten. Lautstärke: 62 Dezibel. Die dritte Runde dauert sechs Minuten und schafft 61 Dezibel, der Schlussakt bringt es innerhalb von zwei Minuten auf 63 Dezibel.

»Ich kann am Sonntag nie ausschlafen!«

Er zeigt mir die Tabelle der technischen Anleitung zum Schutz gegen Lärm mit den Richtwerten. In reinen Wohngebieten liegen sie tagsüber bei 50 und nachts bei 35 Dezibel.

»Das sind Richtwerte für Gewerbelärm.«

»Aufgrund der Regelmäßigkeit muss ich davon ausgehen, dass es sich dabei um Gewerbelärm handelt!«

»Und was willst du machen? Die beiden verklagen?«

»Ich dachte eher daran, die Miete zu mindern. Es gibt da Urteile.«

»Wenn ich bei meinem Projekt etwas gelernt habe, dann das: Man sollte erst einmal mit den Leuten reden.«

»Bist du betrunken? Willst du da runtergehen?«

»Klar!«

Ich nehme seinen Notizblock und sein Messgerät und stürme aus der Wohnung. Er folgt mir – und vergisst dabei vollkommen, dass er immer noch seinen Schlafanzug mit Superman-Logo trägt.

Ich klopfe, wenige Sekunden später öffnet eine Frau in Shorts und T-Shirt die Wohnungstür. Sie sieht ein wenig aus wie Miranda aus *Sex and the City* und nicht wie eine frisch aufgespießte Wildsau.

»Dürfen wir kurz reinkommen? Wir müssten etwas besprechen.«

Sie mustert mich, dann mustert sie Tobi – dann bittet sie uns herein. In der Wohnung riecht es nach Tee und Marihuana, es sieht aus, als wäre hier das Zentrum

Wissen für Nichtjuristen

Das Amtsgericht Charlottenburg entschied, dass die Miete um 30 Prozent gemindert werden darf, wenn sich im Haus ein Bordell befindet.

für Esoterik. Wir gehen in die Küche, dort sitzt ein Mann am Tisch, raucht eine Zigarette und trinkt Tee. Ich muss kichern, weil er tatsächlich ein wenig aussieht wie ein Elch.

»Hört zu, das ist alles ein bisschen unangenehm – Superman hier wohnt direkt über euch und bekommt jeden Sonntagmorgen mit, was ihr hier so treibt.«

Dem Gesichtsausdruck der beiden ist anzumerken, dass ihnen das alles andere als peinlich ist. Sie grinsen. Wem die Situation überaus peinlich ist: Tobi, der am Tisch steht und herumtrippelt.

»Tobi hat das protokolliert – und es stört ihn ungemein. Ich bin eher beeindruckt von der Quantität und der Regelmäßigkeit.«

Die beiden sehen sich an, dann lachen sie laut los.

Tobi und ich gucken irritiert.

»Ich wusste nicht, dass wir so laut sind.«

Ihr Gesichtsausdruck verrät, dass sie lügt.

»Es ist so: Mein Freund ist Franzose, er arbeitet seit ein paar Monaten in Straßburg. Er nimmt am Samstagabend den ersten Zug, den er bekommen kann, und kommt um halb acht Uhr am Bahnhof an. Dann eilt er natürlich sofort hierher. Wir haben nur den Sonntag, weil er spätestens am Montagmorgen wieder nach Straßburg fahren muss.«

Manchmal gibt es für mysteriöse Beobachtungen ganz einfache Erklärungen.

»Könnt ihr vielleicht ein bisschen leiser sein in Zukunft? Superman braucht seinen Schlaf, ihr seid wie ein Kryptonit für seine Kräfte am Sonntag.«

»Wir bemühen uns.«

Wir trinken noch einen Tee und stellen fest, dass der Freund während unse-

(Un-)Wichtiges Wissen

In Deutschland ist Sex mit Tieren seit dem Jahr 1969 per Gesetz erlaubt. Es gibt immer wieder Versuche, eine Novelle des Tierschutzgesetzes einzuführen und sexuelle Handlungen mit Tieren oder auch das Abrichten für solche Handlungen zu verbieten.

res kompletten Besuchs kein einziges Wort sagt, dann gehen wir.

»Siehst du, geht doch!«

Tobi sieht mich böse an.

»Du weißt, dass ich dich grundsätzlich hasse. Aber mein Hass war noch nie größer als in diesem Moment.«

»Warum denn?«

»Ich stehe im Superman-Schlafanzug in einer fremden Wohnung, während mein Freund einer Sexsüchtigen erklärt, dass ich derart einsam und verzweifelt bin, am Sonntag ihre Aktivitäten zu protokollieren!«

Tobi spricht nach diesem Zwischenfall zwei Monate nicht mehr mit mir – mittlerweile ist er in einer Beziehung und sagt, dass auch er sehr gut einen Elch nachahmen kann. Ich bin mir nicht sicher, aber ich fürchte, dass er darüber sehr penibel Protokoll führt.

Ich habe dadurch gelernt, dass es sich vor allem im Bereich des Zusammenlebens in einem Mietshaus durchaus lohnt, sich mit den Regeln und Gesetzen zu beschäftigen, bevor man sich unnötig aufregt oder zu spät feststellt, dass man über den Tisch gezogen wurde. Wir haben es in unserer Wohnung geschafft, dass Toilettenspülung und Sprechanlage repariert wurden und regelmäßig die Heizung entlüftet wird. Wir haben sogar durchgesetzt, dass wir in unserer Wohnung einen Trockner aufstellen durften – und zwar genau dort, wo wir es wollten –, ohne dass die Vermieterin etwas dagegen sagen konnte. Es ist auch uns überlassen, wann und wie lange wir das Fenster öffnen.

Informieren Sie sich, es lohnt sich!

Es ist wie bei der Auster. Wer nicht nachsieht, ob da eine Perle drin ist, der darf sich hinterher nicht darüber beschweren. Viele Vermieter nutzen die Unwissenheit der Mieter aus – aber es gehört natürlich zu den Pflichten, sich über die eigenen Rechte zu informieren.

Allerdings müssen Sie sich dann auch an die Regeln halten: Wir haben den Kinderwagen entfernt, wir lassen den Trockner nicht mehr nach zehn Uhr abends laufen, unser Sohn darf nur noch dann »Rock Band« in voller Lautstärke spielen, wenn in der Hypnosepraxis unter uns keine Sitzung stattfindet. Wir halten uns strikt an die Vorgaben zur Mülltrennung – und wenn wir bald ausziehen, dann werden wir keine Nachmieter präsentieren, sondern rechtzeitig kündigen und die Kündigung mit dem Wechsel des Wohnorts begründen.

Wer auf die Rechte pocht, der muss sich auch an die Pflichten halten. Es geht nicht immer nur darum, möglichst viel für sich herauszuschlagen, sondern sich mitunter so zu verhalten, dass es allen besser geht. Nicht nur in einem Mietshaus.

Der zweite große Konfliktort menschlichen Zusammenlebens ist wie erwähnt das Restaurant. Meistens geht es dort aber nicht um eine Perle in der Auster. Wir sind dort ständig mit dem Gesetz in Kontakt, an kaum einem anderen Ort gibt es derart viele Halbwahrheiten, die wir glauben. Es geht um miesen Service, verdorbenes Essen, schlecht gemixte Cocktails und Schrotkugeln im Hackfleisch.

Wer eine Schnecke im Salat findet, darf zwar den Salat zurückgehen lassen und muss auch danach nichts mehr essen – er muss aber die zuvor verzehrten Gerichte bezahlen. Wer sich beim Genuss von Fleisch einen Zahn ausbeißt, der muss beweisen können, dass dies tatsächlich wegen eines Fremdkörpers passiert ist. Ein Mann in Spandau bekam kein Geld, obwohl er beim Ćevapčići-Essen einen Backenzahn verloren hatte. Es könnte auch beim Biss auf ein Knorpelteilchen passiert sein, entschied der Bundesgerichtshof. Ein Mann im Schwarzwald dagegen bekam Geld, weil er beweisen konnte, dass der Zahnverlust auf ein Schrotkorn zurückzuführen war. Der Gast musste aber immerhin noch drei Viertel der Rechnung bezahlen, denn das Gericht stellte fest: Wer Wild isst, muss vorsichtig kauen.

Auch eine Reservierung kann nicht unbedingt ohne Konsequenzen abgesagt werden: Kann der Wirt nachweisen, dass ihm dadurch ein Schaden entstanden ist – wenn er etwa andere Gäste abweisen musste oder er eingekauftes Essen nicht verwenden kann –, dann kann er Schadenersatz verlangen. In England ist es bereits üblich, bei Reservierungen die Kreditkartennummer zu verlangen und einem ferngebliebenen Gast bis zu 50 Pfund in Rechnung zu stellen. Von derart drastischen Maßnahmen habe ich in Deutschland noch nicht gehört, eine Schadenersatzforderung ist indes nicht so selten, wie man glauben mag.

Meine Frau und ich haben uns vorgenommen, diese Fehleinschätzungen zu überprüfen und zu testen, wie die Menschen damit umgehen. Zuerst einmal im Steakhaus. Wir geben unsere Jacken am Eingang ab, ich sage zur netten Bedienung: »Passen Sie bloß darauf auf, die sind neu.«

Sie sieht uns verwundert an. An der Garderobe hängt wie in allen deutschen Wirtshäusern ein Schild – weshalb ich schon einmal ausgerechnet habe, wie reich der Mensch sein muss, der diese Schilder herstellt. Es gibt in Deutschland etwa 189 000 Restaurants, Cafés, Eisdielen und Wirtshäuser – und in jedem davon gibt es dieses Schild. Würde man diese Schilder einfach übereinanderlegen, dann gäbe es einen Turm, der etwa 630 Meter hoch wäre – und damit nach dem Burj Khalifa das zweithöchste Gebäude der Welt. Der Hersteller der Schilder müsste so reich sein, dass er sich einen Turm dieser Höhe leisten könnte. Rechnet man Diskotheken und Clubs noch hinzu, könnte es zum höchsten Bauwerk des Planeten reichen.

Auf diesem Schild stehen vier Worte: »Für Garderobe keine Haftung«. In den meisten Fällen ist dieses Schild noch nutzloser, als es ein Turm aus diesen Schildern wäre.

Ich bestelle ein 750-Gramm-Steak – und sorge nur kurz für Verwirrung, als ich meine Waage zücke und kurz prüfe, ob das Steak wirklich 750 Gramm wiegt.

Nachmessen macht einen nicht gerade beliebt – und die eigene Frau hasst einen schon zu Beginn eines schönen Abends.

(Un-)Wichtiges Wissen
Die Gewichtsangabe in der Speisekarte muss sich auf das Gewicht des Stückes beziehen, das auf dem Tisch liegt.

Das Steak war schwer genug, es war perfekt zubereitet und schmeckte herausragend. Nur mein Magen und mein Cholesterin beschweren sich gerade, warum sie im Körper eines derart verfressenen Menschen gefangen sind, und bestehen darauf, im nächsten Leben in Claudia Schiffer wiedergeboren zu werden.

Als wir unsere Jacken zurückfordern, stellt sich wie geplant heraus, dass sie weg sind. Wir haben einen Freund gebeten, ebenfalls das Restaurant zu besuchen und am Ende einfach unsere Jacken statt seiner mitzunehmen. Das ist gemein – aber es geht hier darum, etwas zu beweisen, und nicht darum, nett zu sein. Meine Frau findet mich peinlich und besteht darauf, vor dem Restaurant warten zu dürfen. Der Besitzer des Restaurants eilt herbei. »Das tut mir sehr leid«, sagt er, »wir werden da schon eine Lösung finden. Haben Sie noch einmal nachgesehen, ob die Jacken nicht umgehängt wurden? Das ist mir wirklich peinlich. So etwas ist in unserem Haus wirklich noch nicht passiert.« Er reagiert derart nett, dass es mir schwerfällt, meine Mission durchzuziehen.

(Un-)Wichtiges Wissen
Es ist vollkommen unerheblich, wie oft man nach der Rechnung fragt, die Drei-Mal-Fragen-Regel ist Quatsch. Ist die Rechnung nach 15 Minuten nicht da, darf man das Lokal verlassen – allerdings ist man verpflichtet, Namen und Adresse zu hinterlassen, sonst gilt es als Zechprellerei.

»Welche Lösung?«, frage ich. »Sie müssen mir die Jacken ersetzen. Beide waren Weihnachtsgeschenke unserer Eltern! Die bedeuten uns etwas.« Ich versuche, sowohl empört als auch mitleiderregend zu wirken. »Meine Eltern haben monatelang nach so einer Jacke gesucht und ziemlich viel Geld ausgegeben.« Würde nun eine Träne aus meinem linken Auge kullern, könnte ich bei der nächsten Oscar-Verleihung der Academy danken.

Der Besitzer des Wirtshauses sagt: »Wir haften nicht für die Garderobe, tut mir leid – aber ich bin bereit, Ihnen einen Gutschein auszustellen. Es tut mir wirklich sehr leid, dass die Jacken nicht mehr da sind.«

»Natürlich haften Sie für die Garderobe! Ich konnte die Garderobe nicht sehen – also haften Sie, egal, ob da ein Schild hängt oder nicht! Das ist im Bürgerlichen Gesetzbuch in den Paragrafen 205 Absatz 2, 307 Absatz 1 und 690 geregelt.«

Es ist manchmal ein herrliches Gefühl, Paragrafen zu zitieren. Jura kann tatsächlich Spaß machen, wenn man weiß, wie man Spaß damit haben kann.

Paragrafen auswendig lernen: 30 Minuten.

Zwei neue Jacken: 620 Euro.

Das Gesicht des Wirts: unbezahlbar.

»Ich wollte Ihnen gerade einen Vorschlag zur Güte machen.«

»Und ich wollte Sie bitten, mir 620 Euro zu bezahlen. Ich kann auch gerne die Polizei rufen.«

»Es kann doch nicht sein, dass ich für die Jacken bezahlen muss!«

Er wirkt verärgert – aber sieht anscheinend auch ein, dass ich recht habe. Zur Unterstützung meines Arguments zücke ich das BGB, das ich für alle Fälle eingepackt habe – und ich habe auch mehrere Zeitungsartikel dabei, die bestätigen, dass er für meine Jacken

Wissen für Nichtjuristen
Biergläser müssen bis zum Eichstrich gefüllt sein – der Schaum zählt nicht mit. Wenn bei einer Maß der Liter nicht erreicht ist, muss nachgeschenkt werden. (§§ 433, 437, 439 und 440 BGB)

verantwortlich ist und den Verlust bezahlen muss. Er schüttelt den Kopf.

»Das wusste ich nicht! Ich muss mich wohl bei Ihnen entschuldigen.« Das sagt er, nachdem er die Paragrafen und die Artikel durchgelesen hat.

Ich kann nicht mehr.

»Ich muss etwas gestehen: Es waren meine Freunde, die unsere Jacken mitgenommen haben – ich wollte nur sehen, wie Sie reagieren. Ich habe vorhin auch das Steak gewogen – da war alles in Ordnung. Ich finde es generös von Ihnen, dass Sie bezahlen wollten. Eigentlich ist das eine schöne Geschäftsidee: Jacken in Restaurants klauen lassen.«

Er sieht mich verärgert an.

»Sie müssen nichts bezahlen, keine Sorge!«

»Sind Sie noch zu retten? Hier brummt der Laden, wir sind total ausgebucht – und Sie nerven mich hier fast eine halbe Stunde lang? Spinnen Sie denn total? Hier sind alle am Rotieren, und Sie quatschen mich voll wegen Jacken, die überhaupt nicht gestohlen wurden? Schauen Sie bloß, dass Sie Land gewinnen! Also so was!«

Ein köstliches Steak mit Beilagen: 39 Euro.

Eine Flasche Châteauneuf-du-Pape: 47 Euro.

Weder Steak noch Wein jemals wiederzubekommen aufgrund eines doofen Buchprojekts: unbezahlbar.

Es ist manchmal kein herrliches Gefühl, Paragrafen zu zitieren. Andererseits: Wären die Jacken wirklich gestohlen worden, hätte der Wirt sie wirklich ersetzen müssen. Das weiß nur kaum jemand.

Ich wende mich nun der flüssigen Gastronomie zu.

Ich gehe mit Freunden in eine Kneipe – und achte bei jeder Bestellung darauf, dass auch tatsächlich ein halber Liter in dem Glas eingeschenkt ist. Das geht jedoch lediglich zwei Runden lang gut, weil meine Freunde dann nur noch Flaschenbier bestellen. Ich bin ihnen peinlich. Die Bedienung ist langsam und unfreundlich, weshalb meine Freunde be-

(Un-)Wichtiges Wissen
Unfreundlichkeit ist kein Kriterium, eine Minderung wegen mangelnden Services zu verlangen. Es braucht objektiv nachweisbare Gründe: Wer etwa mehr als 90 Minuten aufs Essen warten muss, der kann Minderung verlangen. Bei Getränken sind es gar nur 20 Minuten.

schließen, auf Trinkgeld zu verzichten. Ich überlege, ob man nicht vielleicht ein wenig weitergehen kann.

Ich lasse den Barchef rufen und erkläre ihm, dass die Bedienung unfreundlich gewesen sei und wir zudem länger als 20 Minuten auf unsere Bestellung warten mussten. Meine Freunde schämen sich, als wäre ich gerade nackt durch das Lokal geflitzt.

Der Barchef sagt gelangweilt: »Geht aufs Haus!«

Meine Freunde bestehen darauf, die Bar zu verlassen. Ihre Begründung: Was helfen einem Freigetränke, wenn das nächste Bier eine schleimige Konsistenz hat oder nach Spucke schmeckt?

Die Botschaft »Der Kunde ist König« wurde in vielen Bars und Clubs ersetzt durch »Halte die Klappe, oder ich spucke dir ins Bier«.

Wir gehen in eine Cocktailbar, ich bestelle einen Mai Tai, einen meiner Lieblingsdrinks. Er besteht aus Rum, Curaçao Orange, Orgeat, Zuckersirup und Limettensaft – in diesem Glas ist keine einzige dieser Zutaten.

Wissen für Nichtjuristen
Ein Wirt muss Essen, das dem Gast nicht schmeckt, nicht zurücknehmen. Geschmack ist kein objektiver Maßstab. Es braucht einen objektivierbaren Grund, etwa dass die Speise versalzen oder verbrannt ist. (§§ 433, 437, 439, 440 und 651 BGB)

Mein Getränk schmeckt wie eines dieser hypergesunden Gesöffe, die man im Fitnessstudio bekommt, wenn der Trainer bestellt. Man weiß dann: Was derart scheußlich schmeckt, muss gesund sein.

»Entschuldigung«, sage ich zum Barkeeper, der sich

lieber auf die Frauen an der Bar konzentriert als auf die Zutaten in den Gläsern, »das ist kein Mai Tai, das ist ein Vitaminshake. Der lässt mich wach werden, aber nicht betrunken. Können Sie mir bitte einen neuen machen – diesmal aber mit Rum und Limettensaft!«

Er nimmt das Glas ohne Murren und mixt einen neuen Cocktail – offenbar ist ihm das schon öfter passiert. Ich beobachte ihn dennoch, als wäre ich der Jäger des verlorenen Alkohols. Zum einen will ich sehen, was genau er da ins Glas schüttet, zum anderen möchte ich sichergehen, dass er nicht seine Spucke als eine der Zutaten verwendet. Er schüttet Rum hinein, allerdings so wenig, dass eine homöopathische Dosis als Überfluss gelten würde. Dazu irgendein Gemisch aus einer Plastikpackung und ein bisschen Zitronensaft. Während er schüttelt, zwinkert er einer Frau an der Bar zu, die offensichtlich sehr zufrieden mit ihrem Drink ist. Dann stellt er mir das Glas hin.

»Willst du mich verarschen?«, frage ich. »Ich möchte einen Cocktail und nicht nur den Tail!«

»Wie bitte?«

Er zwinkert der Frau wieder zu – als wollte er ihr zeigen, wie cool er diesen komischen Gast abfertigte.

»Einen anständigen Mai Tai, also einen mit Alkohol – und weil du nun drei Versuche gebraucht hast, wäre eine Runde des stärksten Getränks eine angemessene Entschädigung, oder?«

Er hebt die Augenbrauen: »In der Happy Hour sind die Cocktails nicht so stark.«

»Sagt wer?«

»Das weiß doch jeder! Ist Anweisung vom Chef!«

»Das ist aber illegal – man kann einen anständig gemixten Cocktail verlangen, auch zur Happy Hour.«

Ich hole mein BGB aus der Tasche und zeige ihm die Paragrafen, ich habe auch noch das Original-Mai-Tai-Rezept dabei. Meine Freunde tun derweil, als wäre ich ein verrückter Stalker, der ihnen in die Bar gefolgt ist. Der Barkeeper sieht auf Rezept und Gesetz: »Wir bereiten die hier normalerweise anders zu. Ich mische dir einen, wie du magst, und du bekommst noch ein Glas mit dem stärksten Schnaps, den wir hier haben.«

Meine Freunde tun mittlerweile so, als hätte ich ein Elixier genommen, das mich unsichtbar macht. Nach einigen Minuten habe ich meinen Cocktail in der Hand und dazu ein Glas mit einer durchsichtigen Flüssigkeit.

»Slibowitz«, sagt er.

Ich kippe die Flüssigkeit hinunter und bin zufrieden – zumindest eine Minute lang. Dann wird mir schwummrig, ich sehe nichts mehr, und ich merke, wie meine Knie zu Pudding werden. Ich schaffe es gerade noch auf die Toilette, wo ich mich meiner Meinung nach fünf Minuten sammle. Als ich wieder zurückkomme, fragen mich meine Kumpels, wo zur Hölle ich die vergangene halbe Stunde gewesen bin. Zwei sind schon gegangen.

Der Barkeeper grinst: »72 Umdrehungen – du wolltest das Stärkste.«

Wir bleiben noch zwei Stunden, irgendwann ist meine Sehkraft wieder da. Adam und ich sind die Letzten, die noch übrig geblieben sind, die anderen sind aus fadenscheinigen (Arbeit), unsinnigen (Müdigkeit) und durchaus nachvollziehbaren (Freundin im Nachthemd) nach Hause gegangen. Ich bleibe immer bis zum Ende, ich bin der Großrechner des Weggehens: entweder eins oder null.

Adam und ich haben nur Mai Tai getrunken, dennoch sagt der Barkeeper: »Da sind noch zwei Cuba Libre offen, die haben eure Freunde vergessen.«

Ich sage: »Na und?«

»Könnt ihr die schnell mitbezahlen? Ihr wisst schon: Der Letzte zahlt die Rechnung!«

Das ist wie ein Elfmeter für mich. Der Spruch mit dem Letzten und der Zeche ist nämlich ebenso falsch wie der mit der Garderobe und der Haftung. Es ist die Aufgabe des Wirts, Einzelrechnungen zu führen und jeden Gast korrekt abzukassieren. Der Gast muss sich nicht einmal merken, wie viel er getrunken hat – auch das ist Aufgabe des Wirts.

»Das stimmt nicht, der Letzte zahlt überhaupt nicht!«

»Aber der Adam zahlt.«

Während ich mir eine Strategie überlegt habe, meine Meinung zu begründen, hat Adam längst die Getränke der anderen bezahlt und führt mich nun nach draußen: »Nur weil du im Recht bist, musst du noch kein Vollidiot sein. Wir haben das getrunken, und wir bezahlen es auch. Die anderen geben uns beim nächsten Mal einen aus. Es wird Zeit, dass dein Projekt vorbei ist. Du bist wirklich zu einem schrecklichen Pedanten geworden.«

Es stimmt: Ich bin so ungenießbar wie mancher Cocktail. Ich muss aufhören, wie ein Pedant daherzukommen.

Ich sehe ihn an: »Aber wenn wir in einer Auster mal eine Perle finden, dann stecken wir sie einfach ein und gehen heim.«

»Das tun wir«, sagt er – und setzt mich in ein Taxi.

Kapitel 16

Du lebender Ödipuskomplex!

Meine Frau hat es nicht immer leicht mit mir. Sie hat mich nur deshalb geheiratet, weil sie gehofft hat, mich mit ihren erzieherischen Fähigkeiten irgendwann zu einem besseren Menschen zu machen, doch es funktioniert nicht wirklich. Ich bin immer noch derselbe Flegel, den sie vor mehr als einem Jahrzehnt kennengelernt hat. Was meine Frau besonders stört: Ich verwende zu viele Schimpfwörter.

Ich bin ein Anhänger von Direkt-Deutsch, ich sage gerne, was ich denke – und ich verwende dabei gerne die Worte, die mir gerade einfallen. Mir ist durchaus bewusst, dass ich dabei meistens nicht nur einen Schritt zu weit gehe. Der Publizist Wolf Schneider erfand in der Fernsehsendung *NDR Talkshow* gar den Neologismus »Arschlöcherei«.

Damit ist nun Schluss: keine Schimpfwörter und Beleidigungen mehr, ein Jahr lang. Das hat sich nicht nur meine Frau verdient, es ist auch meinem Sohn geschuldet, der sich mittlerweile in einem Alter befindet, in dem er alles toll findet, was sein Vater macht – was meine Frau übrigens als »gefährlichste Zeit in Finns Leben« bezeichnet.

(Un-)Wichtiges Wissen

Dieter Bohlen wurde einmal freigesprochen, obwohl er einen Beamten gegen dessen Willen geduzt hatte. Begründung: Bohlen sei es gewöhnt, jeden Menschen zu duzen.

Er hat sich zu einem menschlichen Papagei entwickelt, der alles nachplappert, was sein Vater sagt. Beim Basketball etwa: »Scheiß-Pass!« Wenn ich ihm dann erkläre, dass es zu den Hobbys von Steffen Hamann gehört, schlechte Pässe zu seinen Kollegen zu spielen, dann fragt er: »Warum sagst du nicht schlechte Pässe, sondern dauernd Scheiß-Pässe?« Was soll man da antworten außer: »Okay, in Zukunft sage ich, dass die Pässe schlecht sind.«

Beleidigungen gehören zum täglichen Leben, von manchen Menschen werden sie sogar erwartet. Muhammad Ali ist nicht nur deshalb berühmt, weil er schwebte wie ein Schmetterling und stach wie eine Biene, sondern auch deshalb, weil er Sätze sagte wie: »Sonny Liston ist so hässlich, wenn er weint, dann laufen die Tränen seinen Hinterkopf hinunter.« Von Joschka Fischer wird dereinst diese Aussage in Erinnerung bleiben: »Mit Verlaub, Herr Präsident, Sie sind ein Arschloch!« Mittlerweile ist der Fußballer Zlatan Ibrahimović der Meister der Beleidigung, über John Carew sagte er: »Was der mit dem Ball kann, kann ich mit einer Orange.«

Eine Beleidigung ist jegliche Verletzung der persönlichen Ehre eines anderen: Der Täter beleidigt einen anderen verbal oder mit einer Geste, er äußert sich beleidigend gegenüber Dritten über eine nicht anwesende Person – oder er behauptet etwas Ehrverletzendes, das nach herrschender Meinung unwahr sein muss. Im letzteren Fall könnten zur Beleidigung noch üble Nachrede und Verleumdung hinzukommen, wenn noch weitere Personen anwesend sind. Es ist ein Antragsdelikt, dem die Strafverfolgungsbehörden nur auf Antrag des Verletzten nachgehen. Täglich werden Millionen von Beleidigungen ausgesprochen, ohne dass sie zur Anzeige gebracht werden.

Wissen für Nichtjuristen
Die Verunglimpfung des Bundespräsidenten ist laut § 90 StGB strafbar, es drohen bis zu fünf Jahre Haft. Die Tat wird allerdings nur mit Ermächtigung des Bundespräsidenten verfolgt.

Bislang dachte ich immer: Ein Schimpfwort ist ein Schimpfwort ist ein Schimpfwort. Wer auf Schimpfwörter verzichtet, dem kann auch keine Beleidigung passieren. Deshalb habe ich einen Polizisten gebeten, in den Akten zu stöbern und mir die zehn häufigsten Fälle von Beleidigungen herauszusuchen. Ich möchte ein Wörterbuch »Schimpfwort harmlos« erstellen, um mich selbst zu schützen.

Die zehn Schimpfwörter stammen nicht von mir, ich bin diesmal unschuldig – ich bin nur für die Verharmlosungen verantwortlich:

Schimpfwort	**Verharmlosung**
Arschloch	Gesäßöffnung
Hurensohn	Kind einer Halbweltdame
Penner	Freiluftübernachter
Motherfucker	Lebender Ödipuskomplex
Schwuchtel	Heterosexuell Ungeeigneter
Wixer	Selbstbefriediger
Schwanzlutscher	Fellatiofan
Nullbumser	Fortpflanzungsverweigerer
Armleuchter	Kandelaber
Schlampe	Befürworterin multipler Koitus

Nur bin ich mit meinem Wörterbuch nicht auf der sicheren Seite. Es muss nämlich geprüft werden, ob eine Äußerung einen ehrverletzenden Inhalt hat. Wer also im Straßenverkehr ruft: »Fahr schneller, du lebender Ödipuskomplex. Ich trete dir in die Gesäßöffnung, du Kandelaber«, der kann sich dennoch einer Beleidigung strafbar machen. Wer einem Freund auf dem Fußballplatz nach einem misslungenen Pass zuruft, dass er ein »blinder Depp« sei, der beleidigt ihn nicht unbedingt. Entscheidend ist der Vorsatz, den anderen zu beleidigen, was mit dem schönen lateinischen Begriff *animus iniurandi* beschrieben wird.

Es ist nicht einfach, eine Beleidigung klar zu definieren – zumal sie im Strafgesetzbuch nur als Androhung formuliert wird: »Die Beleidigung wird mit Freiheitsstrafe bis zu einem Jahr oder mit Geldstrafe und, wenn die Beleidigung mittels einer Tätlichkeit begangen wird, mit Freiheitsstrafe bis zu zwei Jahren oder mit Geldstrafe bestraft.«

Bleibt immer noch die Frage: Was ist eine Beleidigung?

Eigentlich könnte sich nun jeder, der wegen Beleidigung angeklagt ist, auf den ersten Paragrafen des Strafgesetzbuchs oder den 103. Artikel im Grundgesetz berufen: »Eine Tat kann nur bestraft werden, wenn die Strafbarkeit gesetzlich bestimmt war, bevor die Tat begangen wurde.« Ein wenig deutlicher: Keine Strafe ohne Gesetz. Bestraft ein Richter einen Beleidiger dennoch, so macht er sich eigentlich gemäß Paragraf 339 der Rechtsbeugung strafbar.

Um das zu vermeiden, kam das Bundesverfassungsgericht zu dieser Entscheidung: »Auch wenn das für eine unter der Geltung des Grundgesetzes erlassene Strafvorschrift als unzureichend anzusehen sein sollte, hat der Begriff der Beleidigung jedenfalls durch die über hundertjährige und im Wesentlichen einhellige Rechtsprechung einen hinreichend klaren Inhalt erlangt, der den Gerichten ausreichende Vorgaben für die Anwendung an die Hand gibt und den Normadressaten deutlich macht, wann sie mit einer Bestrafung wegen Beleidigung zu rechnen haben.«

Beleidigungen gehören deshalb zu den Delikatessen des deutschen Rechts.

Man kann nämlich auch dann wegen Beleidigung belangt werden, wenn man hinterher beweisen kann, dass die Behauptung der Wahrheit entspricht. Dafür gibt es im Strafgesetzbuch den Paragrafen 192: »Der Beweis der Wahrheit der behaupteten und verbreiteten Tatsache schließt die Bestrafung nach § 185 nicht aus, wenn das Vorhandensein einer Beleidigung aus der Form der Behauptung oder Verbreitung oder aus den Umständen, unter welchen sie geschah, hervorgeht.« Wer also einen Mitmenschen als »verlausten Penner« bezeichnet, wird auch dann bestraft, wenn sich herausstellt, dass der Beleidigte tatsächlich unter einer Brücke wohnt und ein paar Läuse beherbergt.

Auch interessant: Es gibt zwar keine Beamtenbeleidigung, wohl aber eine Beleidigung durch Amtsträger. Der Bundesgerichtshof verurteilte im Februar 2006 einen Richter, der einen Prozessbeteiligten gefragt hatte, »ob dieser ihn nicht verstehen will oder zu dumm sei, ihn zu verstehen«. Das Oberlandesgericht Frankfurt erlaubte im August 2002 die Ablehnung eines Richters wegen Befangenheit, nachdem der eine Prozesspartei als »Querulant« bezeichnet hatte.

Es treffen also das Recht auf freie Meinungsäußerung und der Tatbestand der Beleidigung aufeinander – und in jedem einzelnen Fall muss geprüft werden. Es geht darum, ob sich jemand durch eine Aussage in seiner Ehre verletzt fühlt und ob es tatsächlich die Absicht des vermeintlichen Täters war, den anderen zu beleidigen.

Dazu gibt es einen schönen Fall aus einer juristischen Wochenzeitung: Ein Passagier im Flugzeug ärgert sich darüber, dass der Pilot nicht zügig genug zur Startbahn fährt, die Tür zum Cockpit steht offen. Wütend ruft der Gast nach vorne: »Sie sind ja nicht mehr als ein Busfahrer!« Neben ihm sitzt jedoch ein anderer Passagier, der von Beruf Busfahrer ist. Nun entscheiden Sie: Wer ist in diesem Fall beleidigt worden? Der Begriff »Busfahrer« hat an sich keinen ehrverletzenden Charakter – ganz im Gegenteil, es ist ein schöner Beruf –, doch könnte sich der Pilot beleidigt fühlen, weil ihn der Passagier – wie aus den Umständen hervorgeht – klar verletzen wollte. Auch der Busfahrer selbst könnte gekränkt sein, weil sein Nebenmann unterstellt, dass Busse zu steuern eine minderwertige Profession sei. Nur: Ausschlaggebend ist bei einer Beleidigung nicht der Wortlaut, sondern der Vorsatz, eine Person oder eine bestimmte Gruppe zu beleidigen. Der wütende Passagier wollte offensichtlich den Piloten in seiner Ehre kränken, nicht aber seinen Nebenmann, von dem er ja gar nicht wusste, dass der Busfahrer ist. Also hätte nur der Pilot die Möglichkeit, den aggressiven Gast anzuzeigen.

Der Umgang mit ehrverletzenden Äußerungen ist wie das Balancieren auf einem Hochseil über einem gefrorenen Teich: Man könnte jeden Moment herunterfallen – und dann weiß man nicht, ob das Eis einen trägt, ob sich darunter nur Wasser oder eventuell Krokodile befinden und ob die Menschen am Ufer einen herausziehen oder noch ein paar Piranhas hinterherwerfen.

Ich habe einmal in einer Einzelkritik die Innenverteidiger des FC Bayern – es waren damals Breno und Anatolij Timoschtschuk – als »Taps und Taumel« bezeichnet. Der FC Bayern verklagte mich nicht, auch die beiden Spieler nahmen die Ausdrücke mit Humor – einer ließ sich die Kritik gar in seine Landessprache übersetzen und soll herzlich darüber gelacht haben. Ein Kollege und drei Leser allerdings fanden es gar nicht lustig und forderten mich auf, die Beleidigungen künftig zu unterlassen. Das zeigte mir: Es kommt nicht nur auf den Einzelfall an, sondern auch auf den einzelnen Menschen. Was der eine komisch findet, hält der andere für eine schlimme Beleidigung.

Wie oft passiert so etwas?

Ich habe noch nie jemanden wegen Beleidigung angezeigt, aber ich habe mich sehr wohl beleidigt gefühlt. Ich habe mich geärgert, bin aber meist nach den Worten des Dichters Lucius Annaeus Seneca verfahren: »Entweder ist es ein Mächtigerer, der dich beleidigt hat, oder ein Schwächerer. Ist er schwächer, so schone ihn, ist er mächtiger, so schone dich!«

Am ersten Tag meines Projekts, ein Jahr lang kein Gesetz zu brechen, unterhalte ich mich beim Frühstück mit meiner

Frau. Wir sprechen über Freunde, Verwandte, Kollegen. Ich nenne eine von Hannis Freundinnen eine Verrückte. Wäre Hanni nun ein bösartiger Mensch, würde sie mich anzeigen. Weil sie aber nur ein böswilliger Mensch ist, schreibt sie der Freundin nur eine SMS und erzählt ihr, wie ich sie gerade genannt habe. Ich frage meine Frau, ob sie noch zu retten sei. Sie sagt nur: »Ich will dir nur zeigen, wie schnell das gehen kann mit den Beleidigungen! Reiß dich endlich mal zusammen!« Außerdem beschwert sie sich, dass ich sie an diesem Morgen schon drei Mal in ihrer Ehre herabgesetzt hätte. Ich hätte keine Schimpfwörter verwendet, aber mich abfällig über ihren Fitnesszustand geäußert.

Fünf Beleidigungen innerhalb einer Stunde. Und das ohne Schimpfwörter.

Ich gehe in die Arbeit – und werde sogleich von einem Kollegen begrüßt, der die Bürotür hinter sich schließt und sich über die Vorkommnisse in der Morgenkonferenz echauffiert. Er motzt, beleidigt, redet übel nach. Kleine Lästereien über ungeliebte und auch über geliebte Kollegen gehören zu den Gründen, warum man morgens aufsteht und sich in die Arbeit schleppt. Es baut Aggressionen ab, ohne dass jemand direkt verletzt wird.

Es gibt Dinge, die müssen einfach gesagt werden – aber nicht alles, was gesagt werden muss, muss auch gehört werden.

Wir hoffen alle, dass das, was in dem Lästerraum passiert, auch in dem Lästerraum bleibt. So wie alles in Las Vegas bleibt, was in Las Vegas passiert. Nur: Nicht alles bleibt in Las Vegas, Herpes etwa nimmt man mit nach Hause. Und genauso passiert es mit Gerüchten und Lästereien: Irgendwann kommt es heraus. Die meisten Menschen verfahren dann so: Wenn ich erwischt werde, dann finde ich einen Weg, mich herauszureden. Und wenn ich mich nicht herausreden kann, dann schiebe ich die Schuld auf einen anderen. Und wenn ich die Schuld nicht auf einen anderen schieben kann, dann hoffe ich, dass es keinen Beweis für meine Schuld gibt. Wenn es einen Beweis für meine Schuld gibt, dann versuche ich, den Beweis ins Lächerliche zu ziehen. Sollte das nicht funktionieren, so brülle ich so lange herum, bis sich keiner mehr traut, mich anzuklagen.

Mein Vater hat sein ganzes Leben auf dieser Begründungskette aufgebaut – und wenn wir ehrlich sind, dann tut das fast jeder: Es vergeht bei den meisten Menschen kein Tag, ohne dass sie eine andere Person beleidigen, sie in ihrer Ehre herabwürdigen oder schlecht über sie reden.

Ich hatte an den Tagen meiner Analyse ein Diktiergerät in der Hosentasche, sodass ich abends noch einmal abhören konnte, was am Tag so gesagt wurde: 58 Beleidigungen, davon 34 mit Schimpfwort, 79 herabwürdigende Aussagen, 145 falsche Tatsachenbehauptungen, 117 Lästereien, die man als anzeigewürdige Beleidigungen interpretieren kann. 83 Aussagen, die als sexuelle Belästigung gewertet werden können, übrigens stammen 39 davon von Frauen – #aufschrei ist also keine sexistische Einbahnstraße. Dazu kommen noch 53 beleidigende Gesten pro Tag.

Ich bin fest entschlossen, ein ehrlicher und doch netter Mensch zu werden und keine Beleidigungen mehr zu verwenden und nicht mehr zu lästern. Ich frage mich selbst vor jeder Aussage: Könnte ich den anderen verletzen durch das, was ich sage?

Ein paar Tage lang fällt es mir schwer, ich ertappe mich nicht selten dabei, spontan Sätze zu sagen wie: »Das ist doch kompletter Blödsinn!« Oder: »Der hat doch überhaupt keine Ahnung, was er macht.« Oder: »Du Knalltüte!« Und natürlich auch: »Du Arsch!« Es ist unglaublich, wie man vor sich selbst erschreckt, wenn man sich mal ein paar Tage lang beobachtet.

Aber es ist möglich: Man kann seinen Mitmenschen die ehrliche Meinung mitteilen, ohne sie gleich zu beleidigen. Man braucht keine Schimpfwörter, um seinem Unmut Luft zu machen. Und Lästern macht gar nicht so viel Spaß, wie ich immer dachte.

Es ist ein ständiger Kampf mit mir selbst, die richtigen Worte zu finden. Und weil ich nicht lügen möchte, muss ich sagen, dass ich bei diesem Gesetz vor allem in den ersten Monaten total versagt habe, in den mittleren Monaten ein wenig besser war und nun beim Tippen dieser Zeilen wieder total versage. Ich ärgere mich über mich selbst, also habe ich vorhin den Computer als »inkompetentes Dreckschwein« beschimpft, meinen Vater beleidigt, weil er es gewagt hatte, mich beim Schreiben zu stören, meinen Neffen als »aufgeblasenen Luftballon« bezeichnet, dessen »Nacken man für gutes Geld beim Metzger verkaufen könnte« – und den Braten meiner Mutter für »trockener als die Sahara« erklärt.

Autoren sind unsensible Schwachköpfe, wenn sie gerade einen Text schreiben – und sollte ich hiermit einen ganzen Berufsstand beleidigt haben: Nun tut nicht so scheinheilig, wir sind wirklich meistens unsensible Schwachköpfe!

Ich versage auf der ganzen Linie.

Meine Frau ist dennoch glücklich über die Verbesserung und belohnt jeden Tag ohne Beleidigung mit einem Cupcake. Sie freut sich vor allem darüber, dass unser Sohn keine schlimmen Wörter von seinem Vater lernt. Auffällig ist außerdem, dass mir die Menschen respektvoller begegnen, seit ich nicht mehr das Mundwerk eines Komikers mit Vertrag bei RTL habe. Das Diktiergerät zeichnet einen Monat nach Beginn des Versuchs nur 20 Beleidigungen und weniger als 30 herabwürdigende Äußerungen täglich auf. Und wenn mich tatsächlich jemand beleidigt, dann schieße ich nicht mehr zurück wie bisher, sondern gehe gelassen damit um und denke mir, dass die Äußerungen mehr über ihn aussagen als über mich.

Arthur Schopenhauer schrieb in seinem Werk *Parerga und Paralipomena II*: »Es gibt kein sichereres Merkmal der Größe, als kränkende oder beleidigende Äußerungen unbeachtet hingehen zu lassen, indem man sie eben wie unzählige andere Irrtümer der schwachen Erkenntnis des Redenden ohne weiteres zuschreibt und sie daher bloß wahrnimmt, ohne sie zu empfinden.«

Natürlich habe ich mir das Fluchen nicht komplett abgewöhnt, denn manchmal ist es einfach hilfreich, seinen Ärger hinauszubrüllen.

Nur halte ich mich jetzt an den Grundsatz: Es gibt Dinge, die müssen einfach gesagt werden – aber nicht alles, was gesagt werden muss, muss auch gehört werden.

Kapitel 17

Ich bin Anwalt! Ich auch! Ich auch!

In einem amerikanischen Gericht Ende des vergangenen Jahrhunderts. Ein Anwalt befragt einen Arzt über einen kürzlich verstorbenen Menschen.

Anwalt: Erinnern Sie sich an den genauen Zeitpunkt der Autopsie?

Doktor: Die Autopsie begann gegen 9:30 Uhr.

Anwalt: Mr. Meyer war zu diesem Zeitpunkt tot?

Doktor: Nein, er saß auf dem Tisch und wunderte sich, warum ich ihn autopsiere.

Anwalt: Haben Sie den Puls gemessen, bevor Sie mit der Autopsie anfingen?

Doktor: Nein.

Anwalt: Haben Sie den Blutdruck gemessen?

Doktor: Nein.

Anwalt: Haben Sie die Atmung geprüft?

Doktor: Nein.

Anwalt: Ist es also möglich, dass er noch am Leben war, als Sie ihn autopsierten?

Doktor: Nein.

Anwalt: Wie können Sie so sicher sein, Doktor?

Doktor: Weil sein Gehirn in einem Glas auf meinem Tisch stand.

Anwalt: Hätte der Patient trotzdem noch am Leben sein können?

Doktor: Ja, gut möglich, dass er noch am Leben war und irgendwo als Anwalt praktizierte.

Für diese Aussage soll der Doktor vom Gericht mit einer Strafe von mehr als 1000 Dollar belegt worden sein.

Wer 327 Stunden lang Gesetze liest, kann Sätze wie diesen hier auswendig aufsagen: »Wer ohne rechtlichen Grund eine Verbindlichkeit eingeht, kann die Erfüllung auch dann verweigern, wenn der Anspruch auf Befreiung von der Verbindlichkeit verjährt ist.« Das ist der Paragraf 821 im BGB und trägt den wunderbaren Titel »Einrede der Bereicherung«. Es ist schön, so einen Satz auswendig zu können, weil man ja nie weiß, ob man ihn noch einmal braucht im Leben, diesen Satz.

So einen Satz zu kennen bedeutet natürlich noch nicht, ihn zu verstehen. Es kann sogar zu grandiosen Irrtümern führen, wenn man etwa glaubt, das Freizügigkeitsgesetz würde die Länge von Miniröcken regeln oder die Kleiderordnung am FKK-Strand festlegen. Zum Glück gibt es in Deutschland zahlreiche Menschen, die Gesetzestexte übersetzen und uns zu erklären versuchen, was wir wieder mal falsch gemacht haben.

Sie existieren nur, weil Gesetze so formuliert sind, dass sie kein Mensch versteht.

Es gibt mehr als 20000 Richter, einer für 4050 Bürger. Dazu kommen fast 50000 Bedienstete bei den Amtsgerichten und 15500 Menschen, die bei den Landgerichten arbeiten.

Und 150000 Rechtsanwälte. Vor 20 Jahren waren es hierzulande gerade einmal 60000 Anwälte, wobei der Anstieg natürlich damit begründet werden kann, dass sich in dieser Zeit auch die Zahl der Gesetze und Verordnungen mehr als verdoppelt hat.

Dazu 90000 Steuerberater und 14000 Wirtschaftsprüfer. Wieder ein kleiner Vergleich: Vor 20 Jahren gab es 50000 Steuerberater, der Beruf des Wirtschaftsprüfers schien damals gerade erst erfunden worden zu sein – gerade einmal 6000 übten diese Tätigkeit aus. Die gegnerische Truppe ist ähnlich stark aufgestellt: 110 000 Finanzbeamte.

Nun sollten wir noch jene hinzurechnen, die dafür sorgen, dass wir auch ja jedes Gesetz und jede Verordnung einhalten: 264 000 Polizisten, 41 000 Bundespolizisten und 34 000 Zöllner. Und natürlich sind da noch die Gesetzgeber und jene, die hauptberuflich die Gesetzgeber kritisieren. Die nennt man Politiker – es gibt etwa 55 000 Menschen, die davon leben können.

In Deutschland sind es nicht weniger als 843 500 Menschen, die uns Gesetzestexte übersetzen und erklären, die dafür sorgen, dass wir Gesetze achten – und die entscheiden, welcher Gesetzestextübersetzer die richtige Übersetzung geschafft hat. Wir brauchen in Deutschland für 102 Bürger einen Menschen, der sich um die Erstellung, Einhaltung oder die Erklärung von Gesetzen kümmert.

Wissen für Nichtjuristen

Niemand muss bei der Polizei eine Aussage machen, es gibt auch keine Erscheinungspflicht oder »Vorladungen« bei der Polizei. Nur Ladungen durch Staatsanwaltschaft oder Gericht muss Folge geleistet werden. (§§ 163a, §214 StPO)

843 500 Menschen für etwa eine halbe Million Gesetze und Verordnungen. Damit könnte man zwölf Mal die Allianz-Arena füllen. Man könnte auch alle Einwohner Stuttgarts verscheuchen und sie durch Gesetzesmenschen ersetzen. Man könnte auch jeden von ihnen nacheinander »Hier« rufen lassen. Lässt man pro Sekunde einen brüllen, dann müsste man erst nach zehn Tagen von vorne beginnen.

Gott brauchte bei den Zehn Geboten nur einen, dem er sie am Berg zuteilwerden ließ. Aber Gott ist ja auch kein deutscher Gesetzgeber.

Kapitel 18

27 000 Euro für ein Fußballspiel

Die Planespotter am Besucherpark des Münchner Flughafens sind aufgeregt: 200 stehen auf dem Hügel, 50 weitere an den Zäunen vor der Landebahn. Durch Ferngläser schauen sie auf die Einflugschneise in Richtung Nordwesten, sie warten auf die Landung der Boeing 767-33AER mit der Kennung *P4-MES*, des Privatjets von Roman Abramowitsch. »Dieses Flugzeug fotografiert man nur sehr, sehr selten«, sagt einer mit zwei gewaltigen Kameras in der Hand. Als eine Lufthansa-Maschine landet, drückt er gelangweilt ab: »Chronistenpflicht.« Die Abramowitsch-Boeing, das wäre eine Trophäe, noch dazu an diesem Tag. Es ist der 19. Mai 2012, der Tag des Champions-League-Finales in München.

Abramowitsch gilt als Meister des Tarnens und Täuschens. Fotos von ihm gibt es gemeinhin nur, wenn er mit Fünftagebart und sarkastischem Grinsen auf VIP-Tribünen von Fußballstadien sitzt oder in Gerichtsgebäude schreitet. Freiwillig lässt er sich nur mit Fußballern wie John Terry oder Frank Lampard in Londoner Restaurants fotografieren, wenn er dem russischen Präsidenten seine Unantastbarkeit demonstrieren muss.

Warum ich hinter Abramowitsch her bin? Es ist mein Auftrag an diesem Tag, dem Tag des Champions-League-Finales in München zwischen dem FC Bayern und dem FC Chelsea.

Meine Jobbeschreibung lautet: Verfolge Roman Abramowitsch!

Ich muss versuchen, einen Menschen aufzuspüren, zu dessen Hobbys es gehört, sich nicht aufspüren zu lassen. Es ist wie das Brettspiel »Scotland Yard«, nur im richtigen Leben und auf ganz München ausgedehnt. Abramowitsch gibt den »Mister X«, ich einen der Agenten. Ich bin bereit und stehe um elf Uhr morgens am Flughafen bei den Planespottern. Meine letzte Hoffnung ist es, ihn in der VIP-Loge des Stadions anzutreffen.

Ja, ich habe tatsächlich eine Karte für diesen Bereich. Ich hatte mich als Journalist akkreditiert, allerdings bekam die *Süddeutsche Zeitung* nur vier Tickets für das Spiel – und ich stand auf der Liste auf Platz fünf!

Ich hatte mich schon damit abgefunden, das Spiel vor dem Fernseher in der Redaktion zu verfolgen und den Kollegen bei der Erstellung der Sonderseiten zu helfen, als mir drei Tage vor dem großen Spiel mein Freund Murat dieses tolle Ticket anbot:

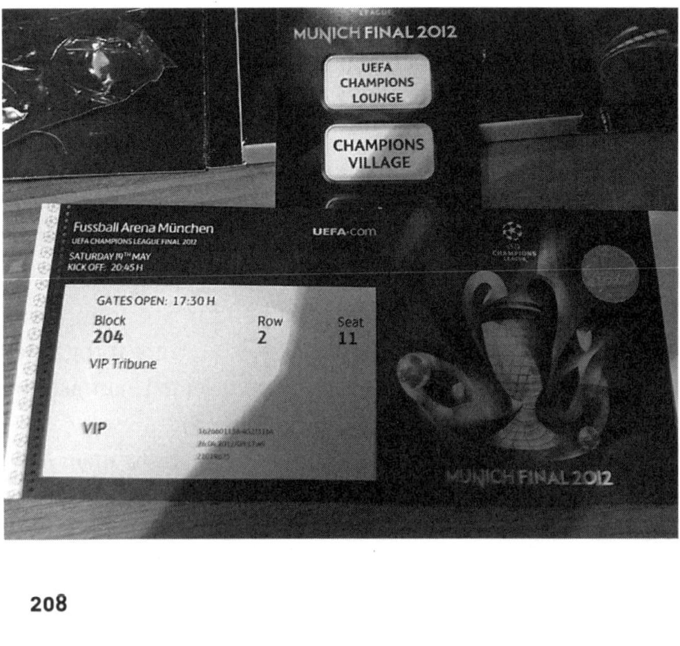

Ja, tatsächlich: Ein VIP-Ticket für das Champions-League-Finale in München.

Ich informiere meine Vorgesetzten über die Möglichkeit, doch ins Stadion zu gelangen – und die erteilen mir sogleich Aufträge: Einzelkritik FC Chelsea. Bericht über das Verhalten von Horst Seehofer und Christian Ude, die nebeneinander auf der Tribüne sitzen. Infos über das Essen in der Loge für den Liveblog. Reportage über die Suche nach einer der mythenumranktesten Personen der Welt.

Erst einmal jedoch muss ich eine Diskussion moderieren: Es streiten sich der Journalist Jürgen Schmieder und der Schwarzmarkthändler Jürgen Schmieder. Der Schwarzmarkthändler sagt: »Was ist eigentlich, wenn du die Karten versteigerst? Da steht nirgends dein Name drauf, du hast Zugang zu sämtlichen VIP-Bereichen des Stadions, und während des Spiels sitzt du direkt bei den Promis. Was wird für so ein Ticket wohl bezahlt?«

Nachschauen schadet nicht – obgleich ich fast vom Stuhl kippe, als ich die Preise sehe, die auf diversen Internetseiten aufgerufen werden. 4500 Euro für zwei Karten der niedrigsten Kategorie, 7000 Euro für einen Sitzplatz im Oberrang, 11 300 Euro für einen Platz auf der Haupttribüne. Auch schön: Es wird ein Ticket für 1500 Euro angeboten, auf dem »Champions-League-Finale in München« steht – nur ist damit nicht das Spiel zwischen dem FC Bayern und dem FC Chelsea gemeint, sondern das Frauen-Endspiel zwischen dem FFC Frankfurt und Olympique Lyon im Olympiastadion.

Kann ich denn so einfach meine Eintrittskarte verkaufen? Darf ich dafür so viel verlangen, wie ich möchte? Und darf ich sie verkaufen, an wen ich möchte? Plötzlich fühle ich mich wie einer, der zum ersten Mal ins Casino geht und sofort zehn Euro am Roulettetisch gewinnt: Er weiß nicht, wie er es gemacht hat, aber der Gewinn fühlt sich gut an – und nun will er mehr. Am liebsten ein ganzes Jahresgehalt.

Die rechtliche Lage ist, um es vorsichtig auszudrücken, nicht ganz eindeutig. Begreift man eine Eintrittskarte als Wertgegenstand, so kann sie der Eigentümer verkaufen, an wen und zu welchem Preis auch immer. Schließlich kann auch jeder sein Auto meistbietend veräußern. Es ist eines der Prinzipien unserer Marktwirtschaft, dass der Preis – mit einigen Einschränkungen – vor allem durch das Gleichgewicht von Angebot und Nachfrage bestimmt wird. Wenn es einen Dummen gibt, der mir für mein Auto 2000 Euro bezahlt, obwohl es nur 500 Euro wert ist, dann habe ich Glück gehabt. Und wenn jemand für ein Ticket 500 Euro bezahlt, obwohl es nur 70 Euro gekostet hat, dann ist das erst einmal nicht meine Schuld.

So argumentieren auch Tickethändler. »Hör mal, das ist ein normales Geschäft mit Chancen und Risiken«, sagt einer, mit dem ich mich vor dem Derby zwischen Schalke 04 und Borussia Dortmund unterhalte. Natürlich sagt er: »Hömma, is'n normalet Jeschäfft!« Die Tatsache, dass er mit mir äußerst leise spricht und auch ein wenig vom Weg in den Rasen geht, verdeutlicht mir, dass es sich womöglich doch nicht um ein normales Geschäft handelt.

»Musse kukken«, sagt er und hält mir sieben Eintrittskarten für das Spiel vors Gesicht. »An so einem Tag wie heute werde ich die Karten natürlich los, da mache ich auch Gewinn. Aber bei anderen Spielen kann es sein, dass ich hier stundenlang rumstehe und am Ende nicht einmal auf null komme, weil ich nicht alle Karten loswerde. Das Risiko liegt bei mir – und man muss da auch nervenstark und locker sein, wenn man hier überleben will.« Wie viel genau er verdient, das will er nicht sagen: »Ist ja kein Verhör, oder? Aber mehr als 300 Euro pro Spiel macht man sehr selten. Das Internet hat die Preise kaputt gemacht.«

Mit *Internet* meint er nicht nur die Ticketversteigerungen bei Ebay, sondern auch die sogenannten Zweitanbieter, die meist gar mit den Vereinen zusammenarbeiten und sich als sichere Plattform für den Weiterverkauf von Tickets gerieren. Eric Baker, der Chef von Viagogo, tut etwa so, als wäre der Verkauf von Tickets ein Grundrecht wie WM-Übertragungen im öffentlich-rechtlichen Fernsehen.

»Auf dem Schwarzmarkt müssen Sie in irgendwelchen dunklen Ecken zwielichtigen Gestalten vertrauen. Sie wissen nicht, ob Sie gleich zusammengeschlagen oder ausgeraubt werden. Ebay ist eine fantastische Webseite, aber sie funktioniert nicht für zeitkritische Veranstaltungen wie Fußballspiele. Wenn die Tickets nicht ankommen oder gefälscht sind, gibt es keine Ersatzkarten oder keine Entschädigung.«

Wissen für Nichtjuristen
Jeder darf eine Eintrittskarte verkaufen, solange er nicht gewerblich handelt. Wer allerdings vor dem Stadion verkaufen möchte, braucht eine Reisegewerbekarte. (§ 55 Gewerbeordnung)

Seine Plattform dagegen garantiere die Echtheit der Tickets. Der kleine Aufschlag – zehn Prozent für den Verkäufer, 15 Prozent für den Käufer – sei da doch locker zu akzeptieren. Selbst Bayern-Präsident Uli Hoeneß, bis zum Ende der Saison 2013/14 vertraglich an Viagogo gebunden, sagt: »Wenn die Karte statt der normalen 60 Euro dann 90 kostet, finde ich das in Ordnung.«

In diesem Fall freilich hat Hoeneß recht: Wenn auf einer Tickettauschplattform – wie in den USA seit Jahren üblich – geringe Gebühren für die Abwicklung erhoben werden, dann ist das nicht wirklich ein Problem. Es wird jedoch zu einem ausgewachsenen Skandal, wenn man betrachtet, was das britische TV-Magazin *Dispatches* herausgefunden hat. Denn man muss bei Viagogo nicht nur eine geringe Gebühr bezahlen, sondern das, was der Verkäufer haben möchte – und der Verkäufer ist nur ganz selten ein Fan, der verhindert ist und die Karte abgeben möchte.

Heutzutage ist quasi jedes Event – ob Fußballspiel, Rockkonzert oder gar Vernissage – nach wenigen Minuten ausverkauft. Sind die Menschen wirklich so heiß darauf, dass sie den Promotern und Fußballvereinen die Kassenhäuschen einrennen und Eintrittskarten kaufen, als wären sie wertvoller als Öl, Tinte und Gold zusammen? Offensichtlich nicht, denn oftmals sind es nicht Fans, die massenweise Karten bestellen, sondern Ticket-Weiterverkäufer. Für die Veranstalter hat das den schönen Effekt, dass sie ihre Events schnell als ausverkauft melden können.

Natürlich könnte der Veranstalter mehr für ein Ticket für ein großes Spiel verlangen, doch widerspricht das freilich dem Gedanken vieler Vereine, Mitgliedern und Fans den Zutritt zu gewähren zu einem Preis, der für einen normalen Menschen bezahlbar bleibt, ohne dass er sein Bankkonto leeren oder seine Familie eine Woche lang auf Essen verzichten muss.

Viagogo ist offensichtlich nicht nur Börse für Fans, die ihre Tickets an andere Fans verkaufen möchten, sondern ist oftmals selbst der Fan. »Bei großen Events wie Rihanna, Westlife und Take That bekommen wir Tickets vom Anbieter selbst, und wir verkaufen sie über unsere internen Accounts. Die Verkäufer sind dann quasi wir«, sagt eine Mitarbeiterin in der Dokumentation. Es gibt bei diesen Zweitverkäufern ganze Teams, die Deals mit Veranstaltern aushandeln – und Viagogo bestimmt den Preis je nachdem, wie viele Tickets an den ersten Tagen nachgefragt werden. Zu einigen Veranstaltungen bekommt Viagogo mehr als 4500 Eintrittskarten und verkauft sie mit mehr als insgesamt 300000 Euro Gewinn.

Rechtlich ist diesem Gebaren kaum Einhalt zu gebieten. Vereinfacht ausgedrückt: Eine Privatperson darf ihr Ticket verkaufen. Sie darf das sogar mit Gewinnerzielungsabsicht tun, wenn sie ein Gewerbe angemeldet hat – dann allerdings nicht vor dem Stadion. Das wäre ein Reisegewerbe mit Wertpapieren, was laut Paragraf 56 der Gewerbeordnung verboten ist.

Was jedoch auf den sogenannten Zweitmärkten passiert, ist schlicht und einfach eine unmoralische Abzocke jener Fans, die unbedingt ein Fußballspiel oder ein Rockkonzert sehen möchten und bereit sind, dafür Geld auszugeben. Es verstößt gegen jedes Verständnis von Fairness, wenn Karten nicht zuerst frei gehandelt, sondern sofort an Agenturen weitergegeben werden, die den Preis sogleich in die Höhe treiben.

Nur: Es ist nicht illegal.

Es ist schwer, juristisch dagegen vorzugehen, wie auch einige Urteile in den vergangenen Jahren zeigen. Die Band Nine Inch Nails etwa personalisierte die Tickets zu ihren Konzerten – man konnte sie ausschließlich online bestellen und dann nach Vorlage des Personalausweises abholen. Das allerdings widersprach dem Datenschutzgesetz und führte außerdem zu Tumulten vor den Stadien, weil nicht wenige Fans ihre Ausweise vergessen hatten und es zudem nicht erlaubt war, Karten für seine Freunde abzuholen.

Der Hamburger SV hatte eine ähnliche Idee und änderte die Allgemeinen Geschäftsbedingungen. Ticketchef Kai Voerste: »Wir verkaufen nur Zutrittsberechtigungen, die Ticketkäufer müssen mit dem Eintrag ihres Namens auf dem Ticket unterschreiben, dass sie die Allgemeinen Geschäftsbedingungen akzeptieren.« Nach einem Privatkauf allerdings kann man die Umschreibung auf den eigenen Namen verhindern – der Verein kann den Käufer nur dann nicht ins Stadion lassen, wenn er einen berechtigten Grund hat. Ein Grund ist etwa, wenn der Käufer auf der nationalen oder internationalen Hooliganliste steht. Kein Grund ist, wenn der Käufer das Ticket im Internet gekauft hat.

Wie also geht man vor gegen diese moralisch verwerflichen, aber juristisch kaum einzudämmenden Verkäufe auf Zweitmärkten, Graumärkten und Schwarzmärkten? Uli Hoeneß brachte vor dem Champions-League-Finale eine Idee vor: »Wir brauchen eine Möglichkeit des Tickettausches. Vielleicht organisieren wir selbst eine Börse.« Warum eigentlich nicht?

Freilich wird das den verwerflichen Handel mit Eintrittskarten nicht komplett auslöschen. Das dürfte kaum zu schaffen sein, vor allem nicht durch Gesetze und Verbote.

Wirklich zu bekämpfen ist dieses Problem nur mit gesundem Menschenverstand und dem Zusammenschluss vieler. Es wäre eine Gelegenheit, nicht nur auf die Straße zu gehen und zu protestieren, sondern tatsächlich etwas zu unternehmen – indem man die Zweitverkäufer einfach boykottiert. Wenn ihnen niemand mehr Tickets abkauft, dann wird ihr Geschäft unrentabel, und sie lassen es bleiben. Es wäre nur nötig, dass die Fans auch bei einem verlockenden Angebot tapfer bleiben und beschließen, Tickets nur zum Originalpreis zu kaufen. Das funktionierte in den USA bei der Tournee von Charlie Sheen: Ein Tickethändler kaufte alle Eintrittskarten und wollte sie aufgrund des Skandals zuvor (er war bei *Two and a Half Men* gefeuert worden) teurer verkaufen. Der Kniff wurde im Internet entlarvt, die Fans verzichteten und sorgten dafür, dass Sheen in teils nur zur Hälfte gefüllten Sälen auftreten musste.

(Un-)Wichtiges Wissen
Mitunter machen sich die Schwarzmarkthändler selbst den Markt kaputt. Bei einem Konzert der Sängerin Madonna wurden Tickets unter dem Einkaufspreis angeboten, weil sie niemand haben wollte. Beim Konzert selbst blieben mehr als 2000 Plätze leer, obwohl es offiziell ausverkauft war.

Ich mache für mich selbst einen Test: Was würden Menschen für meine Eintrittskarte für das Champions-League-Finale bezahlen? Und: Ab welchem Preis werde ich schwach? Bester Sitzplatz. Zugang zum Champions Village außerhalb des Stadions, wo die VUPs (very unimportant persons) feiern. Zutritt zur Champions Lounge in der Arena, wo sich die VIPs (die wichtigen Menschen) aufhalten, und Blick zum Balkon der VVIPs (der ganz wichtigen Menschen). Dazu gibt es natürlich Leckereien wie Rinderfilet Tenderloin mit Ratatouille oder Lachscarpaccio oder ungefähr 1000 Törtchen – ebenso inklusive wie sämtliche Getränke.

Auf meinem Ticket steht noch nicht einmal ein Name, es ist in keiner Weise personalisiert. Ich könnte es also jedem verkaufen, der bereit ist, es mir abzukaufen. Murat würde sich womöglich wundern, wenn nicht ich, sondern ein anderer neben ihm im Stadion Platz nähme.

Ich habe allerdings nur 24 Stunden, weshalb die Angebote doch recht dürftig sind. Das höchste Gebot stammt aus der Nähe von London – dort sei einer bereit, 27 000 Euro zu bezahlen.

27 000 Euro! Für ein Fußballspiel! Noch einmal in Worten: Siebenundzwanzigtausend Euro! Damit könnten meine Frau, mein Sohn und ich exakt ein Mal um die Welt fliegen – und könnten sogar noch Essen kaufen.

Ich will gar nicht wissen, wie die Angebote ausgefallen wären, hätte ich ein wenig mehr Zeit gehabt.

Aber ich bleibe hart. Man kann sich nicht über die verwerflichen Praktiken von Tickethändlern beschweren und dann selbst keinen Anstand zeigen, nur weil einem jemand ein unmoralisches Angebot macht.

Außerdem: Was ich in diesem Stadion – trotz oder auch wegen der Niederlage des FC Bayern – erlebe, ist mit Geld nicht zu bezahlen. Wenn ich einmal als alter Mann auf der Veranda sitze und meine Enkelkinder eine witzige Geschichte von ihrem Opa fordern, dann werde ich nicht erzählen müssen, wie ich viel Geld gemacht habe, indem ich ein geschenktes Ticket weiterverkauft habe.

Ich kann dann die Geschichte erzählen, wie ich eine der mythenumranktesten Personen auf diesem Planeten gesucht und gefunden habe:

Tagsüber in München ist kaum etwas von Abramowitsch

zu sehen, die Suche gestaltet sich äußerst schwierig. Er habe die Nobeldiskothek P1 für die Feier nach dem Spiel gemietet, sagen die einen. Andere behaupten, er treffe sich vor der Partie im Champions Village mit Sponsoren. Zwei Chelsea-Fans schwören, sie hätten Abramowitsch um 14 Uhr mit mindestens 30 Bodyguards am Mannschaftshotel gesehen – obwohl sein Privatjet zu diesem Zeitpunkt noch gar nicht gelandet ist. Ist er womöglich gar nicht mit dem Flugzeug gekommen? Das Tarnen und Täuschen funktioniert wieder mal perfekt.

Die Boeing 767 ist laut flightradar24.com von Moskau aus über London, Donezk, Nizza, Basel und Baden-Baden nach München gekommen – wobei durchaus spekuliert werden darf, ob Abramowitsch in Nizza nur auf seiner Jacht gelegen oder sich mit einem Spieler oder gar dem Trainer der deutschen Nationalelf getroffen hat, die derzeit ebenfalls dort weilt.

Am Freitag ist der zweite Privatjet von Abramowitsch, ein Airbus A340-313X, von Moskau nach München geflogen, an Bord waren Freunde und Verwandte. Insgesamt sind laut einem Flughafenmitarbeiter fünf Flugzeuge in Abramowitschs Auftrag in München gelandet. Seit Freitag hat er eine Suite im Luxushotel »Mandarin Oriental« angemietet, dem Mannschaftshotel des FC Chelsea – der Sicherheitschef versichert jedoch, dass der Oligarch nicht im Hotel übernachtet habe.

Wo ist er?

Am Samstag um 14 Uhr landet die Maschine von Abramowitsch; die Planespotter sind begeistert, ein Flughafenmitarbeiter bestätigt später, dass der russische Oligarch aus der Maschine gestiegen ist. Das Flugzeug wird wie alle Maschinen ganz wichtiger Leute sogleich in den Frachtbereich des Münchner Flughafens umgeleitet; dort warten mehrere Limousinen auf Abramowitsch. Kurz darauf wird der Oligarch im Restaurant »Freisinger Hof« im Norden Münchens gesichtet, er isst dort mit seiner Entourage zu Mittag. Danach, so eine Mitarbeiterin des Mannschaftshotels, begrüßt der Chelsea-Besitzer die Spieler im Hotel, bevor sie um 18 Uhr zum Stadion abfahren.

Im Champions Village ist nichts von Abramowitsch zu sehen. Ein paar leicht bekleidete Frauen mit blondiertem Haar und russischem Akzent versichern, dass sie Abramowitsch kennen und dass er sicher bald vorbeikomme, doch das stimmt nicht. Auch in der Champions Lounge im Stadion hält sich Abramowitsch zunächst nicht auf. Es huschen zwar Prominente aller Buchstabenkategorien vorbei, aber nicht die schillerndste Figur dieses Finales. Zehn Stunden lang habe ich nach dem Oligarchen gesucht und ihn nicht gefunden. Ich hole mir ein Bier und stelle mich an einen Stehtisch vor die Toilette. Vielleicht muss er ja mal, der Mann.

Tatsächlich: Abramowitsch muss mal. Er trägt ein weißes Hemd und eine blaue Strickjacke und natürlich Fünftagebart, sarkastisches Grinsen inklusive. Sein Bodyguard wehrt sofort alle Versuche ab, sich dem scheuen Milliardär zu nähern. Abramowitsch bleibt gelassen und lässt sich fotografieren.

Ein »Good luck« beantwortet Abramowitsch mit einem Kopfnicken, einem freundlichen Lächeln und einem »Thank you«. Er hält sich nicht in der abgetrennten VIP-Loge auf, sondern trinkt an einem Holztisch Mineralwasser, die alkoholischen Getränke überlässt er seinen Begleitern. Kurz vor dem Anpfiff geht er dann hinaus auf die Haupttribüne.

Das Spiel seiner Elf quittiert er lange Zeit mit Kopfschütteln, beim Ausgleich lächelt er, vor der Verlängerung eilt er nochmals zur Toilette. Während des Elferschießens wirkt er nervös – dann jubelt er. Bei der Siegerehrung hält er sich zurück, erst als ihm Didier Drogba den Pokal in die Hand drückt, reckt er ihn in die Höhe und lacht, wie man diesen Menschen noch nie zuvor hat lachen sehen.

Nach dem Spiel fährt Abramowitsch zum Mannschaftshotel. Er schlendert über die Straße, winkt bei den Rufen der Fans und wartet dann im Bankettsaal auf die Ankunft der Spieler. Am Morgen danach will er vor dem Hotel nichts sagen und keine Fotos machen. Gegen Mittag verlässt die Boeing 767 den Münchner Flughafen. Der geplante Zielort war Moskau, doch auch das ist Tarnung – am Nachmittag nämlich feiert er in London mit der Mannschaft. Nicht einmal 24 Stunden dauert der Besuch von Roman Abramowitsch in München. Er kam, er sah, er flog mit dem Pokal wieder davon.

Kapitel 19

Liebe Ehefrau, jetzt muss ich dich verprügeln!

»Hin und wieder muss man Regeln brechen – das nennt man Spaß!«

Robin Williams sagt das in *Good Morning, Vietnam*. Das ist ein schöner Satz, weil er auch eine doch nicht uninteressante Frage aufwirft: Was tun mit sinnlosen Gesetzen? Wir brechen jeden Tag Gesetze, manchmal unabsichtlich, manchmal bewusst, weil wir dieses Gesetz für Quatsch halten.

Das ist gar nicht so schlimm, wie es sich zunächst einmal anhört. Hätte in der Vergangenheit nicht irgendjemand Gesetze gebrochen oder für sinnlos erklärt oder dagegen protestiert, so würden wir heutzutage immer noch nach der Jurisdiktion von Neandertalern leben. Gesetze ändern sich, sie müssen sich ändern, weil sich Gesellschaften entwickeln. Es gehört zu den Pflichten des Gesetzgebers, die Regeln so anzupassen, dass wir damit leben können.

Seit 15 Jahren frage ich mich: Warum gibt es dann in den Vereinigten Staaten derart viele unsinnige Gesetze? Es gibt Webseiten und ganze Bücher, die komische Verordnungen in einzelnen Bundesstaaten auflisten. Existieren diese Gesetze nur, damit deutsche Anwälte Bücher verkaufen können und deutsche Comedians ihr Programm mit simplen Gags vollbekommen? Oder haben sie den tieferen Sinn, dass wir Europäer einen Beweis dafür haben, dass sie spinnen, die Amerikaner?

Natürlich nicht. Es gibt diese Gesetze, weil sie irgendwann einmal eingeführt wurden und es ein unglaublicher bürokratischer Aufwand wäre, sie alle abzuschaffen. Allerdings sind diese Gesetze längst abgeschafft worden durch die höher gestellte Gesetzgebung. Sie gelten schon lange nicht mehr, und das ist vernünftig. Es braucht keine Entbürokratisierung, um zu entbürokratisieren – die Amerikaner haben die Gesetze einfach stehen lassen. Sie dienen also wirklich nur noch zur Gehaltssteigerung bei Anwälten und zur Ideenfindung bei Komikern.

Und dazu, meiner Frau und mir eine Wette zu liefern. Die Regeln sind einfach – und jeder kann mitmachen: Brechen Sie mindestens ein unsinniges Gesetz in jedem der 50 amerikanischen Bundesstaaten!

Sollten Sie die USA nicht so mögen wie meine Frau und ich, dann können Sie das Spiel auch variieren: Brechen Sie je ein unsinniges Gesetz in einem deutschen Bundesland, oder brechen Sie je ein Gesetz in mindestens 50 Staaten.

Die ersten zehn Menschen, die das Spiel beenden, bekommen ein signiertes Buch von mir oder meiner Frau – was immer ihnen lieber ist. Hier schon mal auf jeden Fall unsere Bilanz der vergangenen zehn Jahre:

Ich bin in Arizona mit einem Auto rückwärts gefahren und habe einen Kaktus gestutzt.

Ich habe in Arkansas meine Frau öfter als ein Mal im Monat verprügelt. Ich muss anmerken, dass die Prügelei zum Spiel gehörte und dass auch meine Frau dieses Gesetz gebrochen hat.

Ich habe in Kalifornien eine Mausefalle ohne Jagdlizenz aufgestellt. Da ich das mit der Prügelei ganz prima fand, habe ich meine Frau auch mit einem Lederriemen gezüchtigt, der breiter als zwei Inches war – und ohne sie um Erlaubnis zu fragen.

Meine Frau und ich haben in Chicago Alkohol im Stehen getrunken.

Wir haben in Indiana Knoblauch gegessen – und sind bereits eine halbe Stunde später in ein Kino gegangen, obwohl wir vier Stunden hätten warten müssen. Meine Frau hat sich in Kentucky einem Highway in einem Badeanzug genähert, ohne mit einem Knüppel bewaffnet oder von zwei Polizisten begleitet worden zu sein.

Ich habe in Maine mit herunterhängenden Schnürsenkeln eine öffentliche Straße betreten.

Meine Frau hat in Michigan gegen den Wind gespuckt. Ich habe mich in Mississippi über die Architektur eines öffentlichen Gebäudes lustig gemacht. Meine Frau hat in einem Kino in New York lautstark über den Ausgang des Films diskutiert. Ich habe ihr daraufhin nicht – wie eigentlich erlaubt – die Zunge herausgestreckt, sondern sie mit Popcorn beworfen.

Ich habe in Ohio in der Öffentlichkeit falsch gesungen.

Wir haben in Pittsburgh in einem Kühlraum geschlafen.

Ich habe in Rhode Island eine Pfeife nach Einbruch der Dunkelheit geraucht.

Ich habe mich in South Dakota von einer Frau ansprechen lassen, die älter als 80 Jahre war.

Ich habe in Texas eine *Encyclopedia Britannica* gekauft, obwohl darin ein Rezept zum Bierbrauen enthalten ist – und ich habe dem Opfer eines Verbrechens nicht 24 Stunden vorher mitgeteilt, welches Verbrechen ich ausüben werde. Wir haben in Washington miteinander getanzt – und meine Frau hat dabei drei Schritte rückwärts gemacht. Ich habe in Seattle auch eine Frau auf meinem Schoß sitzen lassen, ohne dass ein Kissen dazwischen war. Ich hätte mit meiner Frau gerne noch ein anderes Gesetz gebrochen – nämlich das, das den Geschlechtsverkehr mit Jungfrauen verbietet. Übrigens auch noch in der Hochzeitsnacht, was mich zu der Frage führte: Wann wird denn dort eigentlich entjungfert? Trotz intensiver Recherchen in Seattle – dort gilt das Gesetz nämlich – konnte es mir niemand beantworten.

Ich habe in einer Bar in Wisconsin gesungen.

Wir haben in Wyoming im Monat Februar einen Hasen fotografiert.

Ein paar Staaten noch – dann haben wir es geschafft. Und wir freuen uns über Konkurrenz. Wir haben auch schon Pläne für die nächsten Reisen.

Schwierig werden könnte:

In Alaska einen lebenden Elch aus einem Flugzeug zu stoßen.

Leicht dagegen wird:

Sich in Hawaii der Öffentlichkeit nur mit einer Badehose bekleidet zu präsentieren.

Kapitel 20

Gehen Sie ins Gefängnis!

Es gab einmal eine Zeit, da haben die Menschen an einem Tisch gesessen und gespielt. Da lag ein Brett herum, auf dem standen Figuren, in der Mitte lagen Karten. Man musste würfeln und die Figuren bewegen und Aufgaben erfüllen: Häuser bauen, die Mitspieler in den Ruin treiben, immer reicher werden. Wer es geschafft hatte, dass alle anderen insolvent waren, der hatte das Spiel gewonnen. »Monopoly«, diese Brettspiel gewordene Zuspitzung des Kapitalismus, macht wirklich Spaß – außer natürlich für den, der pleite geht. Es soll auch nicht unerwähnt bleiben, dass Charles Darrow das Spiel überhaupt nicht erfunden, sondern lediglich das Spiel »The Landlord's Game« kopiert hat. Und es ist doch interessant, dass der Plagiator des Kapitalistenspiels einer der wenigen Menschen war, die während der Weltwirtschaftskrise Millionär wurden.

Es gab nur einen doofen Moment im Spiel: Wer ins Gefängnis musste, der durfte nicht über Los gehen und bekam keine 4000 Mark. Gefängnis, das wurde mir damals als Kind klar, ist keine schöne Sache, man kriegt kein Geld, und es ist schwer, wieder herauszukommen.

Wer sich mit Gesetzen beschäftigt, wird sich irgendwann einmal fragen: Was muss ich eigentlich machen, um im Gefängnis zu landen? Hanni und ich fragen uns das nicht erst seit unserem Spiel in den Vereinigten Staaten. Bislang sind wir nämlich ohne Strafe davongekommen.

Diese Regelungen stehen im Strafgesetzbuch, es sind Richtlinien dafür, was dem passieren kann, der sich nicht ans Gesetz hält. Es ist vage formuliert, um den Richtern einen Spielraum bei ihren Entscheidungen und sie jeweils den Einzelfall beurteilen zu lassen.

Wissen gegen den Knast
Das Höchstmaß der zeitigen Freiheitsstrafe ist 15 Jahre, das Mindestmaß ein Monat. Freiheitsstrafen unter einem Jahr werden nach vollen Wochen und Monaten bemessen, die von längerer Dauer nach vollen Monaten und Jahren.

Wofür muss der Unhold denn nun ins Gefängnis,und wie lange? Einen Winter, ein Jahr oder gar noch länger?

Ein Blick ins Strafgesetzbuch lässt einen doch ein bisschen stutzig werden, auf welche Vergehen welche Strafen stehen.

Wer ein paar Monate ins Gefängnis möchte, der sollte:

- den Bundespräsidenten verunglimpfen,
- Wahlunterlagen fälschen,
- kinderpornografische Schriften verbreiten,
- eine Entziehungskur gefährden,
- sich an unerlaubtem Glücksspiel beteiligen.

Wer nun denkt, dass die möglichen Strafen in einem recht ungewöhnlichen Verhältnis zueinander stehen, der sollte sich ansehen, was alles für ein Jahr Gefängnis möglich ist:

- wiederholtes Schwarzfahren,
- unerlaubt ein Kraftwerk betreiben,
- exhibitionistische Handlungen durchführen,
- öffentliches Ärgernis erregen.

Wer künftig daran denkt, ohne Fahrkarte in die U-Bahn zu steigen: Zum gleichen Strafpreis gäbe es schon ein Kraftwerk.

Kommen wir zu drei Jahren Haft. Dazu muss man:

- Kinderhandel betreiben,
- Flaggen ausländischer Staaten verunglimpfen,
- Propagandamittel verfassungswidriger Organisationen verbreiten,
- eine Bestattungsfeier stören.

Fünf Jahre Haft gibt es für:

- das Zünden einer Atombombe,
- das Anfertigen von Raubkopien
- falsches Verdächtigen,
- Volksverhetzung,
- sexuellen Missbrauch von Hilfsbedürftigen.

Ob die Strafen im richtigen Verhältnis zueinander stehen, möge bitte jeder für sich selbst entscheiden. Ich sehe mich wirklich nicht bemüßigt, das zu kommentieren.

Natürlich bekommt der Mensch wie bei »Monopoly« auch im richtigen Leben kein Geld, wenn er ins Gefängnis muss – im Gegenteil: Gefängnis kostet Geld. Es bezahlt aber auch nicht unbedingt der Häftling für den Aufenthalt, sondern vor allem die Menschen in Freiheit. Studien zeigen, dass ein Aufenthalt im Gefängnis etwa 80 Euro pro Tag kostet. Warum genau das so teuer ist, weiß ich nicht genau. Eine Übernachtung im Hilton im Palmer House in Chicago kostet im günstigsten Fall 82 Euro – nur ist das ein Fünf-Sterne-Hotel, in dem einst der Brownie erfunden wurde, weshalb ich auch 500 Euro bezahlen würde, nur um weitere Erfindungen zu fördern.

80 Euro pro Tag, das sind 29 200 Euro pro Jahr, die ein Gefangener kostet – das ist in etwa das, was ein durchschnittlicher Haushalt in Deutschland an Nettoeinkommen hat: 32 000 Euro. In Deutschland gibt es derzeit etwa 68 000 Menschen, die im Gefängnis sitzen. Das ist im Verhältnis zur Gesamtbevölkerung recht wenig, auf 100 000 Menschen kommen 91 Gefangene. Der weltweite Durchschnitt liegt bei 148, Spitzenreiter sind die USA mit 751, gefolgt von Russland mit 713.

Die Verwahrung von Häftlingen kostet in Deutschland 1,988 Milliarden Euro. Pro Jahr. Hier mal kurz, was man für knapp zwei Milliarden Euro alles kaufen könnte: etwa ein Drittel Stuttgart 21 (Stand: Februar 2013, wahrscheinlich bekommt man mittlerweile nicht einmal mehr ein Fünftel), die komplette Computerspielbranche, zehn Kilometer Autobahn. Beim Berliner Flughafen bin ich mir noch nicht sicher, ob man das komplette Ding bekommt, ein Terminal oder doch nur ein Rollband, das zwei Gates miteinander verbindet.

Der deutsche Staat ist ein Sparfuchs – und er spart listigerweise bei all jenen, die ungerechtfertigt im Gefängnis verweilen mussten. Ja, so was gibt es. Jeden Tag sitzen 192 Menschen im Gefängnis oder in Untersuchungshaft für ein Verbrechen, das sie nicht begangen haben und das ihnen nicht nachgewiesen werden kann. Das sind pro Jahr 47 000 Tage.

Es geht nur um die Gefängnistage, noch nicht einmal um die Konsequenzen, die so ein Aufenthalt für den Unschuldigen haben kann, von den psychologischen Problemen über Schwierigkeiten, wieder einen Arbeitsplatz zu finden, bis hin zur Stigmatisierung durch die Gesellschaft. Denn: Selbst wenn jemand zu Unrecht mit Dreck auf einen wirft, sehen die Menschen gerne den Schmutz, der hängen bleibt.

Der Staat entschädigt diese Menschen, und er tut das mit exakt 25 Euro pro Tag.

Das ist der immaterielle Schadenersatz, das Schmerzensgeld. Daneben haben unschuldig Inhaftierte natürlich die Möglichkeit, sich weiter entschädigen zu lassen: Verdienstausfall, Verluste bei der Rentenversicherung und so weiter. Nur: Man muss alles selbst berechnen und belegen – aus einer Zeit, in der man verzweifelt im Gefängnis saß. Wer das nicht kann, der bekommt nichts. Manche Geschädigte verzichten auf das Einfordern, weil sie der Prozess noch verrückter macht als die Zeit im Gefängnis.

Unser Staat ist ein Meister darin, seine Bürger zur Verzweiflung zu bringen.

Für uns alle bedeutet das nur eins: Ob bei »Monopoly« oder im wahren Leben – achten Sie darauf, nur ja nicht ins Gefängnis zu kommen. Ob nun wegen Schwarzfahrens oder weil Sie eine Atombombe gezündet haben.

Kapitel 21

Gesetzesbrecher III: Der Räuber und Erpresser

Laut ICD-10 leide ich an F40.2. Hört sich an wie eine Szene aus *Star Wars*, ist aber tatsächlich eine Krankheit. ICD-10, das ist die internationale statistische Klassifikation der Krankheiten und verwandter Gesundheitsprobleme. Sie wird von der Weltgesundheitsorganisation herausgegeben; unter F werden psychische Störungen geführt. Ich bin nicht verrückt, sondern ich leide an extremer Platzangst. In einem geschlossenen Raum bekomme ich feuchte Hände und Kurzatmung, in einem Flugzeug werde ich nervös, wenn ich nicht am Gang sitzen darf und mir befohlen wird, dass ich während des Starts angeschnallt sitzen bleiben muss. Mir wird manchmal schwindlig, wenn ich im Kino eine Szene sehe, in der ein Mensch eingesperrt ist.

Eine Gefängniszelle ist für mich einer der schlimmsten Orte auf der Welt.

Ich erzähle gerne, dass ich bereits eine Nacht im Gefängnis verbringen musste, weil ich in den Vereinigten Staaten gegen den Irakkrieg protestiert habe. In Wirklichkeit saß ich mit Freunden auf der Polizeistation herum. Der Raum war zwar abgesperrt, aber er war riesig, und man konnte durch die Gitter den Polizisten bei der Arbeit zusehen. Wir durften herumlaufen, wir durften uns unterhalten, wir durften telefonieren. Es war zwar unangenehm, aber es war auszuhalten für die 25 Personen. Nach einigen Stunden durften wir gehen und hatten eine interessante Geschichte mehr im Gedächtnis gespeichert.

Ein Bekannter von mir hatte weniger Glück. Er wurde nach einem bewaffneten Raubüberfall zu einer Haftstrafe von sechs Jahren und drei Monaten verurteilt. Sollten Sie sich nun fragen, warum ich einen Menschen kenne, der eine illegale Pokerrunde mit halbautomatischen Schusswaffen überfallen hat: So was geht schneller, als man denkt.

Er hat mir ein paar Mal geschrieben, ich habe ihm geantwortet. Seine Briefe klingen manchmal verzweifelt und enthalten Sätze wie: »Ich werde nicht aufhören zu kämpfen«, manchmal sind sie anklagend: »Das entspricht zu 80 Prozent nicht der Wahrheit.« Es gibt trotzige Momente mit Worten wie: »Ich werde auch den Anwalt anzeigen« – und es gibt fast immer die Bitte: »Vielleicht wenn du Zeit hast, dann besuchst du mich mal bitte, okay?« Seit Monaten nehme ich mir vor, zu ihm zu fahren – das Formular habe ich bereits ausgefüllt und auch mit einem Beamten der Justizvollzugsanstalt gesprochen. Aber ich kann nicht. Ich habe Angst. Vor diesem schrecklichen Gebäude und auch davor zu sehen, was in dieser Zeit aus meinem Bekannten geworden ist. Ich weiß, das klingt verrückt, aber bislang habe ich es nicht geschafft.

Mein Bekannter ist ein liebenswerter Mensch, ich habe ihn vor mehr als 15 Jahren kennengelernt, als er gerade aus dem Kosovo geflüchtet war und in meinem Heimatverein mit dem Fußballspielen begonnen hatte. Damals arbeitete er als Aushilfskellner und semiprofessioneller Pokerspieler – was ich als 16-Jähriger für eine erstrebenswerte Berufskombination hielt. Dass er aussah wie Luca Toni, habe ich erst viel später bemerkt, als Luca Toni zum FC Bayern wechselte und mein Kumpel, nennen wir ihn einfach Andreas, nach seiner Zeit als Barchef in einer Diskothek und Gerüchten über exorbitante Wettbeträge und skurrile Hochzeiten mittlerweile eine eigene Pizzeria eröffnet hatte.

Um ihn rankten sich einige Mythen, auf die er stolz war. Tatsachen erfuhr man nur selten. Bestätigt ist nur, dass er die Profession des Pokerspielers nicht aufgegeben hat, was sich darin äußerte, dass er einige Turniere gewann – aber auch darin, dass es eine Razzia im Hinterzimmer seiner Pizzeria gab. Komischerweise fand Andreas diese Razzia nicht beunruhigend, sondern überaus spannend: »Das war wie in einem Hollywood-Film! Ihr hättet dabei sein müssen, das war überragend!« Ich habe ihn hin und wieder getroffen, in einem Restaurant oder in einem Casino in der Tschechischen Republik. Wir haben uns über alte Zeiten unterhalten und darüber, wie gut es uns doch geht.

Er war ein Gauner – und ich mochte ihn genau deshalb.

Er war für mich immer ein Schlitzohr wie Frank W. Abagnale. Dieser Schlingel, der in den 60er- und 70er-Jahren Schecks, Urkunden und Diplome fälschte. Der sich als Arzt, Pilot und Anwalt ausgab und sich auf diese Weise in 26 Ländern der Welt mehr als 2,5 Millionen Dollar ergaunerte. Der das FBI jahrelang narrte und immer wieder einer Verhaftung entkommen konnte.

Nicht nur durch den Film *Catch me if you can* mit Leonardo DiCaprio und Tom Hanks ist Abagnale ein moderner Robin Hood – der Zuschauer nimmt ihn aufgrund der Dramaturgie nicht wirklich als Verbrecher wahr, sondern vielmehr als genialischen Lausejungen, der ja nicht wirklich jemandem wehtat, sondern mit Charme und Witz einen Haufen Geld verdiente und die Schwächen des amerikanischen Rechtssystems und der gutgläubigen Gesellschaft ausnutzte.

Als Zuschauer lieben wir die Geschichten des gewieften Gauners, der den Staat und große Unternehmen zum Narren hält und nebenbei ein bisschen Geld verdient. Wie etwa Brad Pitt und George Clooney in *Ocean's 13*, die als Gentleman-Gangster erst ein Casino ausrauben, dann ein Fabergé-Ei klauen und schließlich noch einmal einen bösen

Casinobesitzer bestehlen. Oder den Erpresser Arno Funke, der sich als Dagobert eine monatelange Jagd mit den Ermittlern lieferte.

Dass diese Menschen einen immensen Schaden anrichten, das vergessen wir dabei mitunter – vielleicht auch deshalb, weil wir glauben, dass es bei diesen Verbrechen schon den Richtigen treffen würde: einen korrupten Casinobesitzer, einen anderen Verbrecher, einen noch korrupteren Casinobesitzer, Versicherungsunternehmen, das Finanzamt, Banken.

Wenn es den Richtigen erwischt, so der psychologische Trick der Regisseure, dann ist ein Verbrechen erlaubt. Der deutsche Staat scheint immer der Richtige zu sein.

In Deutschland verursachen Betrüger, Insolvenzverschlepper und andere Wirtschaftsverbrecher laut einem Bericht des Bundeskriminalamts pro Jahr einen Schaden von 4,7 Milliarden Euro. Das BKA geht davon aus, dass diese Zahlen das »tatsächliche Ausmaß der Wirtschaftskriminalität nur eingeschränkt« wiedergeben. Wenn wir jedoch von den 4,7 Milliarden Euro mal ausgehen, dann sind das pro Einwohner 51,52 Euro. Wenn Sie also das Oberhaupt einer fünfköpfigen Familie sind, lachen Sie dann immer noch über diese Gauner und bezahlen gerne für Ihre Familie 257,60 Euro im Jahr?

In diesen Zahlen fehlen freilich noch die Menschen, die Steuern hinterziehen und dadurch – je nach Studie – zwischen zwei und 30 Milliarden Euro Schaden verursachen. Oder die Steuerflüchtlinge, die noch einmal bis zu 100 Milliarden Euro draufpacken. Oder jene, die unberechtigterweise Sozialleistungen empfangen, die für etwa 3,6 Milliarden Euro Schaden verantwortlich sind. Oder die Krankenversicherungsbetrüger, durch die weitere 4,5 Milliarden Euro hinzukommen. Die sogenannte Sozialkriminalität richtet mittlerweile in Deutschland insgesamt mehr Schaden an als das, was wir gerne als »normale Kriminalität« bezeichnen.

Aber es erwischt ja den Richtigen.

Wer eine illegale Pokerrunde ausraubt, der klaut das Geld ohnehin von Verbrechern. Im Film wäre Andreas wohl der Held der Geschichte. Im wahren Leben ist er ein Räuber und Erpresser.

Ich wusste, dass er hin und wieder an solchen Runden teilnimmt. Ein Gauner eben, der mit Gaunern pokert und dabei hin und wieder viel Geld gewinnt und hin und wieder viel Geld verliert. Am Rande der Legalität hat er sich schon immer gerne bewegt. Er wurde dazu nicht gezwungen, sondern er hat diesen Lebensstil gepflegt. Es hat ihm gefallen, anders zu leben, ein wenig gefährlich zu leben.

Er hat bewusst gewählt, dass er ein Gauner ist.

Dann hörte ich, dass er im Gefängnis sitzen soll. Dass er hereingelegt worden sein soll. Und dass der Richter ihn bei der Verhandlung nur »Luca Toni« genannt haben soll.

In der Zeitung stand, dass er gemeinsam mit drei Komplizen im September 2009 eine Pokerrunde überfallen und mehr als 7000 Euro erbeutet haben soll. Er sei gar der Kopf der Bande gewesen, der aus Tschechien halbautomatische Waffen besorgt und den Überfall organisiert haben soll. Wenn Sie so etwas über einen Bekannten in der Zeitung lesen, was würden Sie dann denken? Ein netter Gauner? Wohl kaum!

Die Version, die Andreas in seinen Briefen schildert, ist nämlich eine andere: Er sei nur im Auto gesessen und habe Karten spielen wollen. Ihm sei auf der Fahrt mitgeteilt worden, dass die anderen die Pokerrunde überfallen wollten. Er sei aus Angst nicht ausgestiegen, er habe weder Pistole noch Messer angefasst und sei nur froh gewesen, dass alles vorbei gewesen sei: »Ich habe noch nie einem Menschen eine Pistole an den Kopf gehalten, ich wollte immer nur Gutes tun im Leben.« Darüber hinaus hätte sein Anwalt nur Geld eingesteckt, ihn aber letztlich hereingelegt. Deshalb strebe er eine Wiederaufnahme des Verfahrens an.

Was machen Sie, wenn Sie so etwas hören? Glauben Sie den Berichten in der Zeitung oder den Schilderungen Ihres Bekannten?

Ich habe ein wenig recherchiert über den Fall, bin jedoch immer in Sackgassen gelandet. Meine Anfragen wurden meist abgelehnt mit der Begründung, dass man nicht gegen die Verschwiegenheitspflicht verstoßen dürfe. Doch von der Unschuld meines Freundes scheint kaum jemand überzeugt zu sein. »Jetzt mal ehrlich«, sagt ein Anwalt, »wenn es nicht Ihr Bekannter wäre, wie würden Sie die Geschichte beurteilen?«

Mir wird klar: Es gibt diesen lieben Gauner nicht. Er darf nur im Kino existieren oder in unserer Vorstellung, aber in der Realität gibt es so etwas nicht. Ein Verbrecher ist ein Verbrecher. Ein Drogendealer bleibt ein Drogendealer. Ein Schwarzarbeiter ist ein Schwarzarbeiter. Ein Schmuggler ist ein Schmuggler. Und wenn jemand einem anderen Menschen eine halbautomatische Waffe an den Kopf hält, um Geld zu stehlen, dann ist er kein lieber Gauner, sondern ein Verbrecher.

Ich weiß nicht, was in dieser Nacht passiert ist – und wenn ich ehrlich bin, dann will ich es auch nicht wissen.

Ich hoffe, dass er kein Verbrecher ist.

Ich hoffe auch, dass ich irgendwann einmal meine Angst überwinden und ihn im Gefängnis besuchen kann, solange ich nicht weiß, was wirklich passiert ist.

Eines weiß ich jedoch ganz sicher: Ich will kein Verbrecher sein – und ich will mit Verbrechern nichts zu tun haben. Ich möchte niemals in meinem Leben im Gefängnis sitzen.

Kapitel 22

Pay and Pray!

Es gibt ein Lied der britischen Band Muse, in dem die Gedanken eines sterbenden Atheisten beschrieben werden. Irgendwann ist die Frage zu hören: »Hast du Angst zu sterben?« Und im Refrain heißt es: »Ich habe eine Höllenangst, dass das Ende das Einzige ist, das ich sehen kann.«

Jagt es uns nicht eine Höllenangst ein, dass wir nicht wissen, was nach dem Tod mit uns passiert?

Bei einem anderen Projekt, in dem es darum ging, verschiedene Religionen daraufhin zu testen, wie man definitiv in den Himmel kommt oder zumindest als glückliche Kuh wiedergeboren wird, war eine wichtige Erkenntnis, dass die Frage nach dem Jenseits in jeder Religion eine zentrale Rolle spielt und somit die Glaubensgemeinschaften wieder eint. Ob nun Himmel, Wiedergeburt, Erreichen des Nirwana: Alle Religionen versprechen eine Verbesserung für den, der sich in diesem Leben bewährt. Wer sich an die Regeln hält, der wird belohnt. Wer sich nicht daran hält, auf den wartet eine Bestrafung und womöglich gar ewige Verdammnis.

Deshalb gibt es Gebote.

Es ist übrigens auch ein Versprechen unserer Gesellschaft: Wer sich an die Regeln hält, der kann es zu was bringen. Wer sich nicht daran hält, der wird bestraft oder ausgeschlossen.

Deshalb gibt es Gesetze.

Zu den Regeln der christlichen Gemeinschaften in Deutschland gehört es, dass der Gläubige Geld dafür bezahlen muss, dass er Christ sein darf. Wer nicht bezahlt, wird ausgeschlossen aus der Gemeinschaft, darf nicht mehr in die Kirche gehen, wird nicht christlich verheiratet und bekommt auch kein christliches Begräbnis. Kein Geld, keine Leistung – das klingt plausibel. Doch überspitzt formuliert bedeutet das auch: Wer nicht Mitglied ist, für den sieht es schlecht aus mit der Erlösung nach dem Tod.

Pay and Pray!

Wer jemals von Dantes *Inferno* gehört hat, der wird weiterbezahlen.

Es ist nicht nur ein makabres Spiel mit den Ängsten der Menschen, es ist auch eine Möglichkeit, Geld zu verdienen – und im Geldverdienen waren die christlichen Glaubensgemeinschaften schon seit jeher sehr erfolgreich. So eröffnete der spätere Papst Kallist als Bischof eine christliche Bank in Rom, unterschlug Zinsen, ging pleite, machte wieder eine Bank auf und forderte Christen auf, Geld bei ihm anzulegen. Bis zum Mittelalter stellten Priester einen bedeutenden Teil der Geldverleiher. Karlheinz Deschner beschreibt das System in seinem zehnbändigen Standardwerk *Kriminalgeschichte des Christentums*. Dort ist zu lesen: »Bischof Janiarius von Salona versucht, einen Ölhändler um den Ölpreis für das ewige Licht zu prellen.« Dort ist auch zu lesen: »Der Metropolit von Ephesus, der Kirchengrund für seine eigene Tasche verhökerte, verkaufte um 400 regelmäßig Bischofssitze an den Meistbietenden.«

Es ist also anscheinend doch möglich, sowohl Gott als auch dem Mammon zu dienen.

So geht die Forderung nach der Ehelosigkeit von Priestern mitnichten darauf zurück, dass sich Geistliche voll und ganz auf ihren Glauben konzentrieren sollten. Es ging ums Erbe, wie der Vatikan-Korrespondent Andreas Englisch aufgeschrieben hat: »Zuvor hatten verheiratete Priester ihr Eigentum ihren Kindern vererbt. So gerieten Ländereien, Gebäude und andere Vermögenswerte, die der Kirche gespendet worden waren, in die Hände der Nachkommen der Priester.« Das wollte die Kirche nicht zulassen – und führte im Jahr 1087 den Zölibat aus höchst irdischen Gründen ein, den sie nun mit geistlichen Argumenten zu verteidigen versucht.

Pay and Pray gibt es schon lange.

Die Gläubigen haben ja nicht nur Angst vor der ewigen Verdammnis – auch das Fegefeuer ist nicht wirklich eine schöne Sache. Sagen wir es so: Wenn Hölle das ewige Brutzeln ist, dann ist das Fegefeuer das kurze, scharfe Anbraten auf beiden Seiten zum Zwecke der Läuterung, ehe man als saftiger Mensch in den himmlischen Backofen einziehen darf. Im Mittelalter hatten die Menschen in der Tat weniger Angst vor der Hölle, weil sie daran glaubten, durch die Absolution kurz vor dem Tod irgendwann Zugang zum Himmel zu bekommen. Die Zeit im Fegefeuer war der Grund für schlaflose Nächte – und eine fantastische Idee von Papst Leo X., der ein bisschen Geld einnehmen wollte. Man konnte sich einen Ablassbrief kaufen und so die Zeit im Fegefeuer für sich und seine Verwandten verkürzen. Wer also genügend Geld hatte, der konnte die Kirche reich machen und sich selbst eine Rolltreppe in den Himmel kaufen. Der Ablasshandel war einer der Gründe für Luthers Abkehr von der katholischen Kirche.

Pay and Pray.

Dies soll nun kein Pamphlet gegen die christlichen Kirchen werden, zumal die Kirche durchaus dafür bekannt ist, recht rigoros gegen Andersdenkende vorzugehen. Es soll auch kein Kapitel über Steuern in Deutschland werden, das wäre ein Plagiat meiner selbst. Wen das interessiert, wie es ist, seine Steuererklärung ehrlich zu machen, der möge ein anderes Buch lesen, das ich vor Jahren mal geschrieben habe.

Ich bin Christ, meine Frau ist Christin, unser Sohn ist christlich getauft. Ich bin aufgrund meines religiösen Projekts auch Mitglied anderer Glaubensgemeinschaften, aber die christliche Kirche wird immer mein Heimatglaube sein. Umso mehr wundert mich, dass mein Glück nach dem Tod davon abhängen soll, ob ich Kirchensteuer bezahle – und es macht mich wütend, dass der Staat diese Forderung unterstützt und es im Grundgesetz dazu unter Artikel 137 heißt: »Die Religionsgesellschaften, welche Körperschaften des öffentlichen Rechtes sind, sind berechtigt, auf Grund der bürgerlichen Steuerlisten nach Maßgabe der landesrechtlichen Bestimmungen Steuern zu erheben.« Es ärgert mich, dass der Staat den Steuereintreiber für die Kirchen spielt – aber es ist natürlich eine Win-win-Situation: Der Staat darf ja ein bisschen was vom eingetriebenen Geld behalten.

Und was mich wirklich ärgert: Wenn die christlichen Kirchen gegen andere Glaubensgemeinschaften wie Scientology wettern, dann tun sie das meistens mit dem Argument, dass diese nur Geld von den Gläubigen haben wollten. Ich habe mal nachgerechnet anhand der Zahlen, die ein christlicher Geistlicher in einer Talkshow verwendet hat – und meiner Einkommensteuererklärung: Mit dem, was ich bis an mein Lebensende an Kirchensteuer bezahlen werde, könnte ich bei Scientology durch die Feuerwand gehen und es locker zu einem *Operating Thetan III* bringen – und wäre damit nur ein paar Stufen unter Tom Cruise.

Ich habe mir gedacht, ich könnte die Kirche mal einen Tag lang unterstützen bei ihrem ökonomischen Kreuzzug. Ich gebe einen Sonntag lang den Türsteher unter dem Motto »Ohne Knete keine Gebete«. Ich stelle mich an die Tür einer

(Un-)Wichtiges Wissen

Das Besondere Kirchgeld darf in Bayern nicht erhoben werden, wenn der Ehegatte einer weltanschaulichen Gemeinschaft angehört, die Körperschaft des öffentlichen Rechts ist.

Kirche in der Nähe unserer Wohnung und frage jeden, der zum Gottesdienst will: »Haben Sie auch Kirchensteuer bezahlt? Falls nicht, dann dürfen Sie nicht hinein! Es gilt: Das Brot darf brechen – wer Geld tut blechen.«

Die meisten Menschen sehen mich erst verwundert an, doch als sie meinen ernsten Blick sehen, antworten alle, dass sie selbstverständlich Kirchensteuer bezahlen würden. Einer sagt sogar: »Selbstverständlich – und ich finde es wunderbar, dass mal jemand kontrolliert, dass sich keine Schmarotzer reinschleichen!« Eine alte Frau meint: »Ich bezahle natürlich, alles andere wäre doch eine Sünde!«

Der Pfarrer allerdings, das erfahre ich ein paar Tage später, soll meine Arbeit nicht unbedingt positiv bewertet haben. Einige Kirchenmitglieder haben ihn gelobt dafür, dass es einen Kontrolleur gibt, und gefragt, ob dieser Türsteher nun eine dauerhafte Einrichtung sei. Er soll recht ungehalten gewesen sein, weshalb ich darauf verzichtet habe, ihn anzurufen und um eine feste Anstellung zu bitten. Auch meine Frau war nicht begeistert, sie will auch nicht austreten, sondern weiterbezahlen. Sie hat eine Höllenangst davor, was dann passieren könnte.

Also machen wir weiter.

Pay and Pray.

Ich will ja weder scharf angebraten werden noch ewig brutzeln.

Kapitel 23

Das metastasierende Geschwür

Europa, das muss an dieser Stelle einmal gesagt werden, dieses Europa ist einfach nur eine ganz wunderbare Sache. Seit es die EU gibt, müssen Amerikaner nicht mehr so tun, als würden sie jedes Land auf diesem Kontinent kennen – wie es etwa die Sängerin Kelly Pickler in der Sendung *Are You Smarter Than a Fifth Grader* ausdrückte, als sie danach gefragt wurde, von welchem europäischen Land Budapest die Hauptstadt sei: »Ich dachte, Europa sei ein Land! Ist Frankreich ein Land? Ungarn? Das ist ein Land?«

Wir Deutschen haben eine Beschäftigung für Edmund Stoiber gefunden, damit er uns hierzulande nicht mehr auf die Nerven geht. Viele Juristen haben nun endlich eine Beschäftigung und müssen nicht mehr im chauffierenden Gewerbe tätig sein. Die Gesetze und Verordnungen der EU sind wunderbar.

Dieses Europa ist eine wunderbare Idee, sie wird erfolgreich sein – weil da zusammengepresst wird, was zusammengehören muss. Die paar Unterschiede machen ja erst den Reiz an der ganzen Sache aus, sonst wäre es ja langweilig. Es braucht nur ein paar kleine Regelchen, und schon heißt es: Vorfahrt für Europa! Bald wird europaweit das spanische Wetter eingeführt, der italienische Wein und der irische Gesang – und dann sind alle glücklich, weil es eine EU-Verordnung geben wird, die besagt, dass alle Einwohner glücklich zu sein haben. Und weil EU-Recht über Landesrecht steht, muss selbst der muffelige Deutsche glücklich sein.

Wie einfach das mit Europa und den Gesetzen werden wird, zeigt diese fiktive Geschichte des überaus talentierten griechischen Fußballers Ioannis Ballos. Er ist für einen Verein in der Hauptstadt Athen tätig, der zwar kürzlich Insolvenz anmelden musste, es aber überhaupt nicht einsieht, den Spielbetrieb einzustellen, am Gehalt seines besten Spielers zu sparen oder ihn gar zu verkaufen. Nur zähneknirschend setzt sich der griechische Vereinspräsident an einen Tisch mit anderen europäischen Vereinen, die Ballos gerne verpflichten möchten. Zu den Bietern gehören:

- ein englischer Verein, vertreten durch einen russischen Oligarchen (Brite),
- ein französischer Verein, vertreten durch einen arabischen Investor (Franzose),
- ein spanischer Verein, vertreten durch den Präsidenten, der im Nebenjob Immobilien errichtet (Spanier),
- ein türkischer Verein, vertreten durch den Italiener, der im Nebenjob Hotels baut (Türke),
- ein italienischer Verein, vertreten durch den Präsidenten, der im Nebenjob Italiener des gesamten Landes ist (Italiener),
- ein deutscher Verein, vertreten durch einen ehrgeizigen Sportdirektor (Deutscher),
- ein irischer Verein, vertreten durch einen Fan (Ire),
- ein russischer Verein, vertreten durch einen Waffenhändler (Russe).

Geleitet werden die Verhandlungen von Edmund Stoiber, der dafür sorgen soll, dass der Transfer so unbürokratisch wie möglich abläuft.

Man sitzt in einem geräumigen Büro in Brüssel, es gibt

Schnittchen und kalte Getränke. In der Mitte befindet sich ein Telefon, Ioannis Ballos steht am Fenster und sieht hinaus. Eine junge Frau will gerade Nachtisch mit Kuverts servieren, wird aber von Stoiber mit einem unwirschen »Noch nicht!« hinauskomplimentiert.

Stoiber: »Verehrte, äh, Lobbyisten, Vereine, Freunde des Fußballs. Ich hoffe, die Verhandlungen sind in zehn Minuten vorbei! Sie wissen: zehn Minuten! Charles de Gaulle! Rom! Bahnhof! Fußball! Wenn Sie jetzt bieten, sind Sie in quasi zehn Minuten in Dubai!«

Sieht auf den Iren.

Stoiber: »Was macht, äh, der Herr aus Irland hier?«

Ire (*kichert*): »Angela Merkel denkt, ich würde arbeiten.«

Alle lachen.

Stoiber: »Aber Sie können doch nicht um Ballos mitbieten.«

Ire: »Ich habe genauso eine Stimme wie alle hier. Deshalb sind ja auch die Kollegen aus Luxemburg, Belgien, Portugal, Schweden und Dänemark hier. Freiflug und Übernachtung im Fünf-Sterne-Hotel lassen wir uns nicht entgehen. Und wir reden mit wie alle anderen! Der Deutsche bezahlt ja wie immer!«

Deutet auf eine Gruppe von Menschen, die sich nicht für die Runde interessiert, sondern die Getränkekarte studiert und dann den teuersten Cocktail bestellt.

Franzose: »Wo sollen denn nun die Geldkoffer hin? Ich habe 100 Millionen Euro in bar dabei. Den Ballos nehm ich dann direkt mit. Ist das eigentlich ein Stürmer oder ein Torwart? Ich muss bei der nächsten Pressekonferenz in Paris so tun, als würde ich mich auskennen, dabei geht meine Zweitfrau nur so gerne einkaufen, und ich habe keine Lust, sie zu begleiten. Deshalb der Fußballclub. Und Ballos sieht fantastisch aus!«

Russe (*zu Ballos*): »Draußen steht ein Bentley für dich! Kannst du schon mal probefahren! Eine Frau ist auch drin und ’ne schöne AK-47. Klassiker, beide! Geh ruhig mal raus!«

Ballos ab. Das Telefon klingelt. Stoiber nimmt ab, hört zu und legt auf.

Stoiber: »Wie immer: Sepp und Michel haben unten Geschenke für uns alle deponiert für die nächste Wahl bei FIFA und UEFA. Ich soll ausrichten: Alle anderen Sachen laufen weiter wie bisher.«

Alle nicken zufrieden.

Stoiber: »Also weiter!«

Brite: »Ich biete 50 Millionen Ablöse, dazu einen Beratervertrag für Herrn Stoiber bei Gazprom, und wir sponsern das Brüsseler EU-Gebäude. Muss man nur in Gazprom-Arena umtaufen.«

Stoiber grinst zufrieden und gibt dem Briten die Hand.

Franzose: »Wegen 50 Millionen bin ich hierhergeflogen? Ich dachte, das wäre ein Königstransfer!«

Deutscher: »Also, wir haben noch nie mehr als …«

Italiener: »Guck den Deutschen an – will wieder sparen!«

Alle lachen. Italiener schenkt sich nach und versichert sich kurz bei seinem Assistenten, ob es möglich sei, statt der Kuverts auch die nette Bedienung als Nachtisch bekommen zu können. Der Assistent nickt, Italiener lehnt sich zufrieden zurück und ordnet sein Toupet.

Türke: »Thema Gehalt. Wir zahlen aber schon nur 13 Prozent Steuern auf das Gehalt, oder?«

Spanier (*freudig*): »Bei uns sind es sogar nur neun Prozent! Lex Beckham!«

Brite: »Bei uns nur 15!«

Franzose: »Steuern?«

Deutscher: »Also, in Deutschland zahlen auch Sportler ganz normal …«

Italiener: »Will er wieder Steuern zahlen, der Deutsche?«

Alle lachen.

Grieche: »An Deutschland verkaufe ich aus Prinzip nicht!

Zu arrogant, zu besserwisserisch. Will immer nur, dass ich spare!«

Alle nicken zustimmend.

Grieche: »An den Türken verkaufe ich auch nicht. Zu türkisch!«

Türke (*legt eine Pistole auf den Tisch*): »Das ist die Sprache, in der wir hier verhandeln.«

Russe (*freudig*): »Endlich normale Leute!«

Grieche: »An Spanien auch nicht – eure Währung ist doch genauso wenig wert wie unsere. Was will ich denn damit?«

Alle gucken irritiert, nur der Spanier nickt zustimmend – er hat den Scherz begriffen, dass beide Länder den Euro haben.

Spanier: »Ich kenne da einen Trick: Ich hinterlege das Geld für den Transfer beim griechischen Verband, der zahlt Steuern und leitet es dann an euch weiter. Alles sicher.«

Deutscher: »Also in Deutschland …«

Italiener: »Will er wieder die volle Ablöse zahlen, der Deutsche!«

Alle lachen.

Stoiber: »In Deutschland sind wir hier nicht, es geht hier um Europa und einheitliche Regeln für, äh, Spieler und so. Weil das ja klar ist!«

Italiener: »Wie Regeln? Die Regeln mache doch ich! Wenn jemand negativ über mich berichtet, kaufe ich den Sender! Wenn mir ein Gesetz nicht passt, dann ändere ich das. Da könnt ihr von der EU machen, was ihr wollt! Das Gesetz bin ich, und fertig! Und wenn ich einen Spieler verpflichten möchte, dann tu ich das. Passen Sie mal auf, dass ich den nicht schnell zum Italiener mache, dann gehört er nämlich mir persönlich, und ihr müsst ihn mir abkaufen.«

Grieche (*entsetzt*): »Nein, bitte nicht!«

Italiener: »Ich bezahle erst einmal zehn Millionen Euro, damit Ballos mir garantiert, bei keinem anderen italienischen Verein zu unterschreiben.

Grieche: »Abgemacht!«

Grieche und Italiener geben sich die Hand. Ein Helfer des Italieners eilt mit einem Geldkoffer herein. Italiener übergibt an Grieche. Der Deutsche schlägt die Hände über dem Kopf zusammen.

Brite: »Grieche, wir können einen Deal machen: Ich baue eine Pipeline durch dein Land, dafür benennst du dein Stadion nach mir.«

Grieche: »Was hat das mit Ballos zu tun?«

Brite (*grinst*): »Nichts! Nur ein kleines Nebengeschäft.«

Grieche und Brite geben sich die Hand. Ein Helfer des Briten eilt mit einem Geldkoffer herein. Brite übergibt an Grieche. Der Deutsche schlägt die Hände über dem Kopf zusammen.

Deutscher: »Aber in Deutschland ...«

Italiener: »Hat er was gegen Nebengeschäfte, der Deutsche? Und gegen Pipelines?«

Alle lachen.

Ballos tritt wieder auf, wirkt begeistert.

Franzose (*winkt Ballos zu sich*): »Kleiner, komm mal her! Unten am Hotelpool warten 42 Jungfrauen auf dich – die bekommst du zusätzlich zum Gehalt. Schau sie dir einfach mal an!«

Ballos ab.

Franzose: »Funktioniert immer, das mit den Jungfrauen ...«

Ire: »Wir haben uns gerade unterhalten da hinten und festgestellt, dass die gerechteste Lösung wäre: Ballos spielt jeweils einen Monat lang in jedem der Mitgliedsländer. Gehalt zahlt der Grieche, denn da kommt er her – unterstützt dabei wird er vom Deutschen, weil der kann sich das leisten. Der Deutsche übernimmt auch die Kosten für die Versicherung und bezahlt an jedes Land jeweils beim Wechsel eine kleine Transfersumme.«

Alle nicken. Der Ire singt »The Fields of Athenry«.

Deutscher: »Bei uns wäre die Transfersumme abgesichert durch das Festgeldkonto …«

Alle anderen lachen.

Deutscher: »Ich meine ja nur, von wegen Financial Fairplay und so …«

Alle anderen rollen sich am Boden vor Lachen.

Stoiber: »Meine Herren, wir wollen doch, äh, sachlich bleiben. Jeder darf nun seine Gründe vorbringen, dann suchen wir eine EU-Lösung ohne Bürokratie. Jeder muss da ein Opfer bringen! Zehn Minuten!«

Alle: »Opfer?«

Spanier: »Leute, ich habe den Vereinsmitgliedern vor der letzten Wahl versprochen, dass ich Ballos verpflichte. Wie stehe ich denn da, wenn das nicht klappt? Der muss her – zur Not verkaufe ich mal wieder ein paar Grundstücke des Vereins und stecke die Provision in meine Tasche.«

Brite, Türke und Italiener nicken verständnisvoll.

Franzose: »Ich brauche den Ballos auch dringend! Ich habe Kohle ohne Ende – aber kein Spieler will zu meinem Verein wechseln! Meine Berater haben gesagt: Kauf den Verein, der hat kein Geld, aber Glamour. Da geht was!«

Grieche: »Sie hätten auch uns kaufen können!«

Franzose: »Sorry, ihr habt weder Geld noch Glamour.«

Alle nicken verständnisvoll.

Brite: »Ich muss weiter Geld aus Russland schaffen. Ganz ehrlich? Fußball ist mir egal! Das Geld muss raus, und ich muss so bekannt sein, dass sich Putin nicht traut, mich zu verhaften. Also bezahle ich jeden Preis! Es geht hier um nichts weniger als mein Leben! EU ist mir egal.«

Italiener: »Hach, dass es solche Präsidenten der alten Schule wie den guten alten Wladimir noch gibt.« *(Wischt sich eine Träne aus dem rechten Auge.)*

Deutscher: »Wir bieten eine herausragende Infrastruktur, sichere Finanzen, garantierte Champions-League-Teilnahme. Wir sind ein seriöser …«

Alle anderen rollen sich am Boden vor Lachen.

Türke: »Leute, hört mir mal zu! Keiner will mehr in die Türkei wechseln. Früher war das alles locker: Da waren wir die Einzigen, die schön Nettogehälter bezahlt haben und denen es auch egal war, dass ein Trainer kokst und ein Spieler seine Frau betrügt. Jetzt kommt der Franzose, dann kommt der Brite – ihr macht mir den Laden kaputt. Ich verlange Ballos als Entschädigung für die letzten Jahre! Ich hab Krieg mit den anderen Vereinen in Istanbul, es geht um die Ehre.«

Alle anderen nicken verständnisvoll.

Das Telefon klingelt, Stoiber nimmt ab, er nickt kurz und legt auf.

Stoiber: »Das war ein, äh, Spielerberater aus Brasilien. Der sagt, der Ballos wäre sein Eigentum, weil dem Ballos sein Großvater damals mit dem Großonkel seines Schwippschwagers einen Vertrag gemacht hat und er seitdem 90 Prozent an Ballos besitzt. Ein seriöses brasilianisches Gericht hat das alles bestätigt! Da können wir als EU, also, da können wir nun nicht recht viel gegen unserer brasilianischen Freunde …«

Alle nicken verständnisvoll.

Ballos kommt herein, er wirkt erschöpft. Italiener winkt ihn zu sich.

Italiener: »Mein Lieber, du kannst dir jetzt schon mal den Nachtisch schnappen, wenn du weißt, was ich meine. Los geht's!«

Ballos ab mit einer Assistentin.

Grieche: »Ich will jetzt erst einmal, dass jeder Verein 30 Millionen Euro an mich bezahlt, damit unser Verein überhaupt weiterexistieren kann. Wenn unser Verein untergeht, dann gibt es bald auch keine UEFA mehr, und dann gibt es auch keine Champions League mehr, und dann verdient ihr alle bald keinen Cent mehr.«

Alle erschrecken.

Stoiber: »Also, Herr Grieche! Ich meine, Sie können doch

nicht einfach so, also, wo kommen wir denn hin, wenn Sie, und dann ohne mich, also wenn Sie einfach, das geht natürlich so nicht! EU und so.«

Alle: »EU interessiert niemanden! Hauptsache, uns geht es gut!«

Deutscher: »Die müssen alle erst einmal seriös wirtschaften!«

Italiener: »Der Deutsche nervt gerade ein bisschen!«

Alle nicken verständnisvoll.

Italiener: »Abstimmung: Wer findet, dass der Deutsche gehen muss und nichts mehr zu sagen hat?«

Alle heben die Hand. Der Deutsche blickt wütend auf Stoiber, der auch die Hand nach oben hält.

Italiener: »Und wer ist dafür, dass er all seine Geldkoffer hierlassen muss, damit wir sie unter uns aufteilen?«

Alle heben die Hand. Der Deutsche blickt wütend auf Stoiber, der auch die Hand nach oben hält. Deutscher ab.

Ballos kommt herein. Er wirkt traurig. Brite ruft Ballos zu sich.

Brite: »Hier ist dein Aktienpaket für Gazprom. Und jetzt geh nach unten in die Lobby, da warten Gazprom-Mitarbeiterinnen auf dich!«

Ballos ab.

Russe: »Ich kann es nicht mehr hören, dass alle den Namen meines Vereins falsch aussprechen. Ich habe mir die Meisterschaften von 2009 bis 2020 gekauft und damit die Teilnahme an der Champions League. Was muss ich denn zahlen, um diese blöde Königsklasse zu gewinnen?«

Brite *(flüstert)*: »Für ein paar Millionen bekommt man, dass kein Deutscher mehr einen Elfmeter im Finale schießen will …«

Alle lachen.

Ballos kommt herein. Er sieht ramponiert aus.

Italiener: »Was ist denn mit dem los? Der sieht ja aus wie der Putin nach dem Wahlkampf!«

Brite: »Oder nach der Tigerjagd!«

Brite und Italiener klatschen ab.

Stoiber: »Ja, will den jetzt keiner mehr kaufen?«

Alle schütteln den Kopf.

Franzose: »Braucht keiner mehr!«

Grieche: »Ich muss nicht mehr verkaufen, ich hab ja einen deutschen Geldkoffer.«

Alle: »Wir auch!«

Alle lachen.

Stoiber: »Dann sind wir ja fertig – und ganz ohne Bürokratie!«

Brite: »Halt! Haben wir denn schon vereinbart, wo die WM 2026 stattfinden wird.«

Stoiber: »Ach, Entschuldigung!« *Guckt peinlich berührt.* »Habe ich ja ganz vergessen. Nachtisch!«

Eine junge Frau eilt herein und verteilt Kuverts mit der Aufschrift: »Mit besten Grüßen vom Sepp aus'm Walsertal«. Alle öffnen die Kuverts.

Brite *(schwärmerisch):* Südpol! Wunderbar! Da gibt's noch keine Pipeline!«

Italiener: »Und keine Gesetze!«

Alle stehen auf, singen die EU-Hymne und dann Josef Blatters Lieblingslied: »Großer Gott, wir loben dich.«

Vorhang.

Europa, das ist eine ganz tolle Sache.

Kapitel 24

Gesetzesbrecher IV: Der Schwarzarbeiter

Ich habe kürzlich ein skurriles Gespräch mit meinem Chef geführt.

»Hallo, Stefan, hier ist meine Kündigung!«

»Wunderbar!«

»Bis später dann!«

»Super, bis dann!«

Wir geben uns die Hand, wir lachen, dann umarmen wir uns kurz.

Ich habe immer gedacht, dass solche Situationen anders ablaufen.

Später schreibe ich Stefan eine E-Mail: »Wann passiert das schon, dass sich Angestellter und Chef bei der Kündigung lachend ansehen und sagen: ›Das ist großartig!‹ Habe ich noch nicht gehört.«

Ich habe meine Festanstellung beim Süddeutschen Verlag gekündigt, um als freier Korrespondent an die Westküste der Vereinigten Staaten zu wechseln. Es ist deshalb nicht wirklich eine Kündigung, weil ich unter anderem auch weiterhin für die *Süddeutsche Zeitung* und *SZ.de* tätig sein werde.

Der Moment der Kündigung gehört schon zu den aufregenden Situationen in meiner Karriere als Angestellter. Ich werde von meinem Arbeitgeber sehr gut behandelt und glaube, dass ich auch anständige Arbeit leiste. Ich habe nicht einmal blau gemacht, ich habe bis auf kleinere Streitereien kaum Ärger mit Kollegen oder Vorgesetzten gehabt, meine Gehaltsverhandlungen vor fünf Jahren fanden am Rande eines Fußballspiels statt:

»Ich wäre ein schlechter Geschäftsführer, wenn ich dir mehr bezahlen würde als nötig – ich muss dir so viel bezahlen, dass du gerade nicht kündigst.«

»Ich wäre ein schlechter Arbeiter, wenn ich dann auch nur eine Minute länger arbeiten würde als nötig. Ich muss so schlecht arbeiten, um gerade nicht rausgeworfen zu werden.«

Das Gehalt wurde angehoben.

Vor drei Jahren dann habe ich meinem damaligen Chef aufgrund eines Projekts ehrlich meine Meinung gesagt – ich habe seinen Führungsstil kritisiert, mein Gehalt und die Arbeitszeiten. Ich bin überzeugt davon, der erste Angestellte zu sein, der in einem Atemzug zusammengestaucht wurde und eine Gehaltserhöhung bekam.

Ansonsten bin ich ein recht langweiliger Arbeiter. Ich klaue keine Büroutensilien, ich habe noch nie Arbeitslosengeld bekommen, mir wurde noch nie gekündigt. Ich habe keine Erfahrung mit den kleinen und großen Schweinereien, die täglich in den Bürogebäuden Deutschlands passieren.

Aus diesem Grund führt mich meine Tour zu den Gesetzesbrechern zu einem, der sich darin besser auskennt als ich. Ich sitze in der Wohnung eines Menschen, der sich selbst als »Hartz-IV-Künstler« und »Grauarbeiter« bezeichnet – und habe das Gefühl, mich in einem wahr gewordenen Klischee zu befinden. Da sitzt ein Mann im Grobripp-Muskelshirt der Marke Karlheinz, auf dem Tisch stehen Bierdosen und ein voller Aschenbecher. An-

Wissen für Nichtjuristen

Einer Kündigung muss nicht immer eine Abmahnung vorausgehen. In Ausnahmefällen (etwa bei schwerer Pflichtverletzung) ist eine Kündigung auch ohne vorherige Abmahnung möglich.

ton hat Maurer gelernt, war aber auch als Maler, Entrümpler und Lkw-Fahrer tätig.

Seine Fähigkeiten beschreibt Anton so: »Wenn du willst, dann baue ich dir ein Häuschen im Grünen und auch noch die Straße dorthin – und dann organisiere ich deinen Umzug und helfe dir dabei.« Er sieht so aus, als könnte er zur Not auch ein komplettes Haus von einem Ort zum anderen tragen. Würde Vitali Klitschko beschließen, kein Ausdauertraining mehr zu machen, sondern 30 Kilo Speck und noch einmal 15 Kilo Muskeln draufzupacken, dann hätte er einen Körper wie Anton. Mit der Hand, die er mir zur Begrüßung gegeben hat, könnte er eine Kokosnuss öffnen, auf dem dazugehörigen Arm hätten vier Kandidatinnen von *Germany's next Topmodel* Platz. Auf dem Bauch übrigens auch. Sein Gesicht dagegen sieht aus wie das eines Schuljungen, die Augen sind lausbubenblau.

Er hat 20 Jahre in einer Firma gearbeitet, ehe er im Jahr 2005 aus betrieblichen Gründen entlassen wurde. »Kann man nichts machen«, sagt er, »mein Chef war ein toller Typ, aber das Geschäft lief nicht. Drei Jahre später hat er den Laden dichtgemacht.« Also stand er, 39 Jahre alt, plötzlich auf der Straße, keiner wollte ihn. Nicht einmal der Nachbar, der immer damit geprahlt hatte, ihn sofort einzustellen, wenn er mal keine Lust mehr auf den alten Arbeitgeber hätte: »Der hat mich gleich wieder weggeschickt und gesagt, dass er selbst Leute entlassen muss.«

Anton hat mehr als eineinhalb Jahre damit verbracht, einen neuen Arbeitgeber zu finden. »Ich habe insgesamt 200 Formulare ausgefüllt und 20 Anträge gestellt und bin von Amt zu Amt gelaufen, um nur ja keine Meldefrist zu verpassen. Weißt du, was ich auf den Ämtern am häufigsten gesehen habe? Inkompetenz und Unfreundlichkeit.« Einige hätten ihm gar Hinweise gegeben, wie er möglichst viel Geld durch die Arbeitslosigkeit herausholen könne. »Das war Anleitung zum Sozialbetrug. Einer fragte doch tatsächlich: ›Ach, Sie wollen wirklich arbeiten und nicht nur das Geld haben? Gibt's ja gar nicht!‹ Hat der wirklich ernst gemeint.«

Irgendwann habe es ihm gereicht: »Ich habe gemerkt, dass es den Leuten scheißegal ist, ob ich wieder Arbeit finde oder nicht. Nach fast zwei Jahren hatte ich Erfahrung darin, Formulare auszufüllen, und mit der Gesetzgebung war ich auch vertraut. Also habe ich begonnen, so viel wie möglich herauszuholen und nebenher kleine Jobs anzunehmen.«

Was es braucht? »Geduld beim Ausfüllen der Formulare, Genauigkeit beim Einhalten der Fristen, Genügsamkeit beim Ausgeben des Geldes – und natürlich ein bisschen Kreativität.« Anton lacht.

In Deutschland leben nämlich nicht nur Dichter und Denker, sondern vor allem Ausfüller. Haben Sie mal darüber nachgedacht, wie viele Formulare Sie in Ihrem Leben bereits ausgefüllt haben? Beim Arzt, für die Krankenversicherung, auf dem Finanzamt, für die Haftpflichtversicherung, im Bürgerbüro, beim Bestellen im Internet, auf der Kfz-Zulassungsstelle, im Krankenhaus, auf dem Standesamt, im Sportverein, am Arbeitsplatz, bei Bewerbungen, bei Anträgen, in Kirchen, im Jobcenter, bei der Musterung, bei der Sozialversicherung.

Wissen für Nichtjuristen

Einem Arbeitnehmer kann auch wegen Krankheit gekündigt werden. Bei einer erheblichen Beeinträchtigung der betrieblichen Interessen ist so eine Kündigung zulässig. (§ 1 Kündigungsschutzgesetz)

Haben Sie in der Zwischenzeit gezählt? Sind Sie wie ich im niedrigen vierstelligen Bereich angelangt?

Anton auch. Er hat die Formulare seit seiner Arbeitslosigkeit einmal gezählt. Es waren 235 in sieben Jahren. Auch er kommt auf mehr als 1000 in seinem Leben.

Viele Menschen in Deutschland betrügen. Mitmenschen, Firmen, Staat. Wer nur ein klein wenig mehr aus einer Sache herausschlagen kann, der versucht es auch. Das kann die Reklamation einer neuen Jacke sein, die man beim ersten Ausführen selbst besudelt hat. Das kann beim Gebrauchtwagenverkauf sein. Oder eben beim Arbeitsamt. Die Bundesagentur für Arbeit hat in den zwölf Monaten zwischen August 2011 und Juli 2012 zum ersten Mal mehr als eine Million Sanktionen erlassen. 140 000 dieser Menschen wurden bestraft, weil sie sich weigerten, eine zumutbare Arbeit anzunehmen.

Anton wollte kein Betrüger sein. Er wollte auch nicht zu jenen gehören, die auf Kosten des Staates leben. Nur fand er keine Arbeit. »Ich mache auch den Staat nicht dafür verantwortlich«, sagt er, »der kann ja keine Jobs zaubern. Aber ich fühlte mich schon hängen gelassen, weil einem suggeriert wird: Für dich geht von nun an gar nichts mehr.« Er zeigt mir die Aufträge der vergangenen Monate. Er ist ausgebucht, weil seine Kunden kein Problem damit hätten, einen Schwarzarbeiter zu beschäftigen: »Ich sehe das für mich so: Ich habe mein Leben lang gearbeitet, ich habe Steuern bezahlt – und wurde dann, als ich den Staat und das soziale System gebraucht hätte, einfach im Stich gelassen. Ich will weiterarbeiten, das ist meine einzige Chance, also mache ich das.«

Sollte jemand ein schlechtes Gewissen suchen: Hier bei Anton ist es nicht. Bei seinen Auftraggebern übrigens auch nicht: »Wissen Sie, was man heutzutage beachten muss, wenn man ein Haus bauen möchte? Oder was es kostet, wenn Sie das Wohnzimmer ganz offiziell von einem Maler streichen lassen möchten? Das kann sich doch keiner mehr leisten! Also kommen die, die mich kennen, zu mir. Beide Seiten profitieren davon.«

Es fällt einem schwer, Anton nicht zu mögen. Seine Mutter hat definitiv kein faules Kind erzogen. Er hat ein gutes Herz, er möchte arbeiten, er ist keiner, den man als »Sozialschmarotzer« bezeichnen würde.

Er ist aber ein Betrüger, er ist ein Vertreter der Schattenwirtschaft.

Der Wirtschaftswissenschaftler Friedrich Schneider von der Universität Linz schätzt, dass die Schwarzarbeit im Jahr 2012 in Deutschland 13,3 Prozent des legalen Bruttoinlandsprodukts ausgemacht hat, er geht von einem Schaden von 342,4 Milliarden Euro aus. Die Rockwool-Stiftung in Kopenhagen dagegen schätzt den Schaden in Deutschland auf nur etwa 30 Milliarden Euro pro Jahr.

Noch immer wird diskutiert, ob die Schattenwirtschaft Schaden anrichtet oder nicht. »Ich sehe es nicht als Problem für die Volkswirtschaft, weil letztlich die Wertschöpfung gesteigert und der Wohlstand vermehrt wird«, sagt Schneider. Gleichwohl würden dem Staat und den Krankenversicherungen Einnahmen entgehen – und natürlich den Unternehmen, denen die Aufträge fehlen, die von Schwarzarbeitern ausgeführt werden.

Seit dem Jahr 2000 geht der Staat massiv gegen Schwarzarbeit vor: Die Zahl der überprüften Personen hat sich seitdem versechsfacht, die Summe der Bußgelder versiebenfacht – Letztere war im Jahr 2009 13 Mal so hoch wie neun Jahre zuvor. Wirklich erfolgreich ist dieser Kampf nicht, weshalb nicht wenige Experten fordern, anstatt die Kontrollen zu verschärfen eher die Wirtschaftspolitik zu ändern: Deregulierung der Arbeitswelt, Änderung der Zahlungsströme im Sozialversicherungswesen, dazu eine Modifizierung des Rechtssystems, das derzeit Auftraggeber und Schwarzarbeiter schützen würde.

Wie so oft werden in Deutschland die Symptome bekämpft und nicht die Ursachen. Schärfere Gesetze, eine Intensivierung der Kontrollen und drastischere Strafen führen nur selten zu einem Rückgang der Kriminalität.

Das sieht auch Anton so: »Natürlich habe ich Angst davor, erwischt zu werden – und ich habe auch Angst vor der Strafe, die mich da erwartet.« Er hoffe aber, dann glimpflich davonzukommen, schließlich betrachtet mehr als die Hälfte der Deutschen Schwarzarbeit als Kavaliersdelikt, mehr als 30 Prozent geben an, bereits schwarz gearbeitet zu haben. Anton sagt: »Ich würde sofort aufhören, wenn ich wieder legale Arbeit bekomme – oder wenn es sich für mich nicht mehr lohnen würde. Aber danach sieht es nicht aus.«

Diese Sätze dürfen Politiker gerne als Aufforderung verstehen.

Kapitel 25

Warten auf den großen Knall

Es gibt die Theorie, dass die Zeit langsamer vergeht, wenn der Mensch auf etwas warten muss, auf das er sich freut. Wenn das stimmt, dann wird die Zeit, dieses faule Stück, an einem Tag im Jahr beinahe unbeweglich. Die Menschen stehen am Weihnachtsmorgen auf – und irgendwie müssen sie die Zeit überbrücken, bis es am Abend einen erleuchteten Weihnachtsbaum, Plätzchen und Geschenke gibt. In meiner Familie gab es lange Zeit die Tradition, die Zeit mit einem handfesten Streit totzuschlagen.

Was wäre eigentlich, wenn du am Weihnachtsmorgen aufwachst, nur um festzustellen, dass erst der erste Advent ist? So geht es mir.

Ich sitze vor meinem Computer und fühle mich wie ein Kind, das in der Spielzeugabteilung eines Kaufhauses steht, auf all die Monstertrucks und Spritzpistolen und Lego-Figuren starrt – und genau weiß, dass es noch vier Monate bis zu seinem Geburtstag warten muss. Das Schlimmste daran: Alle anderen Kinder bekommen Trucks und Pistolen und Figuren!

Genauso geht es mir: In den Vereinigten Staaten sind die neuen Staffeln von *How I Met Your Mother* und *Californication* angelaufen – und natürlich möchte ich die Folgen sehen. Die eine Serie läuft in den USA auf dem frei empfangbaren Kanal CBS, die andere auf dem Bezahlsender

Showtime. CBS zeigt die Folgen von *How I Met Your Mother* am Tag nach der ersten Ausstrahlung frei im Internet – allerdings nur für Menschen, die in den Vereinigten Staaten leben. Bei Showtime habe ich in Deutschland überhaupt keine Chance. Es gibt keinen legalen Weg, zeitnah an die Folgen zu gelangen. Ich würde dafür bezahlen, aber ich darf nicht.

All meine Freunde haben die Folgen gesehen. Sie unterhalten sich darüber, ob beim gemeinsamen Bier oder in der Kabine des Fußballvereins – oder sie schreiben auf Facebook: »Hast du die neue Folge gesehen? Einfach genial!« Die Gemeinsten verraten dann auch noch, was in der jeweiligen Episode passiert. Sie zitieren Hank Moodys Sprüche, erklären die neuen Anmachmethoden von Barney Stinson. Es gibt kaum eine Möglichkeit, dem zu entkommen – und natürlich ist dann der Reiz vorbei, sich auf die Serie zu freuen, wenn sie denn endlich nach Monaten der Warterei in Deutschland ausgestrahlt wird.

Und zeigt sie ProSieben, sind sie entweder verschandelt durch hanebüchene Synchronisation oder verstümmelt durch Kürzungen wie bei *The Dark Knight*.

Welch groteske Züge das annehmen kann, zeigt das Beispiel von *Akte X*: Das war eine der erfolgreichsten Serien, irgendwann gab es einen Kinofilm, der als Übergangsgeschichte zwischen der vierten und fünften Staffel gedacht war. Auch in Deutschland kam der Film schnell in die Kinos. Das Problem: Es waren zuvor nur die Folgen der ersten drei Staffeln zu sehen gewesen. Der deutsche Besucher kam nach dem Betrachten des Films ratlos aus dem Kino und fragte sich: Habe ich etwas nicht kapiert? Haben die uns veralbert? Und was zur Hölle hat es mit diesen Bienen auf sich?

Die einfache Antwort: Dem deutschen Zuschauer fehlten 24 Folgen, er verstand die Dramaturgie des Films überhaupt nicht.

Heutzutage besorgt man sich bei Dramaturgielücken die

Wissen für Nichtjuristen
Sieben Sekunden sind nicht okay: Ob Urheberrechte an einem Musikstück verletzt worden sind, hängt nicht von der Anzahl der Noten ab oder von der Länge, sondern davon, ob die Melodie zu erkennen ist oder nicht. (§24 UrhG)

fehlenden Folgen im Internet. Viele tun es legal, viele tun es illegal.

Im Fall von *How I Met Your Mother* und *Californication* muss ich davon ausgehen, dass es fast alle illegal tun, denn ich habe monatelang nach einem legalen Weg gesucht. Entweder waren Millionen von Menschen bei der Suche nach dem legalen Weg erfolgreicher – oder sie sind dem dunklen Pfad der Illegalität gefolgt.

Ich mache mich auf die Suche, wie es passieren kann, in Zeiten von Globalisierung und Internet sechs Monate auf eine Serie warten zu müssen. Zunächst einmal bei den Produzenten der Serie und den Fernsehsendern. Da gibt es ein immenses Interesse an ihren Produkten – und sie schaffen es nicht, dass jeder die Serien kaufen kann, wenn er sie kaufen möchte.

Es ist, als würde Audi sagen: Wenn ein Amerikaner den neuen A4 haben will, dann muss er sechs Monate warten.

Werden wir in die Illegalität getrieben von den bösen Produzenten? Ich spreche mit einer Freundin, die wie ich ein Fan von *How I Met Your Mother* ist, jedoch bereits alle Episoden gesehen hat.

»Was du machst, ist illegal!«

»Ach, das merkt doch keiner.«

»Das merkt keiner? Glaubst du, dass du unverwundbar bist oder unsichtbar durch das Internet surfst? Dass du keine Spuren hinterlässt?«

»Bisher ist ja nichts passiert!«

»Das heißt aber nicht, dass es so bleibt.«

»Jetzt ist es doch auch schon egal, hat mein Freund gesagt.«

»Dein Freund ist dumm.«
»Ich weiß.«
»Dann hör auf damit!«
»Aber ich will die Folgen sehen!«
Diskutieren Sie da mal weiter …

Noch schöner ist die Antwort dieses Freundes auf einen Facebook-Eintrag von mir. Er schreibt: »Dann müsste man ja auch YouTube verbieten und alle anderen Plattformen. Ich bin da für das uneingeschränkte Internet! Sonst enden wir ja noch wie die Chinesen!« Nebenbei behauptete er auch noch, dass es keine Möglichkeit gibt, Bücher herunterzuladen.

Diskutieren Sie mit solchen Menschen mal weiter …

Warum sollte es mich kümmern, wenn es sonst auch keinen kümmert?

Es gibt natürlich sehr viele Menschen, die im Internet bereitwillig bezahlen für Musik, Filme, Bücher und Fernsehserien. Es gibt aber auch viele, die das nicht tun.

Die Gesellschaft für Konsumforschung hat das Nutzerverhalten der Menschen im Netz für das Jahr 2011 untersucht – und damit auch die Zahlungsmoral. 22,1 Millionen Menschen haben innerhalb dieses Jahres Medieninhalte online genutzt oder heruntergeladen. Nur 44 Prozent davon nutzen ausschließlich legale Inhalte.

Vielen Menschen fehlt das Unrechtsbewusstsein. Sie glauben, dass alle Inhalte im Netz frei verfügbar für jeden sind, wenn sie auf einem Server herumliegen. Und dass sie niemals beim Herunterladen erwischt werden. Und dass sie dann auch nichts zu befürchten haben. Das Internet ist doch kostenlos.

Ich weiß, dass man derzeit schrecklich uncool daherkommt, wenn man sich für das Urheberrecht im Internet stark macht. »Das Letzte, was man als Musiker brauchen kann, ist, als uncool dazustehen«, sagte der Element-of-Crime-Sänger und Autor Sven Regener in einem Interview mit dem Radiomagazin »Zündfunk«, »also halten alle schön die Füße still und die Schnauze und den Kopf unten – und schauen dabei zu, wie die Sache immer mehr den Bach runtergeht.« Die Sache, das ist sein Honorar als Künstler.

Ich bin Journalist und habe auch noch das Glück, bei der besten Zeitung und der besten Nachrichtenseite in Deutschland arbeiten zu dürfen – aber ich bin nicht das, was heutzutage als *Digital Native* bezeichnet wird. Ich bin kein Eingeborener in der digitalen Welt, ich bin Zugewanderter. Da sich meine Eltern in der analogen Welt pudelwohl gefühlt haben – und auch heute noch einen rebellischen Kampf gegen das digitale Imperium führen –, habe ich erst mit 16 Jahren erstmals im Internet gesurft (bei einem Freund), mein erstes Handy bekam ich, als ich schon 19 war (ich musste es heimlich kaufen), und bei meinem ersten eigenen Gameboy war ich bereits 20 (selbst gekauft, den Eltern aber stolz präsentiert). Freilich habe ich zuvor mit Computerspielen gezockt, meist waren es illegale Kopien von Spielen; auf dem Schulhof wurden die Disketten getauscht wie zehn Jahre zuvor Panini-Bilder von Fußballspielern. Ich war sogar einer der Ersten in meinem Freundeskreis, die sich eine eigene Homepage gebastelt haben.

Meine naive Frage lautet: Warum fällt es dann so schwer, Menschen zu bestrafen, die Musik, Filme und Serien illegal verbreiten und ansehen? Wie kann ein Freund von mir auf seinem Rechner mehr als 100 Filme, etwa 8000 Musikstücke und 500 Folgen von Fernsehserien gespeichert haben, ohne dass es jemand herausfindet? Wie kann er Bundesligaspiele und Boxkämpfe ansehen, ohne dass es jemand bemerkt?

Wissen gegen den Knast
Jeder private Homepage-Betreiber sollte ein Impressum auf seiner Internetseite einstellen – sonst droht eine teils sehr teure Abmahnung. (§ 6 TDG)

Oder wird bereits heftig gespeichert, und irgendwann einmal werden Briefe – ja wirklich, Briefe und keine E-Mails – verschickt mit horrenden Strafen? Dann würde sich der Satz bewahrheiten, den Sean Parker im fiktiven Facebook-Film *The Social Network* zu Mark Zuckerberg sagt: »Den Fehler, der dich in Zukunft zu Fall bringt, hast du bereits begangen.«

Fakt ist: Es werden immer mehr Briefe verschickt, die geforderten Summen werden immer horrender.

Die Unsicherheit der Menschen beim Umgang mit dem Internet ist größer denn je; die meisten Menschen wünschen sich mehr Sicherheit im Netz, doch es scheint, als hätte die Politik nicht die Kraft, diese Sicherheit zu gewährleisten. Was darf ich denn nun im Netz tun und was nicht? Diese einfache Frage wurde kürzlich in einer Umfrage gestellt. Das erstaunliche Ergebnis: Mehr als die Hälfte der Befragten gab an, dass es zu viele Graubereiche gebe und dass niemand sagen könne, was denn nun wirklich erlaubt sei. Fast ein Fünftel der Menschen sagte gar, dass es das Internet für einen rechtsfreien Raum hielte. Nur vier Prozent der Menschen behaupteten zu wissen, was im Internet erlaubt sei und was nicht.

Die Unterhaltungsindustrie freilich macht sich diese Unsicherheit zunutze und stigmatisiert jeden Downloader und Internethörer sogleich zum Verbrecher – oftmals spannt sie dafür Künstler vor den Angst-Karren, die dann Sätze schreiben wie: »Schuhe gibt's auch nicht gratis!« Das war die Überschrift eines Beitrags des Filmemachers Michael Verhoeven im *Focus*. Der Text selbst beginnt so: »Ein Kunde geht in ein Musikgeschäft und entdeckt eine tolle CD. Am Ausgang wird er festgehalten. Er hat nämlich etwas vergessen: Er hat nicht bezahlt. Das Netz ist wie ein Supermarkt. Hier entdeckt der Kunde ebenfalls tolle Musik und lädt sie herunter. Und auch er hat etwas vergessen. Er hat nicht bezahlt – doch niemand hält ihn auf.«

Verhoevens Argumentation klingt erst einmal schlüssig:

Wer Musik hören möchte, der soll dafür bezahlen – wenn der Künstler eine Bezahlung dafür möchte und das Stück nicht freiwillig unentgeltlich ins Netz stellt. Ich möchte als Autor auch, dass die Leser für meine Bücher bezahlen, davon lebe ich. Viele meiner Texte stelle ich kostenlos ins Netz und freue mich, wenn sie jemand liest. Wenn ich Bezahlung fordere, dann will ich auch, dass bezahlt wird.

Doch anders als in Verhoevens Schilderung gibt es zahlreiche Menschen, die bereitwillig bezahlen. Ich habe jedes Musikstück, jeden Film und jede Serie auf meinem Rechner gekauft, so wie ich auch für jedes Paar Schuhe – um in Verhoevens Vergleich zu bleiben – bezahlt habe. Damit ist auch Verhoevens Argument entkräftet, dass im Fall von Musik und Spielfilmen die Kassen nicht besetzt wären. Die Kassen sind besetzt und sehr gut gefüllt.

Das Problem ist doch vielmehr, dass es oftmals keine Kassen gibt, man wird ja noch nicht einmal in den Supermarkt gelassen. Man steht draußen vor dem Schaufenster und sieht Menschen aus anderen Ländern beim Einkaufen zu – und vielen Menschen aus diesem Land beim Klauen. In meinem konkreten Fall bedeutet das: Es gibt keinen Weg, die Folgen von *How I Met Your Mother* und *Californication* zu kaufen. Ich gucke durch das Schaufenster und sehe den anderen dabei zu, wie sie sich vor Lachen beinahe in die Hose machen. Dann trotte ich gelangweilt weiter und warte darauf, dass ein Supermarkt in meinem abgesperrten Bereich öffnet und die DVD in sein Sortiment aufnimmt – oder ich warte ein halbes Jahr lang, bis sich ein Sender erbarmt, die Folgen ausstrahlt und es als »TV-Highlight« des Jahres anpreist. Und dann eine verstümmelte Version zeigt.

Das soll das grenzenlose Internet sein?

Natürlich gäbe es noch andere Möglichkeiten, an die Folgen der Serien heranzukommen. Mein lieber Freund Bastian tut mir eine auf, die sich interessant anhört und auf den ersten Blick durchaus legal erscheint: Im deutschen iTunes-

Store sind Serien – mit wenigen Ausnahmen – erst dann verfügbar, wenn sie von einem deutschen Sender ausgestrahlt wurden. Im amerikanischen Store dagegen ist alles vorhanden, was der Serienfreak braucht.

Die Idee: Man lässt sich von einem Bekannten eine Geschenkkarte für den amerikanischen iTunes-Store mitbringen, sollte dieser auf Urlaub oder Geschäftsreise in den Vereinigten Staaten sein. Sollte man jemanden kennen, der in den USA wohnt, kann man sich die Karte auch schicken lassen.

Legal ist das nicht, denn im amerikanischen Store darf nur einkaufen, wer einen Wohnsitz in den USA hat. Dieses Problem kann aber umgangen werden, es gibt sogar Webseiten, die einem dabei behilflich sind. Die generieren eine zufällige Identität mit echten E-Mail-Adressen und Wohnsitzen. Man gibt sein Geschlecht ein, das gewünschte Land und möglicherweise ein bevorzugtes Alter – es wäre ja zu dumm, wenn die falsche Identität ein 19-jähriger Student wäre, der nicht einmal Bier kaufen darf.

Ich gebe meine Daten und Wünsche ein – und nur eine Sekunde später habe ich eine neue Identität: Ich heiße Charles K. Knight, wohne im Kaff Waukesha im Bundesstaat Wisconsin, in der Whaley Lane übrigens. Die Adresse gibt es wirklich, wie mir Google Maps versichert. Meine E-Mail-Adresse ist: CharlesKKNight@teleworm.com, unter der Angabe steht, dass ich die Adresse nur aktivieren müsse, um die von vielen Unternehmen gesendete Bestätigung der Anmeldung zu empfangen und meine Accounts zu aktivieren. Auch schön: Ich wiege 62,1 Kilogramm, habe die Blutgruppe B+ und arbeite als Werkzeugmacher bei einer Firma namens Warshal's. Meine Sozialversicherungsnummer ist 391-20-0136, ich habe offenbar eine Visa-Kreditkarte mit der Nummer 4929227594483900, die im März 2016 abläuft und deren Kontrollnummer die »013« ist.

Ich bin ein neuer Mensch.

Ich habe sogar eine neue Telefonnummer: 262-548-0287. Als ich dort anrufe, heißt es: »Die Nummer ist nicht vergeben.« Das wäre dann doch zu schön gewesen, wenn dort ein amerikanischer Student gesessen und sich gegebenenfalls als Charles K. Knight oder 5000 andere Menschen ausgegeben hätte. Das würde die neue Menschwerdung perfekt erscheinen lassen. Wäre doch ein schöner Service.

Das ist jedoch illegal, also nichts für mich.

Was also tun?

Der Schaden durch die illegale Nutzung von urheberrechtlich geschützten Inhalten lag im Jahr 2008 – laut einer Studie des Beratungsunternehmens Tera – allein in Deutschland bei etwa 1,2 Milliarden Euro und war verantwortlich für den Verlust von 34 000 Arbeitsplätzen. Bei den Jungs der Band »Deichkind« macht der Verkauf von CDs nicht einmal 20 Prozent des Umsatzes aus, sie verdienen deutlich mehr mit Konzerten und Fanartikeln. Also können sie leicht singen: »Ihr sagt, wir sind kriminell, doch wir sind nur die User! Im Knast saugen wir weiter, Copyrights sind was für Loser. Tupac, Kurt und Marley, der Shit ist für alle da! Wir sind zu viel, wir sind zu nah, wir sind zu schnell: Ihr könnt uns mal!« Viele Künstler können das nicht von sich behaupten.

Nun wehrt sich die Industrie mit Abmahnungen: Im Jahr 2010 wurden mehr als 600 000 solcher Briefe verschickt, im Jahr 2012 waren es schon 4,3 Millionen. Es geht um bis zu 1300 Euro pro Album. Mittlerweile haben sich Kanzleien wie Waldorf Frommer oder *We Save Your Copyrights* darauf spezialisiert, solche Briefe zu verschicken. Alexander Krolzik von der Hamburger Verbraucherzentrale sagt: »Die angenommenen Zahlen für die Kanzlei Waldorf Frommer schwanken zwischen 80 000 und – legt man die Aktenzeichen zugrunde – 160 000 Abmahnungen pro Jahr. Das heißt, wir reden alleine hier von Forderungen in Höhe von 76,48 Millionen bis 152,96 Millionen Euro.«

Im September 2012 gab es wieder eine Abmahnwelle im Wert von insgesamt 450 Millionen Euro – und der Freund meiner Schwägerin glaubt immer noch, er sei unantastbar.

Auf welcher Seite stehe ich? Auf keiner.

Es ist ein üppiger Kuchen, der da verteilt wird – und ich habe den Eindruck, dass da nicht Künstler und Konsument streiten, sondern millionenschwere Konzerne gegen millionenschwere Konzerne. Es geht nicht mehr darum, ob ein Künstler ein paar Euro mehr bekommt oder ob der Konsument ein paar Euro mehr bezahlen muss.

Es geht unter anderem darum, welcher Konzern mehr Millionen verdient – und es leiden vor allem jene, die keine Millionen verdienen, sondern um jeden Euro kämpfen müssen.

Ich persönlich liebe meinen Verleger, weil er mich nicht wie einen Dienstleister behandelt, mit dem er Geld verdienen kann. Er ist einfach nur nett zu mir. Ich kenne aber zahlreiche Autoren – und auch Musiker und Filmemacher –, die kein einziges liebes Wort über ihre jeweilige Industrie verlieren. Und kein Einziger hat jemals erwähnt: »Mein Verlag hat gegen die illegale Nutzung meiner Werke Abmahnungen verschickt – und mir nun einen schönen Scheck geschickt, weil er dadurch viel Geld eingenommen hat.« Die einzelnen Branchen schwingen offenbar gerne die moralische Keule, wenn es um Verletzungen des Urheberrechts geht – und sie geben diese Keule auch gerne den Künstlern zum Schwingen in die Hand. Doch an den daraus resultierenden Umsätzen lassen sie die Künstler nicht wirklich teilhaben.

Die Plattformen, die künstlerische Werke umsonst anbieten, gelten als cool, weil sie Inhalte frei und für jeden zugänglich machen. Es ist ja auch schön, ein Musikvideo auf YouTube anzusehen oder einen Film über einen Streamingdienst. Diese Plattformen sind keine netten Wohltäter, die dem Konsumenten etwas Gutes tun wollen – es sind knallharte Unternehmen, die Geld verdienen wollen.

Die Debatte wird also überaus hitzig geführt, mitunter wird dabei komplett auf Argumente und Lösungsansätze verzichtet. Hauptsache: streiten.

Ein ganz naiver Vorschlag: Könnte es sein, dass sich der Markt ohne staatliches Eingreifen selbst reguliert? Ich weiß es nicht. Der Nobelpreisträger Milton Friedman sagte: »Ist es wirklich wahr, dass politischer Eigennutz in irgendeiner Weise edler ist als wirtschaftlicher Eigennutz? Können Sie mir sagen, wo Sie diese Engel finden wollen, die unsere Gesellschaft planen sollen?«

Im Fall amerikanischer Serien habe ich den Verdacht, dass sich das Aufstellen von virtuellen Supermarktkassen nicht lohnt und die Sender deshalb lieber das sichere Modell der Lizenzierung verwenden. Weder amerikanische noch deutsche Sender waren bereit, exakte Zahlen zu nennen – ein Mitarbeiter von NBC sagte immerhin unter der Voraussetzung, dass sein Name nicht erwähnt wird: »Nach derzeitigem Stand der Marktforschung ist es kaum möglich zu prognostizieren, wie erfolgreich ein Bezahlsystem sein würde, zumal wir durch dieses System womöglich auch Werbekunden auf dem amerikanischen Markt verlieren würden, wie das Beispiel *Lost* zeigt. Wir machen mit dem alten System weiter, bis es ordentlich kracht und es sich nicht mehr lohnt – wie die Musikindustrie. Und wir alle hoffen, dass dieser Krach bei uns nicht so schlimm wird wie der Knall bei denen.«

Der Fall *Lost* ist schnell erklärt: Die Zuschauerzahlen im Fernsehen gingen bei den letzten drei Staffeln stetig zurück, weshalb der Sender ABC die Werbepreise reduzieren musste. Die Serie hatte eine große Fangemeinde, die die Folgen auf Video aufnahm und sie später anschaute, dabei allerdings die Werbepausen überspulte. Dazu gab es zahlreiche Anhänger, die die Folgen lieber im Internet sahen und nebenher mit anderen Fans diskutierten. *Lost* gilt als eine der finanziell erfolgreichsten Serien in der Geschichte, die

Werbeeinnahmen waren nicht so wichtig. Die Fans bezahlten für Downloads, für Spiele, für Merchandising – und waren auch einverstanden, dass bei Streams im Internet am Rand Werbung gezeigt wurde.

Die einfache Antwort auf die Frage, warum amerikanische Sender andere Serien nicht zum schnellen Download anbieten – wozu sie übrigens kein Gesetz der Welt zwingen könnte –, ist einfach: Sie warten auf den großen Knall.

Der amerikanische Sender verdient mit einer erfolgreichen Serie in den USA den Betrag X. Wenn er die Serie nun an ausländische Sender verkauft – *How I Met Your Mother* etwa wird verzögert von Pro Sieben ausgestrahlt –, dann bekommt der Sender aus verschiedenen Ländern die Teilbeträge Y1, Y2, Y3 und so weiter zusätzlich, also die Teilsumme Y. Durch ein Bezahlsystem von, sagen wir, 50 Cent für eine Folge würde der amerikanische Sender den Betrag Z (die Anzahl der Downloads) mal 50 Cent, also die Teilsumme Z, einnehmen.

Die einfache Rechnung ist also die: Solange Betrag Y größer ist als der zu erwartende Betrag Z, solange werden die Sender darauf verzichten, ein vernünftiges Bezahlsystem einzurichten.

Was soll die Politik dagegen unternehmen? Soll die deutsche Regierung Druck machen beim amerikanischen Präsidenten, er möge doch bitte ein Gesetz erlassen, das die Sender dazu zwingt, ihre Serien schnell zum Download ins Netz zu stellen?

Natürlich nicht.

Warten wir doch lieber auf den großen Knall.

Der tritt nämlich ein, wenn Folgendes passiert: Millionen deutscher Fans von *How I Met Your Mother* laden sich die Folgen zeitnah auf eine mehr oder weniger illegale Weise im Netz herunter. Das dürfte durchaus dazu führen, dass die Zuschauerzahlen beim deutschen Sender, der die Serie einkauft und ausstrahlt, nach unten gehen. Das wiederum würde bedeuten, dass es sich der deutsche Sender recht schnell nicht mehr leisten kann, richtig viel Geld auszugeben für eine amerikanische Serie. Er wird also weniger nachfragen und dadurch womöglich den Preis YD drücken. Wenn es nun den Sendern in Spanien, Japan und den Philippinen ähnlich ergeht, wird der einzunehmende Betrag Y für den amerikanischen Sender drastisch sinken. Er könnte dann entweder mit dem Verlust leben – oder sagen: Probieren wir das doch mal mit dem Bereitstellen der Serien im Internet aus.

Wer diese Argumentation nun als Schwärmerei abtut, die in der Realität niemals funktionieren würde, dem sei gesagt: Sie funktioniert bereits.

Die Sportart American Football verfügt in Deutschland über eine kleine, aber doch recht treue Fangemeinde. Die National Football League (NFL) hat dennoch Probleme, einen deutschen Free-TV-Sender für die einzelnen Spiele zu finden. Das Endspiel, die Super Bowl, wird auf frei empfangbaren Kanälen übertragen, auch einige Pay-Per-View-Sender zeigen vereinzelt Partien. Auf der Homepage der NFL gibt es die Möglichkeit, über verschiedene Bezahlmodelle entweder alle Saisonspiele, nur die Ausscheidungsrunde, nur einen einzelnen Spieltag oder nur die Partien des Lieblingsteams live zu verfolgen.

Aber wir warten auf den Knall – und im September 2012 knallte es zumindest ein bisschen: Der Sender CBS verkündete, alle Folgen der Serie *How I Met Your Mother* wenige Stunden nach der Erstausstrahlung ins Netz zu stellen und dazu noch viele Serien mehr. Es wird erwartet, dass zahlreiche Sender nachziehen.

Es knallt, ganz laut, ganz ohne Gesetze. Aber es knallt. Und es wird wohl noch öfter und lauter knallen.

Irgendwie fühlt es sich an wie am Weihnachtsmorgen. Wunderschön.

Kapitel 26

Der gläserne Mensch

Es gibt einen Comic, bei dem ein Mann am Sicherheitscheck eines Flughafens steht. Er wird kurz abgetastet, dann fragt er: »Muss ich denn nicht durch den Nacktscanner?« Die Antwort: »Nicht nötig, haben wir alles schon von Facebook und Twitter bekommen.«

Ist das lustig? Oder sollte einem das Lachen vergehen?

Die meisten von uns sind in der einen Welt geboren und leben nun in einer anderen. Geboren wurden wir in eine Welt hinein, in der eine Verabredung nicht einfach zehn Minuten vorher abgesagt werden konnte, weil es keine Möglichkeit gab, sich kurzfristig zu entschuldigen. In der man einen Menschen kennenlernen konnte, ohne zuvor dessen Lebenslauf bei diversen sozialen Netzwerken zu überprüfen – und ohne dass der eigene Lebenslauf überprüft wurde. Nun leben wir in einer anderen Welt.

Als ich kürzlich bei einer Lesung vom Gastgeber vorgestellt wurde, da teilte er dem Publikum die Eckdaten meines Lebens (Studium, Beruf, Familie) mit, er gab zahlreiche intime Details preis und zitierte am Ende gar meinen Facebook-Status: »Ich freue mich auf die Lesung heute Abend.« Ich hatte diesen Menschen noch nie zuvor gesehen – und als ich ihn danach fragte, woher er das alles wusste, sagte er nur mit einem Lächeln: »Facebook, Xing – und ein bisschen Google! Hat nur fünf Minuten gedauert.«

Beide Welten sind schön und haben ihre Vorzüge, doch bin ich derzeit – obwohl ich kein Kulturpessimist sein möchte – ein bisschen in Sorge: Bin ich wirklich ein gläserner Mensch? Bin ich das Objekt permanenter Überwachung, die vor allem kommerziellen Zwecken dient? War ich wirklich zu naiv im Umgang mit dem Internet? Ich möchte mich selbst überprüfen, meine Frau und ein guter Freund helfen dabei.

Am Morgen aktualisiere ich meinen Facebook-Status: »Endlich Wochenende! Hätte keine Lust auf Arbeit heute! Familientag und dann Männerabend mit den Jungs!« Das ist schön für meine Freunde, die nun wissen, dass sie am Abend auf mich zählen können. Das ist auch schön für meinen Sohn, der nun weiß, dass er tagsüber auf mich zählen kann. Das ist aber auch schön für meinen Chef, der nun weiß, dass er heute definitiv nicht auf mich zählen kann. Super ist das auch für mögliche künftige Chefs, die nun wissen, dass ich am Wochenende nicht gerne arbeite.

Eine Studie des Verbraucherschutzministeriums zeigte, dass mehr als 35 Prozent der Unternehmen in sozialen Netzwerken Details über die Bewerber recherchieren. Deshalb wäre es besonders aufschlussreich für aktuelle und künftige Chefs, wenn ich während der Arbeitszeit bei Facebook posten würde: »Puh, bin ich müde! Ich schlafe gleich ein! Arbeit kotzt mich an!« Habe ich noch nicht gemacht. Viele Freunde und Kollegen schon.

Vor allem aber ist meine Statusaktualisierung schön für Facebook. Die wissen nun, was ich den ganzen Tag über machen werde – und selbst wenn ich den Eintrag löschen würde, auf den Servern von Facebook bliebe er gespeichert.

Mir gelingt ein wunderbarer Schnappschuss von meinem Sohn in dem Moment, als er mit Anlauf von der Couch herunterspringt und auf mich zusegelt wie ein Catcher, der seinen Gegner endgültig erledigen möchte. »Papi tacklen«, nennt mein Sohn das. »Unbeschreibliche Schmerzen im Unterleib«, nenne ich das.

Ich lade das Foto sofort bei Facebook hoch, weil ich möchte, dass meine Freunde den genialen Sprung sehen können. Das ist schön für meine Mutter, die auf diese Weise ihren Enkel beim Spielen sehen kann, obwohl sie fast 300 Kilometer entfernt wohnt. Das ist auch schön für meine Freunde, die wissen, dass ich nach dem Sprung in Embryostellung auf dem Boden kauere, und deshalb lustige Kommentare verfassen dürfen. Vor allem aber ist es schön für Facebook. Das Foto gehört nämlich nun Facebook. Sagt Facebook. Hätte ich meinen Sohn markiert, dann wüsste Facebook auch, wen ich fotografiert habe. Was Facebook sicher weiß: Welcher meiner Freunde schreibt welche Kommentare darunter? Wer schreibt besonders viele Kommentare unter Fotos von mir? Und über welche Themen wird in diesen Kommentaren gesprochen? Das ist wunderbar für Facebook. Noch schöner: Selbst wenn ich das Foto von meiner Profilseite löschen sollte, bleibt es auf dem Server von Facebook gespeichert.

Am Vormittag frage ich eine Freundin per SMS, ob sie mit ihrem Sohn zum Spielplatz kommen möchte. Das Versenden der Nachricht ist kostenlos, weil ich auf meinem Mobiltelefon eine Applikation installiert habe. Das ist schön für mich. Die Nachricht wird allerdings nicht an die Freundin geschickt, sondern erst einmal auf einem Server in den Vereinigten Staaten abgelegt – der Empfänger kann sie sich lediglich ansehen. Der Betreiber der Applikation kann meine Nachrichten, wenn er denn möchte, für immer speichern. Das ist schön für den Betreiber, vor allem deshalb, weil ein Server ein besseres Gedächtnis hat als ich. Er kann auch sehen, wann ich welche Nachrichten an wen geschickt habe. Auch das ist schön für den Betreiber. Der Betreiber weiß nun aber auch, zu welchem Spielplatz ich in wenigen Minuten gehen werde. Und er weiß, ob meine Freundin noch andere Menschen zum Spielen einlädt. Damit weiß der Betreiber mehr als ich.

Vor dem Mittagessen bemerke ich, dass ich mein Smartphone verlegt habe. Es liegt in den Händen meines Sohnes, der versucht, bei einem Spiel mit wütenden Vögeln gemeine Schweinchen abzuschießen. Hätte ich das Telefon auf dem Spielplatz vergessen, so wäre das auch kein großes Problem gewesen – der Netzbetreiber bietet den genialen Service an, mein Handy orten zu können, solange es eingeschaltet ist. Ich kann dann auf einer Landkarte sehen, wo mein Telefon ist. Das ist schön für mich. Der Betreiber allerdings kann dann auch sehen, wo mein Telefon ist. Das ist schön für den Betreiber.

Ich bekomme danach eine E-Mail von meinem Freund, der mich überwachen soll. Er nutzt für seine privaten E-Mails ein webbasiertes Programm. Ich auch. Das bedeutet, dass er von überall aus Nachrichten verschicken und empfangen kann. Ich auch. Das ist schön für uns. Die E-Mails liegen auf den Servern der jeweiligen Anbieter – so wie alle E-Mails, die wir beide jemals geschrieben und empfangen haben. Der Anbieter kann diese Mails auch von überall aus abrufen. Das ist schön für den Anbieter.

Wissen für Nichtjuristen
Das Internet ist entgegen der Meinung vieler Menschen kein rechtsfreier Raum. Grundsätzlich gelten dort die gleichen Gesetze wie in der analogen Welt.

In der E-Mail des Freundes steht: »Ihr habt mir gar nicht gesagt, dass ihr zum Spielplatz geht, das habe ich nur auf Steffis Profil gelesen. Ich wäre auch gerne gekommen! Ach ja: Du hast vorhin bei YouTube ein Coldplay-Video angeschaut. Du und Coldplay? Komisch! Was ich noch lustig finde: Dass du als Werder-Bremen-Fan ein Anhänger der Basketballer vom FC Bayern bist. Und ich wusste gar nicht, dass du auf Xing mit diesem ehemaligen Radsportler befreundet bist. Das ist ja cool!« Xing kennt meine Freundschaft mit dem Radfahrer auch. Das ist schön für Xing.

Facebook weiß übrigens auch, dass ich das Coldplay-Video gesehen habe und dass ich bei einem Spiel der Bayern-Basketballer gewesen bin. In der Beschreibung der Timeline formuliert Facebook das so: Die Chronik zeigt »die Filme, die du siehst, die Musik, die du hörst, alles, was dich beschäftigt. Es gibt nun soziale Apps, die ausdrücken, wer du bist, durch das, was du tust.« Das hört sich prima an – auf jeden Fall besser als: »Wir wissen jederzeit, was du tust, was dir gefällt und was du kaufen könntest!« Die Werbung, die ich auf Facebook sehe, dreht sich um Designer-Bürostühle, Kreuzfahrten und Handys. Komisch: Vor ein paar Tagen habe ich tatsächlich intensiv nach Urlaubsreisen, einem Stuhl für mein Arbeitszimmer und einem Telefon als Geschenk für meine Frau gesucht.

Was für ein Zufall.

Als ich mit meinem Sohn am Nachmittag zu einem Spiel der Basketballer gehe, wird in meinem Facebook-Profil angezeigt: »Juergen Schmieder ist hier: Audi Dome.« Ich muss dafür gar nichts tun. Ich habe irgendwann einmal die Ortungs-App Gowolla installiert und offenbar erlaubt, dass sie meinen aktuellen Ort verwenden darf. Der Service ist praktisch, weil meine Frau nun weiß, dass wir sicher angekommen sind. Er ist auch praktisch, weil ich hoffe, ungefähr 80 Prozent meiner sogenannten Facebook-Freunde – die in Wirklichkeit nicht einmal Bekannte sind – damit zu beeindrucken, was ich an einem einzigen Samstag so alles erlebe. Es ist aber auch praktisch für den Betreiber der Applikation und für Facebook, die so ein recht genaues Bewegungsprofil von mir erstellen können. Sie wissen genau, wann ich wo bin.

Am Abend dann gehe ich mit meinen Freunden in verschiedene Kneipen. Die Ortungs-App vermutet, dass wir uns in einer Bar befinden, die nicht nur Bier und Burger, sondern auch Frauen feilbietet – und in der exotischer Tanz geboten wird. Das ist schön für die Bar. Das ist nicht schön für mich, weil ich meiner Frau erklären muss, dass wir nicht in dieser Bar waren. Es ist auch nicht schön für mich, weil ich womöglich auch künftigen Arbeitgebern erklären muss, dass ich mich gewöhnlich nicht in diesen Bars aufhalte.

Vor dem Einschlafen lese ich noch eine Forderung von John Kerry. Der war Senator von Massachusetts und vor allem berühmt dafür, dass er es tatsächlich geschafft hat, 2004 die Präsidentschaftswahl gegen George W. Bush zu verlieren. Inzwischen ist er aber immerhin Außenminister. Kerry sagte einmal: »Firmen protokollieren jede Nutzerbewegung – in einem nicht mehr begreiflichen Maß. Sie können mit diesen Informationen tun, was sie wollen – wir haben bisher kein Gesetz, sie davon abzuhalten.« Die Datenschützer wehren sich nicht wirklich gegen die Überwachung, es hat mehr den Anschein eines aussichtslosen Rückzugsgefechts, das da geführt wird.

Ich beschließe am Ende des Tages, das »Do Not Track«-System zu installieren, das verhindern soll, dass Internetfirmen einem folgen, ein Nutzerprofil erstellen und diese Daten weitergeben. Kurz vor dem Einschlafen bekomme ich von meinem Freund noch mitgeteilt, dass ich aufhören solle, Coldplay zu hören, er habe nun drei Videos entdeckt, die ich mir angesehen habe. Er habe außerdem gesehen, dass ich mich einige Zeit lang auf einer Online-Pokerseite herumgetrieben habe – er sei ebenfalls eingeloggt gewesen und habe nur nach meinem Benutzernamen gesucht. Das Online-Casino weiß natürlich auch, dass ich da war – und es weiß auch, wer sonst noch gespielt hat. Und es weiß, wer wann wie viel gewonnen oder verloren hat. Das ist schön für das Casino. Mein Kumpel schickt mir Artikel 10 des Grundgesetzes. Darin steht: »Das Briefgeheimnis sowie das Post- und Fernmeldegeheimnis sind unverletzlich.«

Dieser Satz hört sich an, als wäre er von meinem Urgroßvater verfasst worden. Fernmeldegeheimnis? Briefgeheimnis? Ich glaube, dass viele junge Menschen gar nicht wissen, dass man einmal eine Nachricht verschickt hat, indem man ein sogar handschriftlich beschriebenes Blatt Papier in einen Umschlag gesteckt und zur Post gebracht hat. Dass dieser Brief dann in einen Sack gesteckt wurde und mit Lastwagen, Eisenbahn oder Flugzeug in eine andere Stadt gebracht wurde. Dass der Brief dann irgendwann in der Tasche eines Postboten landete und später im Briefkasten des Empfängers. Dass es Telefone gab, bei denen man an einer Scheibe drehen musste. Und dass diese ulkigen gelben Kästen mehr waren als Dekoration in einer Hipsterwohnung oder Metapher dafür, worin Lionel Messi einen Verteidiger ausspielen kann.

Ich überprüfe 24 Stunden nach der Installation die Wirksamkeit des DNT-Buttons. Er hat insgesamt 436 Fremdfirmen verboten, meine Daten während meiner Surfaktivitäten einzusammeln. Immer dabei: Facebook.

Als ich einem befreundeten PR-Manager davon erzähle, lacht er nur: »Mich verwundert daran nur, dass alle drei Werbeversuche auf deine Bedürfnisse eingehen. Das ist unüblich!« Auf meine Verwunderung sagt er: »In diesem Fall ist dir doch sofort klar, dass du dich verfolgt und ausspioniert fühlst. Das muss ein Fehler sein. Gewöhnlich wird die Werbung so gemischt, dass sich der Nutzer sicher fühlt. In deinem Fall steht die Reklame für Kreuzfahrten einfach zwischen Werbung für Waschmittel und Autoreifen. Du fühlst dich nicht ertappt – und klickst auf den Link, der dich zu den Angeboten für die Luxusreisen führt.« Nur eine Werbung müsse passen.

Ich bin ein gläserner Mensch.

Nicht nur online – auch offline. Im Februar 2013 kam heraus, dass die Videoüberwachung in Bayern drastisch ausgeweitet wurde. Ende 2012 waren in Bayern mehr als 17 000 Kameras installiert. Es gibt heutzutage nicht mehr nur kaum einen öffentlichen Ort ohne Schilder, es gibt auch kaum einen Ort, der nicht kontrolliert wird. Wir werden überwacht – von Unternehmen und vom Staat.

Ich will aber nicht, dass mich 436 Firmen innerhalb von 24 Stunden nackt sehen und durchleuchten – offenbar alle nur zu dem einen Zweck, die Informationen nicht für meine, sondern für ihre Zwecke zu nutzen.

Seit 2001 gibt es in Deutschland das Bundesdatenschutzgesetz, dazu Gesetze der einzelnen Bundesländer sowie das Telekommunikationsgesetz und das Telemediengesetz. Warum bin ich dann immer noch nackt? Der PR-Berater klärt mich auf: »Ganz einfach ausgedrückt: Das deutsche Recht ist in den USA nicht wirksam. Dazu beschäftigen die großen Firmen wie Facebook ganze Armeen von Anwälten, die nichts anderes tun, als zu prüfen, wie sich aufgrund der bestehenden Gesetzeslage in den einzelnen Ländern dennoch ganz legal die meisten Daten sammeln lassen.«

Dann sagt er den Satz, den ich nun schon so oft gehört habe, wenn es um soziale Netzwerke im Internet geht: »Es zwingt dich ja niemand, Mitglied bei Facebook zu sein oder dort irgendetwas zu posten.« Ich könnte es also machen wie die Bundesverbraucherschutzministerin Ilse Aigner, die dem Facebook-Gründer Mark Zuckerberg in einem Brief angedroht hat, ihre Mitgliedschaft bei Facebook zu kündigen. Es ist nicht überliefert, ob Zuckerberg bei dieser Drohung Angst bekommen hat – und wie er reagieren würde, wenn ein so wichtiges Mitglied wie ich plötzlich austräte. Ich glaube nicht, dass er vor lauter Bestürzung die Grundsätze von Facebook ändern würde.

Diese digitale Welt scheint grenzenlos zu sein, doch die Gesetzgebung ist sehr wohl begrenzt – was ein Problem darstellt, weil es in der digitalen Welt quasi ausschließlich Nachbarn gibt. In der *New York Times* wurde diese Situation sehr schön beschrieben: Vor 30 Jahren wäre es einem ausländischen Spion nur schwer möglich gewesen, an Daten US-amerikanischer Geheimdienste zu gelangen. Er hätte zunächst einmal in die USA reisen müssen, dann herausfinden müssen, in welchem Aktenschrank in welchem Gebäude in welcher Stadt sich die Daten befinden, nach denen er sucht. Er hätte hinfahren müssen, sich unbemerkt an den Sicherheitssystemen vorbeischleichen müssen – und die Informationen übermitteln müssen. Durch das Internet könne jeder, sehr vereinfacht ausgedrückt, zumindest an die Tür des Geheimdienstes klopfen – und mit viel Geschick auch eintreten. Nur könne die amerikanische Regierung den ungebetenen Gast nicht einfach verscheuchen, sie habe auch kaum eine Möglichkeit, den Eindringling zu bestrafen, wenn es die Gesetzgebung in dessen Herkunftsland nicht zulässt. Vollkommen unmöglich werde eine Bestrafung, wenn der Spion gar im Auftrag des jeweiligen Landes handelte. Tim Weiner schreibt dazu in seinem Buch über den berühmtesten der amerikanischen Geheimdienste, die CIA: »Während des Kalten Krieges kämpfte man im Dschungel mit einem riesigen und tapsigen Dinosaurier – nun sind wir in ein dunkles Loch mit allerlei kleinen, beweglichen und gefährlichen Tieren gefallen.«

Nur gibt es kaum jemanden, der uns vor diesen Gefahren beschützen kann – und es wird noch Jahre dauern, bis die ersten sinnvollen Gesetze verabschiedet werden. Und es wird noch Jahrzehnte dauern, bis diese Gesetze greifen und Wirkung erzielen. Derweil überwacht der Staat lieber uns.

Warum das so lange dauert? Weil Politiker wie Ilse Aigner damit beschäftigt sind, sich selbst dafür zu loben, dass sie einen Brief an Mark Zuckerberg geschrieben haben – anstatt sich mit Experten darüber zu unterhalten, welche Maßnahmen wirklich greifen würden. Weil Zuckerberg eine ganze Armee intelligenter Anwälte beschäftigt, die nichts anderes machen, als Lücken in Gesetzestexten zu finden und auszunutzen. Und natürlich, weil wir naiv genug sind zu glauben, dass uns schon jemand beschützen wird, da draußen in diesem Internet. Wir ignorieren die Warnungen von Experten, wir stellen munter persönliche Daten ins Netz und tippen bereitwillig Passwörter ein – und wir glauben daran, dass es tatsächlich Zufall ist, dass uns ständig genau das angeboten wird, was wir gerade haben möchten.

Es ist ein Hase-Igel-Spiel. Wir sind die nackten Hasen. Und wir sind auf uns gestellt.

Es kann schnell passieren, dass wir im Internet Gesetze brechen. Genauso schnell können wir aber auch Opfer von Verbrechen werden. Wir dürfen nicht immer nur die Verantwortung auf die Politiker schieben und uns darauf verlassen, dass die anderen lieb und nett zu uns sind. Wir sind in der Pflicht, auf uns selbst aufzupassen und selbst dafür zu sorgen, dass uns kein Unheil geschieht. Wir müssen auf uns und unsere Freunde achten.

Es heißt zwar, dass im Internet die gleichen Gesetze gelten wie in der realen Welt. Das ist richtig, doch ist es im Netz ungleich schwerer, diese Gesetze anzuwenden. Es ist ein Loch mit kleinen, beweglichen und gefährlichen Tieren. Und weil wir derzeit nicht genug beschützt werden, müssen wir uns genau überlegen, wie weit wir hineingehen wollen in dieses Loch.

Kapitel 27

Ich, Anonymus

Zeus war ein gerissener Gott. Als er die Tochter des phönizischen Königs Agenor für sich gewinnen wollte, da verwandelte er sich einfach in einen Stier und lief über eine Wiese. Dort spielte das Mädchen mit ihren Freundinnen und fand den zahmen Stier derart niedlich, dass sie ihn erst streichelte und sich dann auf seinen Rücken setzte. Der Stier lief los, sprang ins Meer, schwamm bis nach Kreta – und zeugte mit ihr drei Kinder.

Zeus tarnte sich, er nutzte die Anonymität, um am Ende die hübsche Europa zu bekommen. Ganz ehrlich: Zeus hatte gewaltiges Glück, dass es damals noch kein Internet gegeben hat. Heutzutage wäre das nicht so einfach gewesen. Zeus hätte mit Facebook und Twitter und Google umgehen müssen – und das hätte dann so ausgesehen:

Zeus hat ein Foto von Europa hochgeladen und seinen Status aktualisiert: »Hübsches Ding!« Kronos und Rhea gefällt das. Agenor schreibt darunter: »Gefällt mir nicht!«

Bei Google tauchen erste Bilder von Zeus und Europa auf. Auf Twitter schreibt Perez Hilton: »Zeus und Europa – kann das klappen?«

Europa ist hier: Blumenwiese in Sidon. Cadmus und Cilix gefällt das.

Zeus ist jetzt ein Fan von Metamorphose. Hera kommentiert: »Du Opfer!«

Zeus ist hier: Blumenwiese in Sidon. Europa gefällt das.

Zeus ist in einer Beziehung mit Europa – und es ist kompliziert.

Perez Hilton schreibt auf Twitter: »Keine Chance!«

Auf Google erscheint in der Autovervollständigung bei der Eingabe des Namens »Zeus« der Begriff »Kidnapper«.

In einem Forum ruft Agenor den Cyber-Mob auf, Zeus zur Strecke zu bringen.

Zeus braucht psychische Beratung, weil er nach dem Cyber-Mobbing an Burnout leidet. Poseidon und Hades fordern ein Ende der Verkleiderei von Zeus im Internet, um bei der nächsten Titanenwahl ein paar Stimmen der älteren Götter zu bekommen.

Am Ende wird Zeus abgewählt, die Piraten regieren im Olymp und beschließen, dass sich Europa jedem Abgeordneten kostenlos hinzugeben habe.

Europa gefällt das.

Anonymität ist kein Problem des 21. Jahrhunderts, und es ist auch kein Internet-Phänomen – auch wenn Politiker immer wieder versuchen, den Menschen genau das einzureden. Axel E. Fischer, CDU-Abgeordneter und Vorsitzender der Enquete-Kommission »Internet und digitale Gesellschaft«, forderte einmal ein »Vermummungsverbot im Internet«, Innenminister Hans-Peter Friedrich gar ein Ende der Anonymität. Erst als es Proteste gab, sagten beide, sie hätten das natürlich nicht so gemeint. Politiker wettern gerne gegen die angebliche Vermummung im Internet – sagen aber nicht, wie ein Verbot funktionieren soll. Wenn man ihnen dann mitteilt, dass man es natürlich so machen könnte wie in China, wo man den Personalausweis vorzeigen muss, wenn man in einem Internet-Café surfen möchte, dann rudern deutsche Politiker ganz schnell zurück. Nein, China will keiner.

Anonymität gehört zum öffentlichen Raum – und den

gibt es nicht nur im Internet, sondern auch in der analogen Welt. Wenn die Fans von Schalke 04 den Münchner Torwart Manuel Neuer beim Abstoß als Gesäßöffnung, Selbstbefriediger und Sohn einer Halbweltdame bezeichnen, dann tun sie das nicht zuletzt in der Gewissheit, gemeinsam mit 30000 anderen Schalker Fans zu brüllen und nicht als Individuen identifiziert zu werden.

Die Menschen lästern nicht nur im Internet, sie lästern am Telefon, per SMS, beim Kaffeekränzchen. Das Internet ist nur das Transportmittel – Sender und Empfänger sind nach wie vor die Menschen. Die Frage lautet: Hat sich durch das Internet wirklich derart viel geändert?

Privatsphäre und Anonymität sind wichtige und schützenswerte Güter in unserer Gesellschaft, auch wenn manche schon deren Ende ausrufen wie Christian Heller in seinem Buch *Post-Privacy. Prima leben ohne Privatsphäre*. Datenschutz sei nur das Hinauszögern des Unausweichlichen, der Mensch solle sich darauf einstellen, bald ein Leben ohne Privatsphäre zu führen. Heller schreibt: »Wenn sich unsere Privatsphäre nach und nach auflöst, dann wird uns das sicher nicht nur neue Möglichkeiten eröffnen, sondern viele Sorgen bereiten. Aber: Sorgenfrei war unser Leben noch nie.« Das klingt naiv und beinahe zynisch angesichts dessen, dass im Herbst 2012 eine junge Kanadierin auf YouTube ihren Selbstmord wegen Cyber-Mobbing ankündigte und später vollzog.

Ich habe mich auch schon unter Pseudonym geäußert – sowohl im Internet als auch in der analogen Welt. Ich stand in der Fankurve von Fußballstadien und habe Sportler ausgepfiffen. Ich habe in Foren gelästert, und ich habe Kritiken unter Pseudonym verfasst. Auf der Homepage meines früheren Fußballvereins habe ich mich in Foren selbst gelobt, weil es sonst keiner tun wollte. Ich fühlte mich sicherer und stärker, wenn ich nicht meinen Namen nennen musste. In vielen Fällen war ich einfach nur zu feige.

Auf der anderen Seite habe ich mich geärgert, wenn jemand anonym über mich gelästert hat. Ich kann schon mit Kritik umgehen – aber nicht besonders gut. Es ist wie bei vielen anderen Dingen im Leben auch: Das Verhalten des anderen ist viel schlimmer als das eigene.

In manchen Fällen kann es richtig schlimm werden, wie im März 2012 deutlich wurde: In Emden hat ein junger Mann ein Kind umgebracht, die Polizei verhaftete recht öffentlich und vor allem recht medienwirksam einen Verdächtigen – und sofort kam eine Maschinerie in Gang: Boulevardzeitungen nannten den Verhafteten sogleich einen »miesen Kindermörder«, viele Nachrichtenseiten sprachen vom »Täter« und nicht vom »Verdächtigen« oder »Verhafteten«.

Der Mann war unschuldig.

Im Internet bündelte sich die Wut der Bürger, die sich zunächst besorgt gaben, dann jedoch eine Digital-Exekutive bildeten und Informationen sammelten: Dort wohnt der Kindermörder, das ist ein Foto von ihm, so gelangt man zu seinem Haus. Der Cyber-Mob war nicht mehr zu bremsen und diskutierte eigentlich nur noch über eine Sache: Sollte der junge Mann denn nun kastriert, aufgehängt, gesteinigt oder doch ganz klassisch erschossen werden?

Der Mann ist unschuldig – aber es ist unklar, ob er jemals wieder eine ruhige Nacht verbringen wird.

Sind die Beispiele des kanadischen Mädchens oder des unschuldigen Mannes aus Emden tragische Einzelfälle? Oder zeigen sie einen Trend an, der einen beschäftigen muss? Und welche Rolle spielt das Internet dabei tatsächlich?

Lynchjustiz gibt es nicht erst seit Einführung des Internets, und auch unschuldig Verfolgte nicht. Wer einmal über den Friedhof in Tombstone gewandert ist – jener Stadt, in der im Wilden Westen Wyatt Earp als Sheriff für Ruhe sorgte –, wird einige groteske Inschriften auf den Grabsteinen und Grabbrettern lesen. Über dem Grab von George Johnson etwa steht: »Hanged by mistake. He was right we was wrong but we strung him up and now he's gone.« Also in etwa: »Zu Unrecht gehängt, wir lagen daneben – jetzt ist er tot, so ist das Leben.«

Denunziation und Lynchjustiz sind keine neuen Phänomene – das Internet ist nur der Katalysator. Jeder darf seine Meinung in die Welt hinausposaunen in der Hoffnung, dass es jemand liest. Das Internet ist eine Befreiungstechnologie, es stärkt die Stimme des Einzelnen, dem es möglich ist, mit einem Blogeintrag einen sogenannten »Shitstorm« auszulösen, der Manager von Unternehmen tagelang beschäftigt. Es ist für Menschen in Krisengebieten und Diktaturen eine Möglichkeit, der Welt die Wahrheit mitzuteilen, ohne Konsequenzen fürchten zu müssen. Es ist auch die Möglichkeit für Menschen wie Christian Ulmen, durch einen inszenierten »Shitstorm« Werbung für eine uninteressante Fernsehsendung zu machen.

Aber ist die Stimme des Einzelnen wirklich relevant? Seit einiger Zeit kursiert eine Parole, die verdeutlicht, wie sich das Sendungsbewusstsein der Menschen verändert hat. Sie lautet übersetzt: »Du bist nicht tiefgründig, du bist kein Intellektueller, du bist kein Künstler, du bist kein Kritiker, du bist kein Dichter. Du hast lediglich Zugang zum Internet.«

Wie schlimm ist es wirklich? Verbreiten sich Nachrichten und Gerüchte wirklich so viel schneller als in der richtigen Welt? Hat Bettina Wulff recht, wenn sie sich medienwirksam über eine Hetzjagd beschwert, die ihrer Meinung nach durch schlimme Gerüchte über ihre Vergangenheit gestartet wurde?

Ein Versuch soll ein wenig Licht ins Dunkel bringen.

Ich bin wahrlich keine prominente Persönlichkeit. Wer bei Google meinen Namen eingibt, der findet bei den Autovervollständigungen »Du sollst nicht lügen«, »Akkordeon« und »Troisdorf« – und nur die erste Vervollständigung hat etwas mit mir zu tun. Wer bei Wikipedia nach mir sucht, der findet einen Politiker, der einst für die FDP im Bundestag gesessen hat.

Ich ändere bei Facebook meinen Beziehungsstatus von »verheiratet mit Hanni Schmieder« in »ist in einer Beziehung, und es ist kompliziert«. Dazu bitte ich befreundete Blogger, etwas zu meiner Ehe zu verfassen, und sorge dafür, dass in Autorenprofilen der Hinweis gelöscht wird, dass ich verheiratet bin.

Innerhalb der nächsten 24 Stunden bekommen meine Frau und ich insgesamt mehr als 30 Kurznachrichten von Freunden, die nachfragen, ob denn alles in Ordnung sei. Diese Reaktion haben wir erwartet, schließlich haben wir es selbst bei Facebook gepostet, unsere Freunde haben es gesehen und erkundigen sich.

Zwei Tage später jedoch erkundigen sich Menschen, mit denen ich nicht bei Facebook befreundet bin, was denn da los sei. Auf die Frage, woher sie denn wüssten, dass sich in unserer Ehe etwas verändert hat, antworten fast alle: Haben wir irgendwo im Internet gelesen. Einen Tag später bekomme ich sogar eine SMS einer ehemaligen Freundin, mit der ich ebenfalls nicht bei Facebook befreundet bin: »Warum steht denn bei deinem Beziehungsstatus was von kompliziert? Sollen wir mal einen Kaffee trinken gehen?«

Als wir uns damals getrennt haben, da hat es Wochen gedauert, bis auch ja alle informiert waren. Nun weiß sie nach wenigen Stunden Bescheid.

Nachrichten und Gerüchte verbreiten sich tatsächlich mit rasender Geschwindigkeit im Internet. Wer bei Google meinen Namen eingab, der fand in jenen Tagen zwar immer noch die Vervollständigungen »Du sollst nicht lügen«, »Akkordeon« und »Troisdorf«, doch auf der zweiten Seite war auch ein Profil von mir zu sehen, in dem vermerkt war: »getrennt lebend«. Auf Seite vier war gar zu lesen: »geschieden«.

Das ging schnell.

Wie schnell muss das bei Menschen gehen, die wirklich berühmt sind?

Und wie schnell muss das gehen, wenn der Cyber-Mob etwas zum Cyber-Mobben gefunden hat?

Es ist eine neue Zeit mit neuen Regeln.

Und es ist keineswegs eine Zeit, in der die Stimme jedes Einzelnen gestärkt wird. Es ist die Zeit, in der die Stimme derer gestärkt wird, die einen Internetzugang haben, die sich mit den Gepflogenheiten im Netz auskennen und die die Zeit haben, sich ausführlich zu äußern. Es ist die Zeit derer, die das neue Kommunikationsmedium zu nutzen wissen. Es ist kein Abbild der kompletten Gesellschaft, auch wenn das immer wieder suggeriert wird. Die Führungsstruktur der Piratenpartei zeigt das: vorwiegend männlich, gebildet, jung, nicht unbedingt arm und vor allem reich an Zeit.

Im Netz, so heißt es immer, regiert der Schwarm – doch die Studien zeigen, dass der Schwarm sich nicht aus der kompletten Gesellschaft rekrutiert. Und es ist auch nicht bewiesen, dass dieser Schwarm so intelligent ist, wie bisweilen angedeutet wird. Der Politologe Karl-Rudolf Korte spricht deshalb auch von »Schwarmdummheit und Schwarmfeigheit«.

Wie sollen wir umgehen mit der Anonymität im Netz?

Schnell ein Gesetz einführen, das die Preisgabe persönlicher Daten, einen Fingerabdruck und einen Blutstropfen von jedem fordert, der im Internet surfen möchte? Ich fürchte, dass nicht wenige Politiker so etwas vorhaben – schließlich agieren viele beim Umgang mit dem Netz so: Wir gehen ins Internet und fragen: »Bist du der Feind?« Wenn jemand »Ja« sagt, dann knallen wir ihn ab!

Oder sollen wir Anonymität erlauben? Das Problem ist, dass ein bisschen Anonymität nicht geht. Entweder man lässt sie zu, wie man sie auch in der analogen Welt zugelassen hat, und lernt, mit den Konsequenzen zu leben – oder man schafft sie ab. Wie soll ein Gesetz aussehen, das ein bisschen Anonymität erlaubt?

Anonymität befreit den Täter von den Konsequenzen des eigenen Handelns. Für die Opfer dieses Handelns bleiben die Konsequenzen allerdings bestehen. Hat sich jemand entschuldigt beim durch den Cyber-Mob vorverurteilten Mann aus Emden? Und wer bezahlt die Therapie, die er braucht? Wer bezahlt den Schaden für ein Unternehmen, wenn es durch einen unberechtigten »Shitstorm« ein schlechtes Image bekommt? Und wer schützt einen davor, Opfer eines Angriffs im Internet zu werden?

Das Internet ist keine Spielerei einiger weniger, auch wenn sehr viele Menschen in den vergangenen Jahren so getan haben, als wäre dieses Internet eine Modeerscheinung, die verschwindet wie Karottenjeans, neongelbe Sakkos und Brillen mit Tigermuster. Es prägt das Leben der meisten Menschen hierzulande. Es ist eine neue Zeit mit neuen Regeln. Es ist das Faszinierende dieser Spezies, dass sie seit Jahrhunderten in einer Welt lebt, die sich stets verändert hat – und sich immer angepasst und überlebt hat.

Ich habe kein Patentrezept für den Umgang mit dem Netz. Wir müssen lernen aus Fällen wie dem von Emden. Der junge Mann ist nämlich nur knapp dem Schicksal des George Johnson entwischt, psychisch ist er auf Jahre geschädigt. Wir müssen lernen aus dem Selbstmord der jungen Kanadierin.

Die Welt verändert sich gerade vor unseren Augen – und Gesetze und Verbote werden diese Veränderungen nicht aufhalten. So wie der Gott Zeus sich vor Tausenden von Jahren getarnt hat, um eine hübsche Frau zu bekommen, so werden sich die Menschen auch künftig tarnen, um ihre Meinung zu verkünden.

Wir müssen jedoch lernen, dass unser Handeln im Internet Konsequenzen hat für das, was in der realen Welt passiert – und dass wir mit diesen Konsequenzen leben müssen.

Kapitel 28

Gesetzesbrecher V: Die Nutte

Wie schreibt man einen Text über Prostituierte, ohne dabei an Julia Roberts und *Pretty Woman* zu denken? Oder an *Irma la Douce* von Billy Wilder oder *Geliebte Aphrodite* von Woody Allen? An jene Filme, die mit der Pygmalion-Thematik zu erklären versuchen, dass jede Prostituierte heimlich darauf wartet, gerettet zu werden – von einem Milliardär, einem Polizisten, einem englischen Lord oder einem Sportjournalisten.

Wer sich an so einem Text versucht, der ist derart vollgestopft mit Klischees, dass er gar nicht umhinkommt, die eigene Arbeit mit Klischees vollzustopfen.

An *Die Schöne des Tages* (*Belle de Jour*) von Luis Buñuel denkt kaum jemand: Cathérine Deneuve spielt die Ehefrau eines Arztes, die sich in einem Selbstfindungsprozess als Prostituierte hingibt. Buñuel stellt in seinem Werk die bürgerlichen Konventionen infrage und dabei nicht nur der Bourgeoisie, sondern auch der Institution Ehe den Totenschein aus.

Wer denkt schon daran, wenn er an Prostituierte denkt? Eher schon an Tänzerinnen in den Videos von 50 Cent und Daddy Yankee und Sean Combs.

Die Vorstellung, eine Prostituierte zu befreien, ist nicht nur ein bescheuertes Klischee, es ist auch ein Männertraum. Sie hält sich ähnlich hartnäckig im männlichen Gehirn wie der Wunsch, ein Supermodel für sich zu begeistern. Wir reden uns ein, dass es sich bei Supermodels nur um ganz einfache Mädchen handelt, die von der Natur zufällig mit einer perfekten Körperstruktur, wunderbaren Haaren und einer makellosen Haut ausgestattet wurden. Dass es deshalb möglich ist, dass sich so eine Frau in uns verlieben könnte.

Doch das geht nicht. Diese Frauen sind optisch nahe an der Perfektion. Vielleicht kann sie darüber hinwegsehen, aber du kannst es nicht. Wenn du nicht in irgendeinem Bereich des Lebens ebenfalls nahezu perfekt bist – ob nun optisch, geistig, beim Geldverdienen, sportlich oder worin auch immer – und ihr dadurch auf Augenhöhe begegnen kannst, dann ist es beinahe unmöglich, eine Verbindung aufzubauen. Verbindung ist alles. Du wirst dich ihr immer unterlegen fühlen, weil sie eben kein einfaches Mädchen ist, wie du dir eingeredet hast. Dann suchst du nach Fehlern in anderen Bereichen, um dich gleichwertig zu fühlen. Sie denkt jedoch, dass du sie damit runterziehen willst, und wird kontern – und schon seid ihr in einer Fehlerspirale, aus der ihr nie wieder herauskommt. Die Verbindung ist weg.

Ähnlich ist es mit Prostituierten, nur umgekehrt: Du wirst niemals dieses Bild aus dem Gehirn bekommen, das dir durch Filme, Bücher und überhaupt die Gesellschaft eingehämmert worden ist. Sie kann darüber hinwegsehen, weil sie weiß, wie es wirklich ist – aber du hast keine Ahnung und wirst deshalb immer daran denken, dass sie eine Prostituierte ist.

Als ich damit begonnen habe, mich auf das Treffen mit einer Prostituierten vorzubereiten, hatte ich so ein Bild im Kopf: eine junge Frau, die ihre natürliche Schönheit durch übertriebenes Make-up zerstört, ihren perfekten Körperbau mit Minirock und Lederstiefeln zur Schau stellt wie ein Metzger ein saftiges Stück Fleisch und grundsätzlich immer einen Kaugummi im Mund hat.

Hatten Sie die gleiche Vorstellung? Nein? Ja, klar!

(Un-)Wichtiges Wissen
Eine Prostituierte kann seit 2002 die Entlohnung von ihrem Freier vor Gericht einklagen.

Ich dachte, dass es recht schwer werden könnte, sich mit einer Prostituierten zu treffen. Natürlich könnte ich in ein Laufhaus gehen und die Frau dann bitten, sich einfach mit mir zu unterhalten. Aber gäbe es ein noch größeres Klischee?

Doch es ist einfacher, als ich gedacht hatte, weil erstaunlich viele Menschen in meinem Bekanntenkreis jemanden kennen, der in diesem Gewerbe tätig ist.

Mir sitzt eine junge Frau in Jeans und T-Shirt gegenüber, die mit ihren wilden schwarzen Haaren und dem Verzicht auf Make-up so aussieht, als würde sie danach in der ersten Reihe eines Muse-Konzerts stehen.

Es ist nicht so einfach, ein in Stein gemeißeltes Bild aus seinem Kopf zu bekommen.

Ich frage: »Ist das deine Arbeitskleidung?«

»Was hast du erwartet? Minirock und Lederstiefel?«

Ich sage nichts, weshalb sie merkt, dass ich genau daran gedacht habe.

»Ich besitze keine Perücke und keinen Minirock. Einen kurzen Rock, ja. Ich habe auch Lederstiefel, aber welche Frau hat keine Lederstiefel?«

Jemand hämmert an meinem Bild im Kopf herum. Mit dem Presslufthammer.

Mir sitzt jemand gegenüber, der gehofft hat, auf einen Menschen ohne Vorurteile zu treffen – und nun erkennt, dass sie sich getäuscht hat. Ich erkläre ihr meine Theorie von Klischee und Männerfantasie, was mich zumindest zurück ins Spiel bringt, um mich mit ihr unterhalten zu können.

Wir sprechen ein wenig über ihre Laufbahn: Realschulabschluss, Ausbildung zur Kosmetikerin, Auftritte bei Erotikmessen und Engagements in Bars, die sich auf exotischen Tanz spezialisiert haben. Danach habe sie sich bei einem

Escortservice beworben, und nun arbeite sie seit drei Jahren in dem Beruf. Ihre Jobbeschreibung sieht nicht vor, dass sie an einer Straßenecke oder in einem Fenster darauf wartet, dass ein Mann vorbeikommt und dafür bezahlt, von ihr in einer dunklen Gasse oder einem engen Zimmer befriedigt zu werden.

Sie wird von ihren Kunden dafür bezahlt, dass sie einen Abend mit ihnen verbringt, wobei es meist vier Etappen zu absolvieren gilt: Restaurant, Ort für kulturelle Veranstaltungen, Bar, Hotelzimmer. »Nur bei der Hälfte der Verabredungen kommt es tatsächlich zu Sex«, sagt sie. Die meisten ihrer Kunden würden sich einfach nur unterhalten wollen: »Entweder können sie das bei ihren Ehefrauen nicht – oder sie sind Single und haben nicht den Mut, Frauen anzusprechen. Auf diese Weise erleben sie einen netten Abend mit einer hoffentlich netten Frau.«

Sie kennt natürlich auch die anderen Frauen, die ihre blauen Flecken mit dunklen Strumpfhosen verdecken müssen und von einem Zuhälter in die dunklen Gassen geschickt werden, um für wenig Geld ausgefallene Dinge anzubieten. Die ihre Schulden bezahlen müssen, weil sie ihren Drogenkonsum oder ihre Spielsucht nicht unter Kontrolle bekommen und ihnen kein anderer Ausweg bleibt, als im angeblich ältesten Gewerbe der Welt ein paar Euro zu verdienen. »Das ist schlimm«, sagt sie, »aber es gibt in jedem Beruf positive und negative Aspekte – und es gibt unterschiedliche Gründe, warum sich jemand für den Beruf entscheidet. Oder ihn machen muss. Glaubst du, ein Finanzbeamter ist als Neunjähriger zu seinem Vater gegangen und hat gesagt: ›Papa, ich werde Finanzbeamter!‹ Er musste Geld verdienen, der Job war da – also macht er ihn. Warum bist du Journalist geworden?«

»Weil ich dachte, dass ich das gut kann.«

»Und wenn du weniger verdienen würdest?«

»Keine Ahnung!«

»Tu nicht so selbstgefällig, als hättest du deine Berufung gefunden oder als hätte dir Gott eingeflüstert, dass du das machen sollst. Es ist ein Beruf, er macht dir hoffentlich Spaß, und du verdienst Geld.«

»Ja.«

»Und in Zeiten, in denen es nicht läuft, tröstest du dich damit, dass du mehr verdienst als andere und dass es immer noch besser ist, als arbeitslos zu sein oder einen anderen Job zu machen.«

Der Presslufthammer ist ganz schön am Hämmern.

»Bei mir ist das ähnlich«, sagt sie. Keine schlimme Kindheit, kein Drogenproblem, keine Geldsorgen. Ein Job, der gut bezahlt ist und ihr Spaß macht.

Es ist wie schon beim Pokerspieler und dem Drogendealer: Sie macht das nicht, weil sie hineingerutscht ist oder weil sie dringend Geld braucht, um ihren Sohn zu versorgen oder die Pflege für die kranke Oma zu bezahlen. Sie macht es, weil es ihr Spaß macht und weil sie damit sehr viel Geld verdient: Eine Verabredung mit ihr kostet, je nachdem, was am Ende passiert, bis zu 4000 Euro. Sie will nicht verraten, wie viel davon sie behält, doch offensichtlich reichen ihr drei Verabredungen pro Monat, um ein gutes Leben führen und eine Wohnung in einem der teuersten Viertel dieser Großstadt bezahlen zu können. »Meistens habe ich fünf, weil ich ein sehr gutes Leben führen will und etwas sparen möchte, um später mal einen eigenen Salon für Wellness und Kosmetik zu eröffnen. Ich meine, für meinen Beruf gibt es ein Ablaufdatum – wie für Fußballer auch.«

Irgendwann, das ist ein Zeitpunkt in der Zukunft, den sie noch nicht kennt. Sie schreibt schon Businesspläne und entwirft die Einrichtung, aber nur, weil sie an mehr als 20 Tagen im Monat nicht arbeiten muss und Zeit hat, ihre Zukunft schon jetzt zu gestalten.

Ihr hat das Prostitutionsgesetz geholfen, sagt sie. Das ist am 1. Januar 2002 in Kraft getreten und sollte dafür sorgen, die Prostitution aus der rechtlichen Grauzone heraus- und in die Sozialversicherung hineinzuholen. »Ich persönlich habe einen Arbeitsvertrag, ich kann meinen Lohn einklagen, und ich bezahle auch in die Sozialversicherung ein. Ich könnte mich sogar arbeitslos melden.«

Sie ist ein seltener Fall, denn für die meisten Frauen haben sich die Hoffnungen, die sie in das Gesetz setzten, nicht erfüllt. Viele von ihnen sind nach wie vor Tagelöhnerinnen, auf eine Rentenversicherung verzichten fast alle. Anrufe bei Arbeitsämtern bestätigen, dass kaum eine Frau jemals dort vorstellig geworden sei und gefordert habe, ihr Arbeit in diesem Gewerbe zu vermitteln und Arbeitslosengeld zu bezahlen.

Im Gegenteil: Nicht wenige Frauen halten das Gesetz für eine Verschlimmerung der Situation. Davor hätten die Behörden wenigstens weggesehen, doch nun würden Formulare und Steuerforderungen den Beruf kompliziert machen. Und welche Frau gibt schon gerne an, als Prostituierte zu arbeiten und diesen Beruf womöglich ein Leben lang in der Akte vermerkt zu haben?

Immerhin hat das Gesetz dafür gesorgt, dass seriöse Geschäftsmänner das Gewerbe mit den hohen Gewinnspannen entdeckt haben. Die Arbeitgeber sind nicht mehr unbedingt Halbweltmänner, die nebenher einen Boxstall betreiben oder mit Waffen handeln oder Drogen verkaufen. Es sind Kaufleute, die Geld verdienen möchten und die wissen, dass so etwas vor allem dann möglich ist, wenn man seinen Arbeitnehmern vernünftige Bedingungen bietet.

Carlos Obers etwa war einmal Präsident des Art Directors Club; er galt als einer der erfolgreichsten Werbefachmänner. 2006 gründete er eine Agentur für Edel-Callgirls, im Gespräch mit der *Süddeutschen Zeitung* sagte er Ende 2011: »In der Werbebranche heißt es eh: Wir sind alle Huren.« Seine Angestellten seien allesamt finanziell unabhängige Akademikerinnen, die Umgangsformen seien freundlich, die herausragenden Damen würden pro Nacht 1800 Euro verdienen.

»Es gibt zwei Seiten in diesem Gewerbe«, sagt die Frau, mit der ich mich treffe und die sich nicht Tiffany nennt oder Fantasy oder Destiny, sondern für ihre Kunden Namen wie Mercedes Derant oder Silvia Müller annimmt: »Den einen hat das Gesetz geholfen, weil es Regeln gibt, an die man sich halten kann und die für ein seriöses Klima sorgen. Den anderen geht es immer noch beschissen. Da hilft kein Gesetz auf der Welt.«

Sie habe das Glück, zur ersten Kategorie zu gehören: »So ist das Leben. Vor allem aber ist das Leben keine Männerfantasie.«

Dann verabschiedet sie sich. Sie muss nicht arbeiten. Sie will zu einem Konzert. Mit einer Freundin.

Und ich bin erst einmal damit beschäftigt, die Trümmer in meinem Gehirn aufzuräumen.

Kapitel 29

Früher war alles besser

Ernest Hemingway hat in seinem Leben viele geniale Sätze geschrieben, über die Liebe, das Leben und die Menschen. Ein besonders fantastischer Satz von ihm lautet: »Das Kuriose an unserer Zeit ist, dass sie in nicht allzu ferner Zukunft einmal die gute, alte Zeit genannt werden wird.«

Früher war alles besser.

Mein Vater spricht gerne davon, wie es in den 60er-Jahren zugegangen ist, mein Opa dagegen schwärmte beim Schachspielen immer wieder von den 20ern und davon, dass damals noch Recht und Ordnung herrschten und die Leute noch Anstand und Manieren hatten. Mein Urgroßvater erzählte seinem Sohn, wie toll die Jahrhundertwende gewesen sei – und mein Ururgroßvater fand bestimmt die Zeit vor der Erfindung des Autos ganz prima, weil das Leben damals noch nicht so hektisch gewesen sei.

Ein Neandertaler erklärte sicherlich seinem Sohn, dass es früher noch viel einfacher gewesen sei, das Mammut zu erlegen, seitdem nicht alle diese neumodischen Keulen verwenden und die Leute nur noch durch Zeichnungen in Höhlen kommunizieren würden, anstatt sich am Lagerfeuer bei einem schönen Mammutfilet auszutauschen.

Nach dieser Definition müsste unser Planet kurz nach dem Urknall am besten dran gewesen sein. Ich meine, wenn man mal so drüber nachdenkt.

Wir leben in einem permanenten Zustand der Nostalgie. Warum? Mögen wir die Gegenwart nicht?

In der Gegenwart will offensichtlich keiner leben. Gegenwart ist uncool.

Wir kämpfen. Wir tun so, als würden wir für oder gegen etwas kämpfen – gegen den Hunger, gegen Diktaturen, für Gerechtigkeit. Wir kämpfen für Frieden und merken nicht, dass das ein riesiger Widerspruch ist. Vielleicht lieben wir einfach nur den Kampf. Wir kämpfen mit Waffen, wir kämpfen mit Worten, wir kämpfen mit Geld.

Wir kämpfen und kämpfen und kämpfen – und nur selten ist unser Planet nach dem Kampf auch nur einen Deut besser als davor.

Das britische Magazin *Intelligent Life* fragte vor einigen Jahren berühmte Philosophen, welche Zeit denn die beste gewesen sei, um als Mensch auf diesem Planeten zu leben. »Rom zur Kaiserzeit«, erklärte einer und begründete es mit der Kultur, der wohlfunktionierenden Staatsform und dem ruhigen, aber doch spannenden Leben. Ein anderer wollte ins Österreich des 18. und 19. Jahrhunderts versetzt werden, um das Genie von Menschen wie Beethoven und Mozart live miterleben zu dürfen. Ebenfalls beliebt: die 20er-Jahre in den Vereinigten Staaten, China während der Ming-Dynastie und Frankreich in der Zeit nach dem Sturm auf die Bastille.

Wenn sich Menschen in andere Epochen beamen, dann glauben sie stets, zur Aristokratie oder zumindest zur gehobenen Oberschicht zu gehören. Wer im alten Rom lebt, der ist natürlich ein bürgerlicher Patriarch, der Häuser und Sklaven besitzt, jede Woche ins Kolosseum wackelt und seinen Lieblingsgladiator anfeuert und nebenher mit Cicero über Gesetze philosophiert. Der Wiener des 18. Jahrhunderts ist freilich ein Kumpel von Mozart, speist regelmäßig am Hof und spaziert danach in Gärten, ehe er eine der zahlreichen Musen beglückt, die da durch das Labyrinth wandeln. Und wer es in die »Roaring Twenties« in den USA geschafft hat, der sieht sich entweder als cooler Mafiaboss – oder als cooler Polizist, der den coolen Mafiaboss jagt.

Sklave will keiner sein.

Als Sklave war es im alten Rom genauso beschissen wie als Dienstmagd an einem Hof im 18. Jahrhundert – und ein Dienstbote hatte es in den 20er-Jahren auch nicht wirklich besser als ein Müllmann in Detroit heutzutage.

Wie schön, dass man sich bei der philosophischen Zeitreise nicht nur die Epoche, sondern auch die Position aussuchen darf.

Was war denn früher besser? Wann genau war früher alles besser? Und lag es vielleicht an den Gesetzen?

Die älteste schriftlich überlieferte Rechtssammlung ist der Codex Ur-Nammu. Sie wurde etwa 2100 vor unserer Zeitrechnung im Auftrag des mesopotamischen Königs Ur-Nammu in sumerischer Sprache verfasst. Jedenfalls bezeichnet sich Ur-Nammu als Gesetzgeber und merkt gleich noch an, dass er den Codex mithilfe des Mondgottes Nanna und auf Befehl des Sonnengottes Utus verfasst und mit dieser Schrift Übel und Gewalt vertrieben und Gerechtigkeit wiederhergestellt habe.

Es muss gut sein, wenn man König ist.

Es ist immer doof, Sklave zu sein.

Vor dieser Zeit haben die Menschen rund zwei Millionen Jahre lang quasi ohne Gesetze gelebt.

Der Mensch hat es also recht lange ohne Staat und ohne niedergeschriebene Gesetze ausgehalten und auch ganz gut überlebt. Zwei Millionen Jahre zu 4100 Jahren. Der Jurist und Rechtshistoriker Uwe Wesel hat das in seinem Buch *Geschichte des Rechts* aufgeschrieben. Er untersucht dabei neun Gesellschaften, die trotz beträchtlicher räumlicher Entfernung voneinander, und ohne dass sie voneinander gewusst haben konnten, über erstaunlich ähnliche Grundstrukturen verfügt haben: Die Eskimos im Norden Amerikas unterschieden sich hinsichtlich vieler sozialer Gebräuche kaum von den !Kung im Süden Afrikas oder den Walbiri in Australien.

Die Beute wurde gerecht verteilt, die Frauen waren den Männern grundsätzlich gleichgestellt, Konflikte wurden ausdiskutiert. Wenn einer Mist baute, gab es erst einmal große Aufregung, nach einiger Zeit ließ man die Sache auf sich beruhen, und der Täter wurde wieder in die Gemeinschaft aufgenommen. Es funktionierte – ohne geschriebene Gesetze, Verbote und das Androhen von Strafen.

War damals alles besser? Und falls ja: Warum lernen wir nicht davon?

Es kamen Staaten und Gesetze, der Codex Ur-Nammu – und damit setzte eine Kultur des Drohens und Bestrafens ein, die bis heute andauert.

Die erste Gesetzessammlung folgt weitgehend dem Talionsprinzip, was bedeutet, dass versucht wird, ein Gleichgewicht zwischen Schaden und Strafe herzustellen. Die einzelnen Gesetze wurden mit Wenn-dann-Sätzen formuliert, also wusste jeder: Wenn ich das tue, dann erwartet mich diese Strafe. Die Sammlung beschäftigt sich mit den Klassikern Mord, Raub, Erbe, Falschaussage und Körperverletzung ebenso wie mit den Schmankerln Ehebruch, Arztbehandlung und Zinsrecht – aber auch mit Hexerei, Miete für Ochsen und Vernachlässigung der Liegenschaften.

Die einzelnen Gesetze sind einfach, jeder weiß Bescheid. So steht etwa bei Paragraf sechs: »Wenn sich jemand von seiner Hauptfrau scheidet, zahlt er ihr eine Mine Silber.« Auch die anderen Gesetze sind von bestechender Einfachheit, eines besagt zum Beispiel: »Wenn jemand stirbt und keinen Sohn hat, dann soll seine unverheiratete Tochter zu seiner Erbin gemacht werden.« In einem anderen steht: »Wenn jemand die Nase eines anderen Mannes mit einem

Messer abgeschnitten hat, dann zahlt er zwei Drittel Minen Silber.« Oder auch: »Wenn jemand in einem Rechtsstreit als Zeuge aufgetreten ist und es ablehnt, seine Aussage zu beschwören, dann zahlt er die Summe an Strafe, um die es in diesem Prozess ging.«

Jeder wusste, worum es ging und warum er bestraft werden konnte. Warum weiß eigentlich heutzutage kaum jemand Bescheid? Warum wird verhandelt wie auf einem orientalischen Basar? Warum streiten heutzutage Anwälte mit Anwälten? Und warum streiten sie weiter, auch wenn es ein Urteil gab?

Die Menschen haben immer neue Gesetze geschrieben, den Codex Lipit-Ischtar etwa, der ungefähr 1880 vor Christus entstanden ist. Es gibt auch den Codex von Eschnunna (etwa 1790 v. Chr.), der dieses Gesetz beinhaltet: »Wenn ein Mann die Nase eines anderen gebissen und abgerissen hat, gibt er eine Mine Silber, für ein Auge eine Mine, für einen Zahn eine Mine, für ein Ohr eine halbe Mine, für eine Ohrfeige zehn Sekel Silber.« Ein Ohr war also nicht so wichtig – oder man dachte: Na ja, das Opfer hat ja noch ein zweites.

Es folgte der Codex Hammurabi, der Höhepunkt des altorientalischen Rechts. Er folgt – aus moderner Sicht betrachtet – keinem System und keiner Ordnung. Wie sehr auf Strafe als Abschreckung gesetzt wurde, zeigt schon der erste Paragraf: »Wenn ein Mann einen anderen bezichtigt und ihn verdächtigt hat, einen anderen Menschen getötet zu haben, es aber nicht beweisen kann, wird der, der ihn bezichtigt hat, getötet.«

Die Menschen haben sich entwickelt, Staaten haben sich entwickelt – und damit das Recht dieser Staaten. Der Einfluss der Politik weitete sich aus, der moralische Aspekt verlor an Wichtigkeit – dazu wurden immer mehr Gesetze eingeführt. Uwe Wesel hat das in seinem Buch in einer schönen Grafik dargestellt.

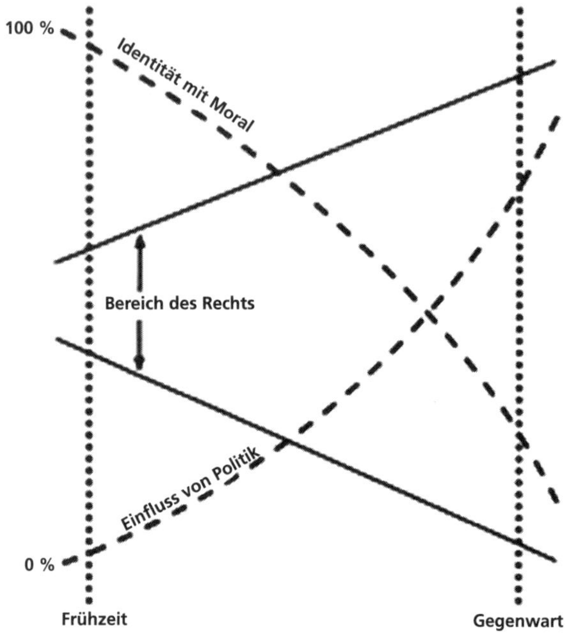

In den vorstaatlichen Ordnungen wurden Konflikte durch Konsens gelöst, es war selbstregulierend, kompensatorisch – im europäisch-westlichen staatlichen Recht von heute entscheiden meist Gerichte über Konflikte, das Leben ist in extremer Weise gesteuert und mannigfach mit Strafe verbunden. Jeder darf für sich selbst entscheiden, welche der beiden Varianten er besser findet.

Wurden die Gesellschaften wirklich besser, nur weil man jeden Aspekt des Zusammenlebens regelte?

Recht breitete sich in den staatlichen Gesellschaften aus wie ein Krebsgeschwür. Plötzlich werden Dinge reguliert, die eigentlich niemanden etwas angehen, weil der Mensch doch eigentlich selbst für sich verantwortlich sein soll. Dass man nicht betrunken Auto fahren darf, ist verständlich, schließlich gefährdet man ansonsten seine Mitmenschen.

Anschnallpflicht oder Helmpflicht dagegen sind Eingriffe in die Freiheit. Dem Menschen wird vorgeschrieben, wie er sich selbst zu schützen hat – weil der Gesetzgeber anscheinend der Meinung ist, dass der Mensch sich selbst nicht ausreichend schützt.

Das Krebsgeschwür metastasiert – und es gibt kaum einen Bereich unseres Lebens, der nicht vom Recht durchdrungen ist. Ganz im Gegenteil: Immer mehr Bereiche werden geregelt, immer weniger Dinge sind erlaubt.

Gefällt es den Menschen, dass sie immer mehr kontrolliert werden? Dass ihnen immer mehr vorgeschrieben wird, was sie zu tun und zu lassen haben?

Wir wünschen uns den Abbau von Staatlichkeit, das zeigen zahlreiche Studien. Und tatsächlich ist das Recht bisweilen auf dem Rückzug – weg vom Staat zurück in die Gesellschaft.

Wir entwickeln uns zurück – und das ist gut so.

Im Zivilrecht wird seit einigen Jahren bei Streitigkeiten versucht, die Anrufung eines Gerichts zu vermeiden, bei Insolvenzen und Scheidungen etwa. Interessanterweise wurde die Mediation nicht nur von Juristen und Psychologen entwickelt, sondern auch von Anthropologen, die sich auf Konfliktlösung bei Stammesgesellschaften spezialisiert haben. Bei den !Kung im südlichen Afrika und den Arusha in Tansania wurden die streitenden Parteien aufgefordert, selbst eine Lösung zu finden. Was vor Tausenden von Jahren funktioniert hat, funktioniert auch heute noch. Im Strafrecht gibt es neuerdings den Täter-Opfer-Ausgleich.

Im öffentlichen Recht sind Subjektionstheorie und das Über-Unterordnungsverhältnis weitgehend verschwunden, das sich mit dem Satz zusammenfassen ließ: »Der Staat paktiert nicht!« Natürlich muss der Staat verhandeln, wir sehen das gerade beim Umweltrecht oder beim Bau von Flughäfen und Bahnhöfen. So verfuhren die Andamanen und die Semang in Südostasien, bei denen auch der Sprecher der Siedlung – er war nicht der Chef, sondern lediglich der, dem alle zuhörten – mit den Mitgliedern verhandeln musste, wenn es etwa darum ging, wie die Beute verteilt würde oder wer am nächsten Morgen zur Jagd gehen sollte.

Es hat ganz den Anschein, als würden sich nicht wenige Menschen wünschen, dass die Gesetze wieder einfacher werden, verständlicher und mit gesundem Menschenverstand begründet. Allerdings mit dem Wissen von heute, für die Gesellschaft von heute.

Das ist die Aufgabe der Gesetzgeber – und es ist eine der schwierigsten Aufgaben der Welt.

Der Essay in *Intelligent Life* mit der Frage nach der besten Zeit endet übrigens mit diesem Satz: »Die beste Zeit zu leben ist hier und jetzt.«

Das glaube ich auch.

Nun müssen nur noch Mediziner ein Mittel gegen Krebs finden – und wir alle eine Lösung für das Krebsgeschwür Gesetzgebung.

Wir kämpfen und kämpfen und kämpfen – und irgendwann wird dieser Planet tatsächlich besser sein als zuvor.

Denn die beste Zeit zu leben sollte heute sein – und morgen könnte es noch besser sein.

Kapitel 30

Was wirklich jeder darf

Wenn mein Vater mich ärgern möchte, dann spricht er mich auf meine Karriere als aktiver Fußballspieler an (»zu kurz, zu erfolglos«). Oder er lobt meine Frau (»zu hübsch und zu nett für dich«). Oder er verweist auf meinen Beruf: Autor oder Journalist könne ja nun wirklich jeder werden, sagt er, und er hat damit gar nicht so unrecht. Grundsätzlich darf sich jeder Mensch Journalist nennen, der etwas veröffentlicht hat, was in Zeiten von Blogs und Twitter und Facebook jeden Menschen mit Internetanschluss zu einem Journalisten macht. Das mag einen verwundern, wenn man darüber nachdenkt, was man in Deutschland erst dann machen darf, wenn man eine Genehmigung vorweisen kann.

Deutschland ist das Land der Vorschriften und der Genehmigungen, es ist beinahe ein Wunder, dass wir uns noch nicht umbenannt haben in »Bürokratieland« und als Fahne einen roten Kreis als Zeichen für Verbote gewählt haben. Im Jahr 2007 gelangte eine Studie des Statistischen Bundesamts an die Öffentlichkeit, in der zusammengerechnet wurde, wie viel die Belastung durch Bürokratie allein die deutschen Unternehmen kostet: Es waren etwa 39 Milliarden Euro pro Jahr. Nur für Unternehmen, die Kosten für einzelne Bürger sind in diese Statistik nicht eingerechnet.

Charles Dickens persifliert in seinem Roman *Little Dorrit* die Bürokratie, er beschreibt in einem Kapitel das »Circum-

Wissen für Nichtjuristen
Wer Taxifahrer werden möchte, braucht dafür eine Genehmigung. Die Kunden allerdings können wählen, zu wem sie einsteigen möchten. Sie sind nicht verpflichtet, das erste Taxi in der Reihe zu nehmen.

locution Office«, das Amt für Umschweife. In diesem Amt beschäftigen sich alle mit allem, und alle sind dabei, Formulare auszufüllen, doch vor lauter Umständen schaffen sie gar nichts. Dickens schreibt: »Was immer getan werden muss, das Amt für Umschweife ist zuvor dagewesen mit all seinen öffentlichen Stellen in der Kunst der Wahrnehmung, wie man es nicht macht.«

Deutschland ist das Land für Umschweife.

Wer sich ein wenig umsieht, der findet eine ganze Menge grandioser Vorschriften und Paragrafen und Genehmigungen.

Wer in Abwasserkanälen schwimmen möchte, der muss sich die ausdrückliche Erlaubnis des zuständigen Amtes einholen. Dabei ist natürlich auch zu beachten, dass es verboten ist, in oberirdischen Gewässern an ein fahrendes Wasserfahrzeug heranzuschwimmen und sich daranzuhängen. Wer als deutscher Staatsbürger in Deutschland einen Handwerksbetrieb gründen möchte, der braucht dazu meistens einen Meisterbrief. Wenn ein EU-Ausländer hierzulande so einen Betrieb gründen möchte, dann braucht er aufgrund des EU-Harmonisierungsgesetzes keinen Meisterbrief.

Auch schön war der Fall des Umweltingenieurs Ralf Steeg, der im Jahr 2005 geplant hatte, die Spree von Abwasser zu befreien, und für sein Projekt »Spree 2011« vom Bundesforschungsministerium einen Zuschuss von zwei Millionen Euro bekommen hatte. Steeg wollte am Berliner Osthafen eine Anlage mit Tanks bauen, deren Errichtung etwa vier Monate dauern sollte. Am Ende dauerte es sieben Jahre, weil Steeg erst einmal vier Genehmigungen einholen musste: beim Bezirk, bei den Wasserbetrieben, beim Wasser- und

Schifffahrtsamt und bei der Umweltverwaltung. Schließlich stellte sich auch noch die Hafen- und Lagergesellschaft quer, erst im April 2012 wurde das Projekt fertiggestellt.

Meine persönliche Lieblingsgenehmigung ist jene, die man braucht, wenn man Luftballons steigen lassen möchte – auf einem Kindergeburtstag etwa, bei einer Hochzeit oder einem Vereinsfest. Der Luftverkehrsordnung zufolge stellt das nämlich eine verbotene Nutzung des Luftraums dar. Nur durch das Einholen einer Genehmigung wird es zu einer besonderen Nutzung des kontrollierten Luftraums.

Es ist genau festgelegt, unter welchen Voraussetzungen der Ballonfreund eine Genehmigung braucht: bei Aufstiegen von gebündelten unbemannten Freiballons, bei Aufstiegen von unbemannten Freiballons mit einer Gesamtmasse der Ballonhüllen von mehr als 500 Gramm und bei Massenaufstiegen von unbemannten Freiballons in der Umgebung internationaler Flughäfen und im Umkreis von 15 Kilometern um Regional- oder Militärflughäfen. Wer mehr als 500 Ballons steigen lassen möchte, braucht immer eine Genehmigung. Man muss zwei Wochen vor dem geplanten Steigenlassen die Genehmigung bei der Deutschen Flugverkehrskontrolle beantragen, mittlerweile gibt es dafür sogar ein Online-Formular. Dabei muss man die genaue Anschrift angeben, die Anzahl der Ballons und die Kontaktdaten. Außerdem sollte man nicht nur das Datum nennen, sondern auch eine Einschätzung, wie lange der Aufstieg dauern wird.

Deutschland ist das Land der Umschweife.

Aber es gibt doch noch Dinge, die ohne Genehmigung möglich sind. Wichtige Dinge sogar.

Das wird dem bewusst, der hin und wieder einen Spielplatz besucht.

Montagnachmittag, ein Abenteuerspielplatz im Münchner Osten: Eine Gruppe Frauen versucht, sich vor ihren Kindern zu verstecken. Das ist gar nicht so einfach, denn würden sich diese Frauen nebeneinanderstellen, könnte man sie durchaus mit einem Gebirge verwechseln. Meine Oma sagte immer, dass man sich mit dickeren Menschen umgeben muss, um selbst für dünner gehalten zu werden. Diese Frauen haben von ihren Großmüttern offensichtlich den gleichen Rat bekommen und eine Gruppe gegründet, in der jede von ihnen ein bisschen dünner sein darf.

Jede der Frauen hat mindestens ein Kind dabei – und die Frauen versuchen nun, ihre Kinder zum Spielen zu bewegen. Sie machen es freundlich (»Freu dich doch, dass wir ein Mal im Monat draußen sind«), verführerisch (»Die Rutsche ist nicht gefährlich«) oder bestimmt (»Jetzt hau endlich ab!«). Eine schubst ihr Kind einfach weg.

Mir erschließt sich der Grund nicht ganz, weil ich eigentlich der Meinung bin, dass es Spaß macht, gemeinsam mit Kindern zu spielen. Die Frauen sind offensichtlich anderer Meinung. Sie gestikulieren, sie schimpfen – 43 Flüche innerhalb von zwei Minuten. Irgendwann sagt eine: »Das ist mir jetzt scheißegal, ich will jetzt eine rauchen.«

Sie zündet sich eine Zigarette an und pustet den Rauch in die Richtung ihres Kindes. Das Mädchen guckt angeekelt und geht auf die Rutsche zu.

»Geht doch«, sagt die Mutter und fasst in die Tasche des Kinderwagens. Sie zieht einen Flachmann heraus, öffnet ihn und setzt an. Dann blickt sie enttäuscht und sagt: »So eine Scheiße!« Sie steckt den Flachmann zurück in die Tasche – und holt einen zweiten Flachmann heraus, öffnet ihn und nimmt einen kräftigen Schluck: »Aaaaaaaaaaaaah.«

Es gibt tatsächlich Menschen, die zwei Flachmänner besitzen.

Sie reicht ihn weiter, alle trinken. Dann zünden sich sieben Frauen eine Zigarette an. Drei lächeln, vier motzen ihre Kinder mit unflätigen Begriffen an.

Man braucht in Deutschland sieben Jahre und vier Genehmigungen, um die Spree sauberer machen zu dürfen.

Man muss zwei Wochen zuvor beim zuständigen Amt ein Formular einreichen, um ein paar Luftballons steigen lassen zu dürfen. Man braucht einen Meisterbrief, um einen Handwerksbetrieb eröffnen zu dürfen.

Nur für die wichtigste Sache im Leben braucht man keine Genehmigung: Ein Kind bekommen, das darf in Deutschland wirklich jeder.

Kapitel 31

Die Chance deines Lebens

»Finn! Hör endlich auf! Ich dreh gleich durch! Wenn du nicht aufhörst, dann stelle ich dich vor die Wohnungstür, ich geh nicht mit dir zu den Basketballern, und ich werf dein Trikot weg. Du machst mich wahnsinnig!«

Ich erschrecke über mich selbst, als ich höre, was ich da gerade zu meinem Sohn gesagt habe. Der liegt in seinem Bett und weint, weil er seit mehr als einer Stunde nicht einschlafen will und jede Gelegenheit nutzt, den Moment des Einschlummerns hinauszuzögern. Wir waren Zähneputzen (drei Mal) und auf der Toilette (ein Mal groß, zwei Mal klein), wir haben drei Mal die Klamotten gewechselt (von kuschelig zu sportlich zu gemütlich), ich habe zwei Geschichten vorgelesen und eine erzählt, ich habe vier Lieder gesungen (eins richtig, drei falsch). Mit dem Satz »Papi, ich kann nicht einschlafen, mir ist sooooo langweilig« hat Finn den dünnen Faden in meinem Gehirn endgültig durchschnitten.

Ich bin mittlerweile in der vierten Stufe des Elternseins angelangt. Stufe eins: Sorge dafür, dass dieses süße kleine Ding am Leben bleibt! Stufe zwei: Sorge dafür, dass dieses süße kleine Ding weiter wächst und gedeiht! Stufe drei: Sorge dafür, dass dieses süße kleine Ding gesund bleibt! Stufe vier: Sorge dafür, dass dieser kleine Bastard ruhig bleibt und du selbst nicht durchdrehst! Ich habe meinen

Sohn angeschrien und ihm gedroht. Ich habe sogar die Spielzeug-Wegwerf-Karte ausgespielt. In meiner Statistik für die Wahl zum »Papa des Jahres 2012« wird sich das nicht gut machen – und auf dem weißen Blatt, das mein Sohn ist, habe ich einen hässlichen Klecks hinterlassen.

Ich kann mich nur entschuldigen: »Sorry, Finn! Das war nicht so gemeint.«

Er knuddelt mich: »Passt schon, Papi! Gell, manchmal ist man böse und meint es gar nicht so.«

Er gibt mir einen Kuss auf die Nase – und schläft zehn Sekunden später ein.

Wer nicht gerade Schriftsteller ist, der wird ein weißes Blatt Papier für eine tolle Sache halten. Autoren haben damit ein Problem, zumindest wird ihnen eingeredet, dass sie damit ein Problem haben sollten und dass ein Blatt Papier, das nicht sofort gefüllt ist, der Beginn einer handfesten Schreibblockade ist. Kein Mensch käme auf die Idee, bei einer leeren PowerPoint-Präsentation von einer Unternehmensberaterblockade zu sprechen – das nennt man in diesem Beruf »Montagmorgen«. Es gibt auch keine Ingenieursblockade oder Juristenblockade oder Fließbandblockade. Es gibt das Burn-out-Syndrom, über das der Komiker Jay Leno sagte: »Burn-out ist eine Krankheit für reiche Leute. Mein Vater war Arbeiter in einem Kohlenschacht – wenn der von Burnout gesprochen hätte, dann hätte sein Vorarbeiter gesagt: ›Schön für dich, jetzt beweg deinen Arsch runter in die Mine!‹« Aber so eine Schreibblockade, die muss ein Schriftsteller mindestens ein Mal im Leben gehabt haben, sonst verweigert ihm der Verband Deutscher Schriftsteller die Zugehörigkeit.

Ein weißes Blatt ist eines der schönsten Dinge auf der Welt. Wer eines überreicht bekommt, der kann es gestalten, er darf bestimmen, wie dieses Blatt am Ende aussehen soll, er kann komplett von vorne beginnen. Es gibt keine Grenzen, keine Vorschriften, keine Regeln. Er kann es sogar

(Un-)Wichtiges Wissen
Wer sein Kind schlägt, der hat nicht nur wenig Ahnung von Erziehung, sondern bricht auch das Gesetz. Das elterliche Züchtigungsrecht wurde im Jahr 2000 endgültig abgeschafft. Demnach sind auch Einsperren und schmerzhaftes Zupacken und Äußerungen, die das Kind verletzen, verboten. (§ 1631 BGB)

auf den Balkon legen und sehen, ob sich zufällig was ergibt.

Was würdest du mit einem weißen Blatt Papier machen?

Ich habe vor mehr als drei Jahren so ein weißes Blatt Papier bekommen, als mein Sohn Finnegan James zur Welt kam. Er war dieser kleine, verschrumpelte Blob, der erst einmal nichts kann außer essen und schlafen und schreien und der darauf vertrauen muss, dass er Eltern hat, die ihm zu essen geben, ihn schlafen lassen und reagieren, wenn er schreit. Aus diesem kleinen Etwas, das so unglaublich gut riecht, wird irgendwann ein kleiner Bub – und der muss darauf vertrauen, dass er Eltern hat, die ihn zu einem anständigen Lebewesen erziehen. Und nicht zu einem – ach, seien wir ehrlich – Arschloch.

Doch was für ein Mensch er wird, das ist die Verantwortung der Eltern. Er hat von seinen Eltern genetische Vorteile (Aussehen und Freundlichkeit seiner Mutter) und Nachteile (große Zehe des Vaters) bekommen, ansonsten aber keine Ahnung vom Leben und der Welt.

Die meisten Menschen erkennen nicht, dass dies die wohl größte Chance ihres Lebens darstellt. Der Mensch ist ein weißes Blatt – und bevor er selbst den Pinsel in die Hand nehmen durfte, haben schon eine ganze Menge Leute darin herumgekritzelt. Irgendwann darf er dann auch mal selbst malen, dann ist er erwachsen und bestimmt selbst – doch bis dahin muss er darauf vertrauen, dass seine Eltern schöne Sachen anbringen.

Mein lieber Sohn, du bist ein weißes Blatt, und du wirst bemalt in jeder Minute, die vergeht.

In diesen ersten Jahren ist die Erziehung eines Kindes einer diktatorischen Staatsform nicht so ganz unähnlich. Mutter und Vater sind Legislative, Exekutive und Jurisdiktion für ihr Kind. Natürlich kann sich das schnell ändern, weswegen es Bücher wie *Warum unsere Kinder Tyrannen werden. Oder: Die Abschaffung der Kindheit* von Michael Winterhoff oder *Die Mutter des Erfolgs: Wie ich meinen Kindern das Siegen beibrachte* von Amy Chua oder *Lasst eure Kinder in Ruhe! Gegen den Förderwahn in der Erziehung* von Wolfgang Bergmann gibt.

Als unser Sohn geboren wurde, da war ich der Meinung, dass sein Leben sein sollte wie eine riesige Wiese. Er soll sich frei darauf bewegen dürfen – und wir Eltern greifen nur dann ein, wenn er in Gefahr zu geraten oder sich zu verirren droht. Dann würden wir ihn gefühlvoll anstoßen und ihm vor allem erklären, warum wir ihn gerade schubsen. Ansonsten würden wir einfach nur neben ihm herlaufen und mit ihm Spaß haben. So viele Gesetze und Vorschriften wie nötig, so wenige Verbote wie möglich.

Meine Frau ist Asiatin, weshalb sie der Meinung ist, dass die Schubser ein wenig häufiger vorkommen müssten und auch ein wenig kräftiger sein dürfen.

Ein Kind wächst ohne Grenzen auf, ohne Gesetze und ohne Regeln, es ist der Diktator der Eltern, die ihren Schlafrhythmus, ihre Verpflichtungen und auch ihren Tagesablauf den Bedürfnissen des Kindes anpassen. Nach einem Jahr entwickelt sich ein Mikrostaat: Das Kind ist der kleine Bürger, die Mutter bildet – zumindest in unserer Familie – die Regierung, während der Vater in der Opposition sitzt. Dazu gibt es eine ganze Menge politischer Berater (Großeltern), Lobbyisten (Tanten und Onkel), nervige Medien (Freunde ohne eigene Kinder) und natürlich noch nervigere Altbundeskanzler (Freunde mit eigenen Kindern). Die EU-Gesetze liefern die Nachbarn, die einen recht penibel darauf hinweisen, dass ein lärmendes Kind gegen den Mietvertrag verstößt.

Nach diesem ersten Jahr erleben wir den ersten Schritt unseres Sohnes gemeinsam, streiten immer noch darüber, was das erste Wort war (»Mami« oder »Licht«) – und müssen uns langsam Gedanken machen, wie wir die Erziehung gestalten wollen. So ein Kind erkennt zwar die Gefühle der Eltern, es kann jedoch keine Gedanken lesen und sehen, was den Eltern gerade wichtig ist. Zudem gehört es zu den Eigenschaften von Kindern, Grenzen zu testen und regelmäßig zu überschreiten. Was also tun?

Ein Kind macht nicht, was die Eltern ihm sagen – ein Kind macht, was die Eltern machen.

Wissen für Nichtjuristen
Auch wenn auf zahlreichen Schildern etwas anderes steht: Eltern haften nicht für ihre Kinder! Nur wenn auch den Eltern ein Fehlverhalten nachzuweisen ist, haften die Eltern. (§§ 828, 832 BGB)

Es wäre natürlich möglich, eine Liste zu führen mit den Gesetzen, Regeln und Verboten, die man seinem Kind auferlegt. An seinem ersten Geburtstag bin ich der Meinung, ein ganz hervorragender Gesetzgeber zu sein. Die Exekutive überlasse ich zunächst meiner Frau, weil ich bei den Augen meines Sohnes nicht anders kann, als ihm jeden Wunsch zu erfüllen. Ich wäre ein schrecklicher Polizist. Würde mich ein Dieb mit Hundeaugen ansehen, würde ich ihm helfen, einen Fernseher aus der Wohnung zu tragen und im Fluchtauto zu verstauen – und ihm auch noch Spritgeld mitgeben.

In der Jurisdiktion wechseln wir uns ab, wir besprechen die möglichen Strafen für unseren Sohn, wobei körperliche und seelische Gewalt natürlich keine Optionen sind. Als härteste Form der Bestrafung beschließen wir die Möglichkeit, ihn zu zwingen, in sein Zimmer zu gehen und über seine Untaten nachzudenken. Die normale Bestrafung: Er muss mit verschlossenen Armen vor mir stehen und sich anhören, was ich zu sagen habe. Dann gibt er mir einen Kuss und High Five, und die Sache ist erledigt.

Womit ich nicht gerechnet habe: Kinder sind hochintelligente und gerissene kleine Wesen. Natürlich hört sich Finn die Predigt an, wobei die Worte ins linke Ohr hineingehen und zum rechten wieder hinaus, ohne einen Zwischenstopp in seinem Gehirn gemacht zu haben. Er weiß, dass er nur eine Minute ruhig stehen und so tun muss, als würde ihn interessieren, was Papa da so labert. Dann geht das Leben weiter, als wäre nichts gewesen.

Dazu betonen die Lobbyisten die Wichtigkeit von Geschenken für den Bürger, die politischen Berater finden, dass Schokolade auch nachmittags erlaubt sein sollte, die Altbundeskanzler teilen einem mit, dass man von Tuten und Blasen keine Ahnung habe – und die Medien verbreiten derweil, dass man die Wahlversprechen (»Wir sind auch weiterhin ein cooles Paar, veranstalten Partys und gehen jedes Wochenende mit euch in die Diskothek«) keinesfalls erfüllt habe. Und die EU betont, dass man die Verordnungen nicht eingehalten habe und sich auch dringend mal um den Schuldenschnitt kümmern müsse.

Der kleine Bürger veranstaltet derzeit kleinere Protestaktionen wie Sitzstreiks beim Spazierengehen, Hungerstreik bei zu wenig Spielzeit – teilweise auch offene Revolte und die Beleidigung der Regierung (»Dummi«).

Die Sache ist klar: Es muss eine strengere Gesetzgebung her.

Ich führe eine Liste – und bemerke an Finns zweitem Geburtstag, dass ich mehr als 150 Verbote ausgesprochen habe, dazu mehr als 200 Strafen, wobei die schlimmste Variante ein fünfminütiger Zwangsaufenthalt in seinem Zimmer bei offener Tür war.

Finn ist das komplett egal, er fühlt sich in dieser Nicht-mehr-so-ganz-Anarchie immer noch pudelwohl und weiß, dass Proteste, Demonstrationen und Streiks meist erfolgreich sind. Politische Berater und Altbundeskanzler unterstützen diese Aktionen.

Im Jahr zwischen seinem zweiten und dritten Geburtstag sind es schon 270 Ge- und Verbote und mehr als 500 Strafen. Nun wurde er schon mal für zehn Minuten in sein Zimmer verbannt, bei geschlossener, aber nicht abgesperrter Tür. Ich habe ihn aber bereits drei Mal angebrüllt, meine Frau noch kein einziges Mal. Ich bin auf dem besten Weg, für meinen Sohn mehr Gesetze einzuführen, als es bereits in Deutschland gibt.

Natürlich gibt es wichtige Gesetze, wie etwa die Regeln beim Sockengolf (keine Rückhandschläge) oder beim Couchwrestling (kein Zwicken, Kratzen, Beißen, Schlagen oder Treten), es gibt lebensrettende Regeln (nicht vom Balkon springen) und Hinweise (auch nicht, wenn du deinen Superman-Anzug anhast), es gibt wirtschaftliche Einschränkungen (nicht mehr als drei Überraschungseier pro Woche), kulturelle Vorgaben (*Star Wars* ist besser als *Star Trek*) und gesellschaftliche Normen (sei immer nett zu Mädchen). Und es gibt noch weitere 270 Ge- und Verbote, die wahrscheinlich jeder kennt, der für einen drei Jahre alten Sohn verantwortlich ist.

Es ist keine bunte Wiese mehr, über die mein Sohn da laufen darf. Seine Eltern haben an beiden Seiten ziemlich hohe Mauern errichtet – manchmal haben sie es getan, weil sie ihn in die richtige Richtung führen, manchmal, weil sie ihn vor Gefahren schützen möchten. Und manchmal haben sie es getan, um ein Mal am Tag ihre Ruhe zu haben und weil ihnen der Geduldsfaden gerissen ist. Sie schämen sich dafür, aber hin und wieder können sie nicht anders, als dem Kind etwas zu verbieten und es für eine Sache zu bestrafen, die nun wirklich nicht so schlimm gewesen ist.

Ich bin keinesfalls der Vater, der ich immer sein wollte.

Natürlich müssen sich die Eltern heutzutage auch am Ende jeder Wahlperiode messen lassen. In der Familienpolitik sind die Wahlen das Jahresgespräch im Kindergarten. Dort wird knallhart evaluiert: Wie ist es um die Entwicklung bestellt? Kann er, was er können sollte? Wird er von den anderen Kindern akzeptiert? Ist er womöglich ein Vollidiot, der seinen Kumpels das Leben zur Hölle macht?

Tatsächlich: Ein Zweijähriger wird hierzulande beurteilt wie ein Hund bei einem Schönheitswettbewerb.

In der Nacht vor dem Gespräch habe ich nicht geschlafen, ich bin sogar zwei Mal aufgestanden, weil ich dachte, mich übergeben zu müssen. War aber falscher Alarm. Nun weiß ich, wie sich Politiker am Abend vor der Bundestagswahl fühlen.

Ich bin keinesfalls der coole Vater, der ich immer sein wollte.

Das Gespräch verläuft jedoch locker und freundlich. Ich möchte nicht zu viel verraten, weil Sie das nun wirklich nichts angeht. Die Betreuerin hat jedoch explizit hervorgehoben, dass Finn »ein wohlerzogener junger Mann« ist, der »überaus beliebt in der Gruppe ist«.

Ich war noch nie in meinem Leben so stolz – und weil ich so stolz bin, müssen Sie diese ungeheuerliche Selbstbeweihräucherung nun lesen.

Die Erziehung unseres Sohnes ist an keinem Tag so verlaufen, wie wir das vorher geplant haben – doch anscheinend sind ein paar Dinge richtig gelaufen.

Ich bleibe weiterhin in der Opposition und überlasse meiner Frau das Regieren. Lobbyisten und Berater dürfen sich weiterhin äußern, Altbundeskanzler müssen die Klappe halten. Und die Medien lesen wir nur, wenn sie seriöse Quellen benutzen. Dann klappt das schon.

Das ist das weiße Blatt, und es wird bemalt in jeder Minute, die vergeht.

Ein Kind braucht Grenzen, so wie die Bürger eines Landes Grenzen brauchen. Nur durch sinnvolle Gesetze entsteht die Freiheit, die ein Kind braucht, um zu einem anständigen und verantwortungsvollen Menschen heranzuwachsen. Die Eltern sind in der Pflicht, den Kindern nicht irgendwelche

Verbote vor den Latz zu knallen, versehen mit dem Zusatz: »Das ist einfach so!« Auch Drohungen funktionieren nur in den seltensten Fällen, eine Erklärung ist meist produktiver. Doch das erfordert Geduld – und wer hat schon die Geduld, ein Kind zu erziehen?

Welcher Gesetzgeber hat die Geduld, einen Bürger zu erziehen, wenn es mit einer Strafe so viel schneller und einfacher zu gehen scheint?

Wenn das Kind nicht erkennt, was den Eltern wichtig ist, dann ist die Kultur in Gefahr.

Wenn ein Bürger nicht mehr weiß, wofür der Staat steht, in dem er lebt, dann ist die Kultur in Gefahr.

Es war am 8. Mai 2004, als ich mit meiner Frau nach der Bundesligapartie zwischen dem FC Bayern und Werder Bremen mit dem Zug von München nach Regensburg gefahren bin. Meine Frau und ich tragen Trikots von Werder Bremen, das gerade Deutscher Meister geworden ist. Im Großraumwagen sind exakt vier Werder-Fans und ungefähr 100 Anhänger des FC Bayern. Natürlich werden wir verkohlt und beschimpft und verlacht und mit Schmährufen bedacht – nun ja, es sind betrunkene Fans auf dem Weg vom Stadion nach Hause. Sie sind enttäuscht, weil ihr Verein gerade die Meisterschaft verspielt hat. Also beschimpfen sie uns ein bisschen. Manchmal ist es kreativ, manchmal plump, manchmal einfach nur doof. Es ist nicht unbedingt schön, aber warum sollte man sich darüber aufregen?

Dann entdecken wir einen Bayern-Fan, der meine Frau mustert. Ich freue mich zunächst, weil ich mir denke, dass der Mann zwar einen schrecklichen Geschmack hat, was Fußballvereine betrifft, aber anscheinend durchaus eine hübsche Frau erkennt, wenn er eine sieht.

Er dreht sich um zu seinem Sohn, den ich auf ungefähr sechs Jahre schätze. Er sagt: »Siehst du dieses Scheiß-Schlitzauge? Kann ja nichts anderes sein als ein Fan von Bremen! Vor solchen Menschen musst du dich fernhalten.

Diese scheiß-verdammten Kack-Schlitzaugen. Können nix, aber Bremen-Fan sein!« Sein Sohn lacht und nickt – er hat offensichtlich verstanden, was seinem Vater wichtig ist im Leben.

Wir stehen geschockt da. Wir wehren uns auch nicht, denn vier gegen hundert macht nicht wirklich Sinn – und nur ein Bayern-Fan erklärt dem Vater, dass er bitte schön die Klappe halten möge.

Also sagt der Vater noch einmal: »Scheiß-Schlitzauge!«

Und der Sohn sagt: »Scheiß-Schlitzauge!«

Ich weiß nicht, was aus diesem Jungen geworden ist. Mögen die Götter ihn segnen, und lasst uns hoffen, dass in seinem Fall noch andere Menschen das Blatt bemalt haben als sein Vater.

Manchmal, da ist die Kultur auch dann in Gefahr, wenn Kinder wissen, was ihren Eltern wichtig ist.

Kapitel 32

Gesetzesbrecher VI: Der Schmuggler

Juan Dok-To ist nicht besonders gut gelaunt an diesem Morgen. Es ist kalt und windig, hin und wieder nieselt es. Das ist nicht gut fürs Geschäft, denn wer steigt schon aus dem Auto, wenn einem der Regen ins Gesicht geblasen wird und es sich anfühlt, als würden die einzelnen Tropfen festfrieren? Die meisten potenziellen Kunden fahren weiter zur Tankstelle oder zum Supermarkt und beachten die Bretterbuden nicht, vor denen Dok-To und seine Kollegen stehen und frieren.

Dok-To ist Vietnamese wie all seine Kameraden auf dem *Asian Dragon Bazar* – doch die deutschen Schmuggler, die jeden Tag hierherkommen, nennen es nur »Fidschi-Markt«. Die Fidschi-Inseln sind 7000 Kilometer von Vietnam entfernt, das ist die Strecke von New York nach Paris.

Im Internet und in Tourismusbroschüren wird der Markt angepriesen als traditioneller asiatischer Basar und legendäre Einkaufsstätte. In Wirklichkeit sind es 15 Bruchbuden, die bei einem Wetter wie an diesem Morgen einzustürzen drohen. In den Auslagen liegen Schlagringe herum und T-Shirts mit der Aufschrift »Böhse Onkelz«, davor stehen Gartenzwerge in jeder Größe und aller Hässlichkeit. Daneben liegen Säulen, mit denen man durchaus eine Miniaturausgabe des Weißen Hauses im eigenen Garten nachbauen könnte.

Ein paar Touristen drücken sich vor den Buden herum, so wie Menschen sich vor einem Bordell oder vor einem Erotik-Fachgeschäft herumdrücken. Sie sehen nach: Kennt mich einer? Soll ich wirklich? Zwei Mal hin und her, Blick auf die Uhr, kurzes Umsehen – und dann gehen sie hinein. Wegen Schlagringen oder T-Shirts oder Gartenzwergen ist keiner hier, die Menschen wollen andere Sachen kaufen: gebrannte CDs und DVDs, billige Zigaretten, harte Drogen.

»Heute kein guter Tag«, sagt Dok-To und blickt genervt.

Er weiß: Nur zehn Kilometer weiter, auf der anderen Seite der Grenze, da warten die deutschen Beamten und nehmen heute jedes Auto auseinander, das am Grenzübergang von Waldsassen aus Tschechien nach Deutschland kommt. Die Zöllner sind auf der Suche nach Zigaretten und CDs, vor allem aber wollen sie Crystal finden, die Droge, die sich derzeit am schnellsten in Bayern verbreitet.

Dok-To verkauft seit 15 Jahren irgendwelche Sachen in seiner Bretterbude, er ist in der Gegend bekannt. Tagsüber steht er auf dem Markt herum, am Abend halten ihm die Croupiers einen Platz in den diversen Casinos der Gegend frei. Seine Begleiterin spielt Roulette oder sitzt hinter ihm und tippt auf ihrem Handy herum; er versucht sein Glück beim Pokern. Meistens erfolglos. Er lacht, er schäkert mit den Kartenverteilern oder den Landsleuten, dann schickt er seine Frau los, damit sie ihm mehr Chips besorgt.

Was soll er auch sonst machen? Er ist Fremder in einer Gegend, in der es außer Casinos, Bordellen und Paintball-Anlagen kaum Möglichkeiten zur Freizeitbeschäftigung gibt. Er spricht ein bisschen tschechisch, deutsch kann er so gut, dass er Sachen verkaufen kann. Er ist befreundet mit dem Besitzer des Massagesalons, die Menschen in den Bars mit den roten Lichtern mag er nicht so gerne. »Keine guten Menschen«, sagt er.

Wer in dieser Gegend aufgewachsen ist, der hat all die Veränderungen der letzten 30 Jahre mitbekommen. Als

Kind bekam man gesagt, dass man erschossen würde, wenn man mit dem Fahrrad zu nahe an die Grenze oder gar darüber fahre. Dort drüben, da war der Feind.

Dann war der Feind plötzlich nicht mehr der Feind – aber er war auch nicht der Freund. Man bekam als Jugendlicher einen Chauvinismus eingetrichtert, der nicht selten in Rassismus ausuferte. In Tschechien, da konnte man billig essen. Man konnte billig tanken. Man konnte billig ficken.

Tschechen, das waren preiswerte Bedienungen, preiswerte Fußballer, preiswerte Handwerker. Sie waren wie Menschen zweiter Klasse, jedenfalls wurden sie so behandelt. Und die Vietnamesen, die sich bald im Grenzgebiet ansiedelten, das waren Menschen dritter Klasse. Wenn der reiche Deutsche aß oder tankte oder fickte, dann hatten die anderen zu spuren. Plötzlich konnte der Arbeiter, den in seinem Heimatdorf keiner ernst nahm, andere Menschen herumkommandieren. Was für ein Gefühl!

Wir Jugendlichen liefen plötzlich in Designerklamotten herum, die natürlich keine Designerklamotten waren, sondern nur Fälschungen. Jeder hatte ein ärmelloses rotes Armani-Shirt, eine Chiemsee-Daunenjacke und eine Joop-Jeans. Wer sich tatsächlich die offiziellen Versionen leisten konnte, der zog sie nicht an, weil ihm keiner geglaubt hätte, dass es nicht die gefälschten Sachen aus Tschechien waren. Es gab keine Fashion Victims, weil quasi jeder ein Schmuggler war oder einen Schmuggler kannte.

Die Zigarettenautomaten in meiner Heimatstadt wurden ein Mal pro Jahr aufgefüllt, weil kein Raucher so töricht war, deutsche Zigaretten zu kaufen, die das Vierfache von dem kosteten, wofür man sie in der Tschechischen Republik bekommen konnte. Niemand kaufte mehr Schnaps in Deutschland oder CDs. Gab es alles jenseits der Grenze. Kaum jemand tankte in Deutschland, wenn man doch das Benzin im Tank und in Kanistern über die Grenze schmuggeln konnte. Schmuggeln war kein Verbrechen, sondern ein

Hobby. Natürlich wusste jeder, dass es verboten war, doch es war jedem egal.

Direkt hinter der Grenze wurden gebaut: Casinos, Tankstellen, Bordelle, Supermärkte. Und natürlich der *Asian Dragon Bazar* mit den Bretterbuden von Juan Dok-To und seinen Kollegen.

»Gute Zeit« nennt Dok-To die Jahre zwischen 2000 und 2005. Die Goldgräberzeit mit den Glücksrittern und windigen Baulöwen nach der Wende war vorbei, es kehrte ein bisschen Ruhe ein. Auf dem Markt waren die Claims abgesteckt; wer gut im Geschäft war, der war sehr gut im Geschäft. Dok-To war überragend im Geschäft. Pro Tag verkaufte er mit zwei Kollegen 700 Stangen Zigaretten, 300 CDs und 150 DVDs. Reingewinn: etwa 1000 Euro. Jeden Tag. 300 Euro für jeden, am Ende des Monats blieben meist fast 10000 Euro übrig. »Gute Zeit«, sagt Dok-To. Dass die Menschen die Waren über die Grenze schmuggelten, das war ihm egal. »Nicht mein Problem«, sagt er. Sein Problem war, dass die CDs gefälscht waren und die Zigaretten von mangelhafter Qualität.

Ein befreundeter Zöllner erzählt, dass die Vietnamesen sogar dafür sorgten, dass die deutschen Beamten Erfolge feiern durften. »Sie verpfiffen die Deutschen, die ihnen arrogant daherkamen«, sagt er, »wir haben die Schlagzeilen bekommen, wurden gelobt und durften uns freuen – und die Vietnamesen haben das Ganze als notwendige Ausgabe und Opfer verbucht und haben einfach weitergemacht. Einer ging für alle anderen eine gewisse Zeit ins Gefängnis, das gehörte zum Zusammenhalt dazu. Die haben uns nach Strich und Faden verarscht.«

2005 dann begann der tschechische Zoll, massiv gegen den Zigarettenschmuggel vorzugehen. Es gab Razzien, Verhaftungen, empfindliche Strafen. Dok-To brach der Tabakhandel weg. CDs und DVDs verkaufte er auch keine mehr, weil kein Mensch mehr CDs und DVDs haben wollte, nicht einmal die billigen vom Vietnamesenmarkt. Musik und Filme gab es kostenlos im Internet, warum also schmuggeln? Natürlich kamen die Leute immer noch, wegen der Tankstellen, Casinos und Nutten. Das alles konnte Dok-To nicht bieten.

Also stiegen die Vietnamesen ins Crystal-Geschäft ein, eine Droge, die in den 90er-Jahren nach Deutschland kam, aber nur schwer zu bekommen war. Wer etwas haben wollte, brauchte Kontakte – vor allem zu Menschen, zu denen man eigentlich keinen Kontakt haben möchte.

Crystal ist nicht allzu schwer herzustellen, also begannen die Vietnamesen, es in abgelegenen Bauernhöfen anzumischen und in den Hinterzimmern der Bretterbuden anzubieten. Wo einst CDs und Zigaretten lagen, da lagen nun durchsichtige Ziplock-Beutelchen mit weißen und durchsichtigen Kristallen darin. Die tschechische Polizei hatte keine Ahnung, die deutschen Beamten suchten immer noch nach Zigaretten. Erst 2006 wurde Crystal gesondert registriert, die Zahlen verdeutlichen den rasanten Anstieg: 2009 stellte der bayerische Zoll 138 Gramm Crystal sicher, 2010 waren es 1200 Gramm, im Jahr 2011 dann bereits mehr als 3,5 Kilogramm.

Die Gewinnspanne ist sensationell. Dok-To kostet die Herstellung eines Gramms etwa 1,50 Euro, er verkauft es für 30 Euro. In Deutschland wird es für 100 Euro gehandelt, in Großstädten wie München und Nürnberg gerne auch für mehr. Wer will da noch gebrannte CDs verkaufen oder Zigaretten?

Ein Freund, der im Grenzgebiet wohnt, sagt: »Ich könnte Geschichten erzählen, die füllen ein Buch! Drogen, Geld, Nutten, Waffen – alles dabei, was eine gute Geschichte braucht!« Mittlerweile schmuggeln die Vietnamesen selbst: Sie kleben eine magnetische Box an ein Auto, fahren hinterher und nehmen die Box wieder ab. Dann verkaufen sie es, weil die Deutschen kaufen wie die Verrückten.

Razzien gibt es kaum, die Politik scheint das Problem zu unterschätzen oder unter den Teppich kehren zu wollen. Im Oktober 2011 stellte die Bundestagsabgeordnete Marianne Schieder eine Anfrage im Bundestag, was die Regierung gegen den Drogenschmuggel zu tun gedenke. Die Antwort des Innenministeriums: Seit dem 17. Februar sind Arzneimittel mit einer Wirkstoffmenge von mehr als 720 Milligramm Pseudoephedrin der Verschreibungspflicht unterstellt. Wow!

Das Problem ist auch – und das ist keineswegs rassistisch gemeint –, dass die vietnamesischen Händler austauschbar sind. Das weiß auch Juan Dok-To: »Gibt immer wieder Polizei und Festnahmen. Egal, kommt der nächste Kollege und verkauft. Kein Stopp, kein Problem.« Er selbst hatte ein paar Mal Kontakt zur Polizei, wirklich kontrolliert worden sei er noch nicht: »War bei Zigaretten schlimmer. Jetzt nur aufpassen, alles in Ordnung.«

Die Deutschen, so Juan Dok-To, kommen immer noch wie nach dem Fall des Eisernen Vorhangs: »Gehen ins Casino, gehen zu Frauen, fahren zur Tankstelle. Und nehmen viele Sachen mit nach Deutschland.« Sachen, das sind Benzin und Gartenzwerge, aber auch Drogen. »Viele Drogen«, sagt er, »Umsatz ist gut.«

Schmuggeln gilt hierzulande immer noch als Kavaliersdelikt, kaum jemand gilt als Gauner, nur weil er statt der erlaubten Menge Zigaretten eben doch zehn Stangen mit nach Deutschland nimmt. Bei den härteren Sachen wird gerne weggesehen. Nur nichts mit einem zu tun haben, der Drogen schmuggelt. Nur nichts mit einem zu tun haben, der Drogen nimmt.

Im Gegenteil: Beamte an der Grenze müssen sich noch verkohlen oder beschimpfen lassen, nur weil sie intensiv und gewissenhaft kontrollieren. »Wir gelten als Pedanten, als Spielverderber«, sagt einer, »Anerkennung gibt es in unserem Beruf nicht wirklich.«

Die Menschen schmuggeln ihre kleinen Sachen – und

wollen von den schlimmeren Dingen einfach nichts wissen.

Ich kaufe nichts bei ihm und seinen Kollegen, nicht einmal ein T-Shirt wie mal vor 15 Jahren. Ich fahre auch nicht an die Tankstelle. Als ich ins Auto steige, da grinst Juan Dok-To. Gerade ist ein Kollege von ihm gekommen und hat etwas auf Vietnamesisch gerufen. Alle lachen. Er nimmt den Touristen am Arm, der gerade die Schlagringe begutachtet. Dann führt er ihn nach hinten. Es wird anscheinend doch noch ein guter Tag für Juan Dok-To und seine Kollegen.

Kapitel 33

Wehrt euch!

Es heißt immer, dass man eintreten soll für das, woran man glaubt. Dass man sich gegen Unrecht auflehnen und für seine Überzeugungen aufstehen soll. Noch schlimmer als der, der Unrecht begeht, ist der, der beim Unrecht mitmacht. Am schlimmsten jedoch ist der, der dieses Unrecht durch seine Untätigkeit geschehen lässt.

Heute ist der 1. Oktober 2010 – und ich marschiere.

Eigentlich will ich nur zum Stuttgarter Bahnhof, um nach Hause zu fahren. Doch das ist nicht so einfach: Am Tag davor sind die zuvor friedlichen Proteste gegen das Bahnprojekt eskaliert, 114 Demonstranten wurden ambulant behandelt, 16 davon im Krankenhaus. Sechs Polizisten wurden verletzt, 26 Protestanten festgenommen.

Vor wenigen Stunden, um 0:58 Uhr, ist im Schlosspark die erste Kastanie gefällt worden.

Kastanien abholzen finde ich nicht gut, also bin ich dabei, auch wenn ich zugegebenermaßen zufällig hineingeraten bin. Ich fühle mich wie ein Papierschiffchen in einem Wellenbad, ich werde hin und her geschaukelt, kann aber selbst auch nicht mehr bestimmen, wo ich denn eigentlich hin möchte. Also gebe ich auf und lasse mich einfach treiben. Neben mir treibt ein junges Mädchen, es ist ungefähr 15 Jahre alt. Sie trägt ein Tuch auf dem Kopf, mit Filzstift ist auf beide Wangen geschrieben: »Ich bin friedlich!« Das finde ich doch erst einmal wunderbar und nicke dem Mädchen zu. Sie lächelt freundlich zurück. Neben mir geht ein Mann, der aussieht wie der Sohn von Peter Lustig aus der Fernsehsendung *Löwenzahn*. Mit dem rechten Arm zieht er einen zehnjährigen Jungen hinter sich her, der lustlos dahinschlurft. Er lächelt nicht zurück. Na ja. Vor mir geht einer, der hält ein Schild hoch, das er offenbar selbst gebastelt hat. Auf diesem Schild steht: »Stoppt Stuttgart 21!« Na gut, denke ich mir, damit auch jeder weiß, worum es hier geht.

Ich bin kein Protest-Profi, meine Teilnahme an Demonstrationen beschränkt sich auf exakt zwei Gelegenheiten. Im Jahr 2003 habe ich – wie schon mal weiter vorn erwähnt – in der amerikanischen Studentenstadt Ann Arbor gegen den Irakkrieg demonstriert, bin deshalb wie alle anderen ausländischen Studenten verhaftet worden und habe eine Nacht im Gefängnis verbracht. Die Amerikaner sind dann dennoch in den Krieg gezogen. Meine zweite Demonstration hat sich gegen Studiengebühren gerichtet, ich bin durch Regensburg marschiert und habe fortwährend skandiert: »E-de Stoi-ber, Bildungs-Räuber!« Die Studiengebühren sind dennoch eingeführt worden.

Es geht um den geplanten Umbau des Stuttgarter Bahnhofs, um die Errichtung neuer Bahnhöfe, um eine neue Zugstrecke und um das Fällen von Bäumen. Viel mehr weiß ich nicht. Muss ich aber auch nicht, denn Demonstrationen haben den schönen Nebeneffekt, dass der einzelne Teilnehmer entindividualisiert wird und nur noch als Teil des Gesamtkonzepts funktioniert. Die Menschen teilen sogar ihr Essen miteinander, damit keiner hungern muss.

Die Menschen neben mir sprechen fast ausschließlich schwäbisch, keiner brüllt, keiner prügelt, keiner wirft irgendetwas. Die Leute diskutieren über die Gründe des Protests, über den schlimmen vorherigen Tag, den es nun wirklich nicht gebraucht hätte, und über die Erfolgsaussichten dieser Demonstrationen. Ein älterer Herr mit Nickelbrille

> **Wissen für Nichtjuristen**
> Es gibt keinen Tatbestand des Mundraubs, der wurde im Jahr 1976 abgeschafft. Wer Lebensmittel stiehlt, macht sich strafbar. (§ 242 StGB)

auf der Nase und marmorierter Pfeife im Mund erklärt, er wäre auch schon bei den Protesten gegen die Startbahn West und die Wiederaufbereitungsanlage in Wackersdorf dabei gewesen, was ihm von den anderen Teilnehmern anerkennendes Nicken und Brummeln einbringt. Dann informiert er per Handy seine Frau über den Zwischenstand der Proteste: »Alles ruhig«, sagt er. Die Menschen hier sind allesamt Bürger, aber wütend ist keiner. Noch.

Dass es sich hier um eine Demonstration handelt, die durchaus auch kippen kann, daran erinnern die zahlreichen Polizisten, die am Rand herumstehen. »Schon Wahnsinn, was die hier alles angefordert haben«, sagt eine Beamtin. Sie kommt aus Nordrhein-Westfalen. Wenn sie sich mit ihren Kollegen unterhält, wird einem klar, dass die meisten Beamten nicht aus Baden-Württemberg sind. »Ich weiß gar nicht genau, worum es hier geht«, sagt einer, dessen Herkunft ich aufgrund des Dialekts nach Thüringen verorte, »hat mich aber nicht zu kümmern.«

Wenn man in die Gesichter von Demonstranten und Polizisten blickt, dann glaubt man fast immer diesen einen Gedanken auszumachen: Bitte, keine Gewalt heute – aber wenn einer anfängt, dann kann ich für nichts garantieren. Das ist beängstigend. Darum, ob dieses Bahnprojekt sinnvoll ist oder nicht, darum geht es hier schon lange nicht mehr. Der 40-Jährige neben mir protestiert, weil er fürchtet, dass sein Grundstück an Wert verlieren könnte. Die Frau dahinter ist gekommen, weil sie die CDU nicht mag und glaubt, dass jeder Protest gegen diese Partei irgendwann zu ihrem Ende führen wird. Das Mädchen mit der Friedensaufschrift im Gesicht sagt, dass es gerne an Demonstrationen teilnimmt. Der Mann mit Pfeife und Nickelbrille will das Gefühl von damals noch einmal spüren.

Menschen sind unterschiedlich, sie haben unterschiedliche Meinungen, sie glauben an unterschiedliche Dinge. Das ist das Herausragende an dieser Spezies. An diesem Tag haben diese Menschen hier etwas gemeinsam: Sie stehen dafür ein, woran sie glauben. Die einzelnen Motive mag man für verwerflich oder töricht halten, nur gehört es zu den bedeutsamsten Rechten eines Menschen, auch für etwas einstehen zu dürfen, das ein anderer für falsch halten mag.

Einer der ersten Rebellen in der Geschichte der Menschheit war Jesus, wenn man mal darüber nachdenkt.

Es geht hier nicht um einen Bahnhof. Es geht um die Gemeinschaft, um den Glauben daran, durch Beteiligung etwas verändern zu können. Das ist ein Gefühl, das viele Menschen schon lange nicht mehr hatten. Es ist ein schönes Gefühl. Mir ist der Bahnhof recht egal, aber ich finde es schön, dabei zu sein bei diesen Menschen, die glauben, etwas zu verändern. Jeder mag aus egoistischen Gründen hier sein, aber uns eint, dass wir hier sind.

Der amerikanische Autor John Jeremiah Sullivan beschreibt dieses Paradoxon in seinem Essay »American Grotesque«. Natürlich wolle kein Amerikaner jemals wieder den 12. September 2001 erleben, den Tag nach den Anschlägen auf das World Trade Center und das Pentagon. Aber: »Ist es komisch, sich nostalgisch an diesen Tag zu erinnern? An diesem Tag nach September 11, als es kein Rot und kein Blau gab, kein Links und kein Rechts, nur Amerikaner, vereint, bereit. Menschen in New York City haben in den Straßen Bush applaudiert, Menschen, die nicht für ihn gestimmt hatten und die 2004 nicht für ihn stimmen würden. Er war der Präsident.« Es war ein Tag, an dem die Amerikaner zum ersten Mal seit langer Zeit einfach nur Amerikaner waren.

Natürlich ist Stuttgart 21 nicht mit den Terrorakten des

11. September vergleichbar, das Gefühl unter den Menschen, die da marschieren, ist zwar nicht so ausgeprägt, aber doch vergleichbar. Sie sprechen miteinander, sie teilen ihre Brotzeit, sie leihen sich gegenseitig die Telefone aus, um mit ihren Verwandten sprechen zu können. Protest schweißt zusammen, warum denn auch nicht?

Protest ist en vogue derzeit.

»Das ist meine 30. Demonstration in diesem Jahr«, sagt das Mädchen mit der Friedensaufschrift. Das Interessante sei, dass es in fast jeder deutschen Stadt ein Projekt gibt, das den Menschen nicht passt: In Leipzig gibt es den Tunnel, in München die zweite Stammstrecke, in Regensburg das Fußballstadion. In Chemnitz gibt es die Brücke am Falkeplatz, in Berlin den Steglitzer Kreisel und einen Flughafen, den es nicht gibt und über den jeder lacht. In Scharbeutz den Soda-Turm. So-da-Brücken – also Brücken, die einfach nur »so da« sind – gibt es in ganz Deutschland.

In meiner Heimatstadt haben sie kürzlich auch so eine Brücke hingestellt und sie »Himmelsleiter« genannt. Brücken sind eine prima Sache, vor allem, wenn sie irgendwo drüberführen. Diese Brücke steht aber nur da, damit die Menschen über die Waldnaabau blicken können. Ansonsten ist sie sinnlos. Und meistens leer, weil Menschen, wenn sie eine Brücke benutzen, auch gerne irgendwie drübergehen.

Überall in Deutschland gibt es sinnfreie Projekte, weil ein Politiker sich ein Denkmal setzen oder mit einer Architektin ins Bett wollte. Doch wie oft protestieren Menschen wirklich dagegen? Und dann müssen sie sich anhören, dass sie sich gegen die Zukunft stellen würden.

Das findet auch das Friedensmädchen: »Die Deutschen motzen nur, aber sie trauen sich selten auf die Straße – und wenn sie kommen, dann gibt es meistens langweilige Märsche mit langweiligen Schildern und langweiligen Menschen.«

Adrenalin-Junkies sollten lieber nach Amerika fahren.

(Un-)Wichtiges Wissen
Das Recht auf Demonstrationen ist sogar im Grundgesetz verankert (Artikel 8). Eine der ersten Demonstrationen fand am 3. September 1911 in Berlin statt: 200 000 Menschen setzten sich für den Erhalt des Friedens ein.

»*Occupy Wall Street* war ein Erlebnis, besser als jeder Abenteuerurlaub«, sagt sie.

Wer nicht nur herumstehen und in eine Trillerpfeife blasen möchte, der sollte Lisa Fithian besuchen. Die Frau ist seit 30 Jahren damit beschäftigt, gegen alle möglichen Sachen zu protestieren. Mitte der 70er-Jahre hat sie mit dem Protestieren begonnen, als sie gegen die Budgets an ihrer Highschool demonstrierte. Sie hat Flüsse gerettet, wollte die CIA stürzen, hat nach Hurrikan »Katrina« beim Aufbau ebenso mitgeholfen wie beim Protest gegen Politiker. Sie blockierte Brücken, Straßen – und war bei Freiheitsmärschen im Gaza-Streifen dabei. Nun gibt sie den Protestneulingen Hilfe in Manhattan, sie wurde vom Magazin *Mother Jones* als »Professor Occupy« bezeichnet. Einer der Teilnehmer an ihren Seminaren sagte: »Von ihr in Sachen Protest unterrichtet zu werden, das ist so, als würde einem Lionel Messi beibringen, wie man dribbelt.« Dass *Occupy Wall Street* keine kleine Demonstration wurde, sondern weltweit für Aufsehen sorgte, das war auch ihr Verdienst.

Wer Lisa Fithian besucht, der sieht eine kleine Frau mit strähnigen blonden Haaren und dunklen Augen und scheuem Lächeln. Sie bewegt sich, als entstammte sie einem Fitnessvideo – und zwar einem, das sich niemand ansieht, weil er fit werden möchte, sondern weil er sich Menschen ansehen möchte, die es nur in diesen Videos gibt. Bei der *Occupy-Wall-Street*-Bewegung zeigte sie Buben aus Mittelklassefamilien und frustrierten Privatschullehrern, wie das so läuft bei einer Demonstration und wie man sich in Sicherheit bringt, wenn die Polizei auftaucht oder die Taxifahrer in Manhattan nicht anhalten wollen.

Sie sagt Sätze wie diesen: »Das Wichtigste bei einer Demonstration ist, dass man nicht überfahren wird. Vor jedem Scheiß-Auto muss einer stehen, der dafür sorgt, dass der Fahrer sein Auto unter Kontrolle hat und nicht plötzlich losfährt.« Sie sagt auch Sätze wie: »Ich habe ein trainiertes Auge. Ich komme in eine Stadt, sehe ein Parkhaus und denke: Da könnte man ein riesiges Banner aufhängen. Dann sehe ich ein Restaurant und denke: Hier könnte man sich gut verstecken, wenn die Dinge außer Kontrolle geraten.« Und sie sagt: »Manchmal fragen mich die Menschen, was ich eigentlich mache. Ich antworte dann: Ich sorge für Krisen – denn nur in der Krise ist Veränderung möglich.«

Einzige Regel: keine Gewalt. Niemals.

Wer die Mitglieder seiner Gewerkschaft auf einen Protest vorbereiten möchte, muss für jede Person normalerweise 300 Dollar pro Tag bezahlen. Privatpersonen manchmal mehr, manchmal weniger – je nachdem, was Fithian vom Protest hält. Die Kurse wirken ein wenig wie eine Mischung aus Kindergeburtstag, Bundeswehr-Grundausbildung, Zumba und Woodstock-Jahrestag. Man muss sich an Händen und Knien anfassen, man jubelt sich gegenseitig zu, man wird angebrüllt, weil man vergessen hat, wie man anständig davonläuft.

Wer bei Fithian war, der merkt, wie verweichlicht er geworden ist: Es ist etwas anderes, wenn man 15 Kilometer auf einem Ergometer läuft – oder um seine Freiheit. Es ist etwas anderes, wenn man beim Boxtraining mit Kopfschutz und Handschuhen kämpft und keine Schwinger schlagen darf – oder man tatsächlich kämpft. Es ist etwas anderes, wenn man im Fitnessstudio 90 Kilo in die Luft stemmen kann – oder man gegen einen Wasserwerfer ankämpft.

Wenn sie einen Protest plant, dann kommen da nicht ein paar Leute und stellen sich vor einen Bahnhof oder raunen beim schrecklichen Buch eines ehemaligen Bankers. Fithian verteilt Stadtpläne, sie plant die Marschrouten, so wie General George S. Patton den Weg seiner Truppen durch die Normandie geplant hat: Treffen um sieben Uhr an verschiedenen Parks, Laufen in unterschiedlichen Geschwindigkeiten, um gleichzeitig die Wall Street zu erreichen. Später sollen noch Firmenlobbys besetzt und Straßenkreuzungen blockiert und Bankkunden in Gespräche verstrickt werden.

Wer bei Lisa Fithian war, der ist bereit.

Protestieren ist cool derzeit, in Paris gibt es eine Schule, in der Frauen ausgebildet werden, mit blanken Brüsten zu protestieren. Die russische Frauenrechtsgruppe *Femen* organisiert die Schulungen, fast immer sind Kamerateams dabei. Die einfache Formel: hübsch sein, böse gucken, Brüste zeigen. Dann sehen die Menschen hin – und vielleicht merkt sich sogar einer, wofür oder wogegen protestiert wird. Bilder funktionieren besser als Worte. »Ein wenig Botschaft kommt immer an«, sagt Inna Schewtschenko, eine der Gründerinnen von *Femen*.

Das Mädchen war nicht bei Inna Schewtschenko. Sie war bei Lisa Fithian, sie ist bereit. »Wenn wir nicht protestieren, dann wird sich nie etwas ändern«, sagt sie. »Wenn Politiker nicht erkennen, dass es den Leuten nicht passt, was sie da machen, dann machen sie einfach weiter.« Sie wirkt trotzig, aber auch ein wenig resigniert, weil ihrer Meinung nach hierzulande nicht genügend Leute mitmachen. »Es gibt in Deutschland keine Lisa Fithian. So ein Protest wirkt immer unorganisiert, fast ein wenig peinlich – und dann kommt es zu Szenen wie am Vortag.« Sie sei geschubst und geschlagen worden und habe auch Spray ins Gesicht bekommen: »Es gab keinen Plan, es gab keine Strategie – weder von den Protestierenden noch von der Polizei. Beide Seiten waren gleichermaßen schuld.«

Sie ist auch ein wenig genervt von den Motiven der Marschierer in Stuttgart: »Die Menschen protestieren immer nur, wenn es sie ganz persönlich betrifft. Erst wenn das eigene Haus an Wert zu verlieren droht, kommen sie.« Sie erzählt von der sogenannten protestierenden Solidarität in den USA und anderen Ländern, die hierzulande kaum bekannt ist. Das bedeutet, dass Menschen – obwohl es sie nicht selbst betrifft – bei einem Protest mitmachen, weil sie von der Sache überzeugt sind. Ben Rattray hat im Jahr 2007 auf eine Karriere als Investmentbanker verzichtet und stattdessen die Internetplattform change.org gegründet. Auslöser dafür waren die Reaktionen auf das Coming-out seines homosexuellen Bruders. Rattray erkannte, dass das Internet eine herausragende Mobilisierungsplattform für die Wütenden dieser Welt ist, weil sich rasch Gleichgesinnte finden lassen, die gerne mitprotestieren oder sich zumindest solidarisieren.

Rattray hatte Erfolg mit seiner Idee, Mitte 2012 sind fast 150 Menschen in seinem Unternehmen angestellt; die mehr als 17 Millionen Nutzer haben etwa 230 000 Petitionen eingestellt – einige davon waren erfolgreich: Im Februar 2012 etwa erschoss der hellhäutige George Zimmermann in Florida den Afroamerikaner Trayvon Martin. Change.org forderte die Eltern des Opfers auf, den Schützen anzuklagen, insgesamt 2,278 Millionen Menschen unterzeichneten die Petition online innerhalb weniger Tage – Zimmermann musste sich vor Gericht verantworten. In einem anderen Fall ging die Plattform gegen die Kontoführungsgebühr der Bank of America vor. Es gab mehr als 300 000 Unterzeichner, die Bank knickte ebenso ein wie die Regierung von Südafrika. Dort forderte eine Frau auf change.org härtere Gesetze gegen Gewaltverbrecher, nachdem ihre lesbische Freundin mehrfach vergewaltigt worden war beim chauvinistischen Versuch, die Frau von ihrer Neigung zu »heilen«. Mehr als 170 000 Menschen unterschrieben, die Server der südafrikanischen Regierung brachen zusammen, die Gesetzesänderung wurde sogleich eingeleitet.

Natürlich lebt die Webseite davon, dass sie als Gewissensberuhigung für alle Schönwetterrebellen dient: Man muss nicht kämpfen, man muss nicht marschieren, man muss sich nicht ausziehen, man muss keine Autos blockieren. Man muss noch nicht einmal das Wohnzimmer verlassen.

Ein Klick auf die Petition gaukelt dem Gewissen vor, etwas unternommen zu haben gegen die Ungerechtigkeit in der Welt.

Das klingt pervers, doch der Erfolg gibt diesen Seiten recht, zumal da immer noch genügend Menschen sind, die nicht einmal einen Mausklick schaffen, sondern das Leben hinnehmen wie ein Faultier.

Protest kann erfolgreich sein. Eine Demonstration ist kein sinnloser Marsch einiger weniger, die nichts Besseres zu tun haben. Eine Petition ist nicht die Forderung einiger Verrückter ohne Aussicht auf Erfolg. Wir haben tatsächlich die Chance, die Welt zu verändern – und das Internet gibt uns die Möglichkeit, uns überall auf diesem Planeten einzumischen. Das ist womöglich die größte Chance auf Veränderung, die die Menschheit jemals hatte.

Das Schlimmste im Leben eines Menschen ist die Resignation. Wenn er für sich entscheidet, dass er nichts mehr beizutragen hat, dass er keine Chance hat, noch etwas zu ändern für sich und die Welt. Aus dieser Resignation entsteht ein Fatalismus, alles als gegeben hinzunehmen – und höchstens darüber zu lamentieren, dass »die da oben« sowieso machen würden, was sie wollen, und dass der Einzelne doch ohnehin keine Chance habe, etwas zu verändern.

Viele von uns sind mit dem Glauben aufgewachsen, dass sie die Welt verändern könnten – und wenn schon nicht die ganze Welt, dann zumindest den kleinen Kosmos, in dem sie sich bewegen. Man kann ja nichts dafür, dass die Welt so ist, wie sie ist. Man kann aber sehr wohl etwas dafür, wenn sie morgen immer noch so ist wie heute.

Ob man nun im Internet eine Petition unterschreibt, für

seine Überzeugung an einer Demonstration teilnimmt oder sich gar von Lisa Fithian zum Protest-Profi ausbilden lässt: Alles ist besser, als apathisch daheim rumzusitzen und gar nichts zu tun. Und sich gar selbst zu bemitleiden.

Es ist nicht nur eine Möglichkeit für uns, gegen Unrecht zu protestieren – es ist unser Recht und gar unsere Pflicht. Ob unser Protest dann erfolgreich ist, das ist erst einmal nicht entscheidend. Wir müssen uns an dieser Gesellschaft beteiligen, wenn wir mitbestimmen wollen, in welche Richtung sie sich entwickelt. Natürlich kann man sich auch resigniert zurückziehen und das Steuern denen überlassen, die glauben, das ganz prima zu können. Und darauf warten, dass etwas passiert. Und dann darüber motzen, dass man ein neues Leben bräuchte.

Wir können aber auch unseren Hintern auf die Füße stellen und einen Fuß vor den anderen setzen. Wir brauchen kein neues Leben. Wir können dafür sorgen, dass wir mal an einem besseren Ort sterben.

Und manchmal funktioniert das tatsächlich: An diesem 1. Oktober 2010 bin ich zufällig in eine Demonstration geraten. Ich bin mitgelaufen, weil mich der Protest angezogen hat und weil die Menschen nett zu mir waren. Ich habe dadurch gelernt, dass es nicht nur »Wutbürger« sind, die da protestieren, sondern Menschen, die an eine Sache glauben und dafür eintreten. Ich habe ganz wunderbare Menschen kennengelernt an diesem Tag.

Es war ein zufälliger Protest – doch wie es derzeit aussieht, könnte er tatsächlich erfolgreich sein. Damit würde sich meine persönliche Erfolg-Demonstrations-Quote auf eins von drei erhöhen. Und endlich hätte ich es geschafft, eine unsinnige Sache zu stoppen.

Ich bin mir sicher: Ich schaffe in meinem Leben noch mehr als 50 Prozent!

Kapitel 34

Was brauchst du?

Es gibt eine Frage, die wahrscheinlich jeden Menschen in Deutschland schon mindestens ein Mal beschäftigt hat. Es geht nicht um die Aufstellung der Fußballnationalelf beim nächsten Länderspiel und auch nicht darum, wer das neue Topmodel werden soll. Und natürlich nicht darum, ob Deutschland in der EU bleiben sollte. Die Frage ist viel einfacher – und weil die Beantwortung einfacher Fragen meist sehr kompliziert ist, ist die Beantwortung dieser Frage quasi unmöglich.

Die Frage lautet: Was brauche ich?

Bertolt Brecht hat dazu ein Gedicht geschrieben, das »Der Zettel des Brauchens« heißt. Es geht so: »Viele kenne ich, die laufen herum mit einem Zettel / Auf dem steht, was sie brauchen. / Der den Zettel zu sehen bekommt, sagt: das ist viel. / Aber der ihn geschrieben hat, sagt: das ist das wenigste. / Mancher aber zeigt stolz seinen Zettel / Auf dem steht wenig.«

Was brauchst du?

Versuchen Sie es mal: Schreiben Sie auf einen Zettel die Dinge auf, die Ihnen niemand wegnehmen darf!

Es gibt auf diesem Planeten sieben Milliarden Menschen – und wahrscheinlich gibt es im Brecht'schen Sinne auch sieben Milliarden verschiedene Zettel, auf denen jeder einzelne Mensch seine ganz persönlichen Bedürfnisse notiert hat. Wir alle dürfen nach dem persönlichen Glück streben – und wenn wir es gefunden haben, dann dürfen wir es behalten oder uns darüber beklagen, warum es nicht größer ist. Denn entscheidend ist ja nicht nur, was auf dem Zettel notiert ist, sondern auch: Wie viel davon hat der einzelne Mensch schon?

Wir in Deutschland haben es eigentlich ganz gut getroffen. Also sollten wir doch glücklich und zufrieden sein. Wenn jedoch Forscher in der Welt herumreisen und das glücklichste Volk der Welt suchen, dann finden sie es meist in Ländern, in denen der durchschnittliche Deutsche nicht einmal begraben sein möchte: in Tansania, in Bangladesch oder auf den Philippinen. Wahrscheinlich leben die glücklichsten Menschen der Welt in Nordkorea, aber das können die westlichen Forscher nicht herausfinden, weil sie so selten nach Nordkorea fahren und Leute nach ihrem Glück befragen dürfen.

Nehmen wir einmal an, Sie dürften mit einem Gesetz bestimmen, welche Dinge man einem Menschen keinesfalls wegnehmen darf. Welche Dinge würden Sie in dieses Gesetz schreiben?

Das Lustige: Es gibt dieses Gesetz schon. Zwei Mal sogar.

Die Allgemeine Erklärung der Menschenrechte der Vereinten Nationen legte am 10. Dezember 1948 recht deutlich fest, was der Mensch neben den Rechten auf Freiheit und Leben und Würde brauchen könnte. In Artikel 25 heißt es: »Jeder hat das Recht auf einen Lebensstandard, der seine und seiner Familie Gesundheit und Wohl gewährleistet, einschließlich Nahrung, Kleidung, Wohnung, ärztliche Versorgung und notwendige soziale Leistungen, sowie das Recht auf Sicherheit im Falle von Arbeitslosigkeit, Krankheit, Invalidität oder Verwitwung, im Alter sowie bei anderweitigem Verlust seiner Unterhaltsmittel durch unverschuldete Umstände.«

Mehr als 15 Jahre lang bemühten sich die Vereinten Nationen, in diesen Katalog ein Menschenrecht auf Wasser aufzunehmen. 2010 war es endlich so weit – nur sind das Recht wie auch der komplette Artikel 25 nicht einklagbar. Die Verankerung hat nur symbolischen Wert, der durchaus Einfluss auf die Politik hat, doch das hilft den 884 Millionen Menschen weltweit, die keinen Zugang zu sauberem Wasser haben und es doch dringend bräuchten, derzeit nicht wirklich.

Es gibt aber auch den Paragrafen 811 der Zivilprozessordnung. Der existiert seit dem Jahr 1879 und legt seitdem die Dinge fest, die einem Menschen nicht gepfändet werden dürfen – auch wenn wir sonst nichts mehr haben. Das sind also jene Sachen, ohne die ein Bürger in Deutschland keine menschenwürdige Existenz führen kann. Was für ein spannender Paragraf!

Nicht gepfändet werden dürfen nach diesem Gesetz: Kleidungsstücke, Wäsche, Betten, Haus- und Küchengeräte, Gartenhäuser, Wohnlauben, Nahrungs-, Feuerungs- und Beleuchtungsmittel für vier Wochen, Kleintiere in beschränkter Zahl sowie eine Milchkuh oder insgesamt zwei Schweine, Ziegen oder Schafe, Dienstkleidungsstücke sowie Dienstausrüstungsgegenstände, die zum Betrieb einer Apotheke unentbehrlichen Geräte, Gefäße und Waren. Bücher, die zum Gebrauch des Schuldners und seiner Familie in der Kirche oder der Schule oder einer sonstigen Unterrichtsanstalt oder bei der häuslichen Andacht bestimmt sind. Die in Gebrauch genommenen Haushaltungs- und Geschäftsbücher, die Familienpapiere sowie die Trauringe, Orden und Ehrenzeichen. Künstliche Gliedmaßen, Brillen und andere wegen körperlicher Gebrechen notwendige Hilfsmittel.

Diese Dinge darf man in Deutschland brauchen. Der Gerichtsvollzieher soll dem Schuldner »nichts Überflüssiges belassen«. So steht es in der *Deutschen Gerichtsvollzieher-Zeitung*. Ja, diese Zeitung gibt es wirklich, sie erscheint seit dem Jahr 1881 und hat derzeit eine monatliche Auflage von mehr als 5400 Exemplaren. Wer also bei der Schufa grandios durchfällt, der kann sich nur noch auf diesen Paragrafen berufen.

Wissen für Nichtjuristen
Die Schufa ist keine staatliche Behörde. Sie ist ein privatwirtschaftliches Unternehmen und verpflichtet, den Bürgern Auskunft zu erteilen über die gespeicherten Daten.

Der Paragraf ist faszinierend – auch wenn heutzutage kaum jemand eine Milchkuh braucht oder Katzenstreu für vier Wochen. Viel interessanter als das Gesetz selbst sind die Urteile, die dazu führen, dass die Liste der zu brauchenden Dinge reduziert oder erweitert wird, und damit einen Einblick bieten, was den Menschen in Deutschland wichtig war, was ihnen wichtig ist und was ihnen wichtig sein wird.

An diese Urteile halten sich Gerichtsvollzieher gewöhnlich. Sie werden immer dann gefällt, wenn der Gerichtsvollzieher etwas pfänden möchte und der Schuldner dagegen klagt. Dann muss ein Gericht entscheiden: Braucht man das für ein menschenwürdiges Leben oder nicht? So haben wir es mit einem sich ständig erneuernden Katalog zu tun, in dem steht, was wir brauchen dürfen und was uns keiner wegnehmen darf.

Im Jahr 1967 etwa wurde die Klage eines Familienvaters mit Frau und fünf Kindern abgewiesen. Der hatte sich erdreistet, eine Waschmaschine auf seinen Brauchen-Zettel zu schreiben. In der Begründung des Urteils heißt es: »Obwohl die Zahl der Besitzer einer Waschmaschine in den letzten Jahren erheblich gestiegen ist, gibt es noch zahlreiche Familien – auch in gehobener sozialer Stellung –, die keine Waschmaschine besitzen. Die Schuldner müssen eben, wie das früher allgemein üblich war, die Wäsche mit der Hand waschen.« Erst zehn Jahre später wird die Waschmaschine für unpfändbar erklärt. Der Fernseher galt einst ebenso als überflüssiges Gerät, das gewöhnliche Handy wurde 2006 zum unpfändbaren Gerät. Das Smartphone kann heute noch gepfändet werden wie auch DVD-Player und iPad. Das wird sich wohl in den kommenden Jahren ändern.

Es geht um die Grundbedürfnisse – und die sind ebenso schwer zu definierten wie der Brauchen-Zettel. In den vergangenen Jahren hat sich die Gesellschaft ein wenig verändert.

Vor 20 Jahren noch gab es den TV-Spot einer Bank, die damit warb, wie prima es sei, ein eigenes Haus, ein eigenes Auto und sogar ein eigenes Boot zu haben. Und es wurde einem suggeriert, dass es zu den wichtigsten Dingen im Leben gehört, dass das eigene Haus größer ist als das des ehemaligen Schulfreunds, das Auto teurer und das Boot spektakulärer. Der bessere Mensch ist der, der sich möglichst viele Dinge kaufen kann. Der wertvollere Mensch ist der, der sich wertvollere Dinge leisten kann.

Ich habe, also bin ich.

Diese Einstellung war historisch begründet: Wer vor, während oder nach dem Zweiten Weltkrieg geboren wurde, der wusste, wie es ist, nichts zu haben – und wie toll es sein kann, wenigstens etwas zu besitzen. Dieser Glaube, dass sich das Glück in Eigentum ausdrückt, hielt sich bis in die 90er-Jahre hinein.

Natürlich gibt es solche Spots auch heute noch, in denen ein Familienvater seinen Kindern beim »Monopoly« einzureden versucht, dass so ein eigenes Haus das Wichtigste im Leben sei.

Die Menschen heutzutage müssen aber nicht mehr eigentümen, sie dürfen nutzen. Sie wollen nicht mehr jahrelang sparen, um sich endlich ein Haus kaufen zu können, wobei die geschätzte Sparzeit für ein Haus in München ohnehin 233 Jahre beträgt.

Aus *Ich habe, also bin ich* wurde mittlerweile *Ich nutze, also bin ich*.

Dieses Mieten und Tauschen und Teilen war lange verpönt, weil es sich anhörte wie die Ideen zugekiffter Hippies oder sozialistischer Kommunarden. Wie sie ums Lagerfeuer herumsaßen und nach dem dritten Joint ersannen: »Teilen ist schon eine prima Sache!« Nun stellen nicht wenige Menschen fest, dass diese Ideen gar nicht mal so verrückt waren und dass es für einen rational denkenden Menschen plausible Gründe gibt, dass einem Dinge nicht mehr gehören, sondern dass man sie einfach benutzt und sie dann anderen zur Nutzung überlässt.

Aus *Ich habe, also bin ich* wurde mittlerweile *Ich erlebe, also bin ich*.

Aus dem *homo habens* wird ein *homo experiens*.

Was brauchst du?

Ich habe aus dem Gesetz der Pfändung und dem Grundgesetz meinen ganz persönlichen Nutzen gezogen. Meine Frau, mein Sohn und ich haben uns in unserer Wohnung umgesehen und drei Zettel erstellt. Auf dem einen steht, welche Dinge wir dringend brauchen.

Auf dem zweiten stehen die Sachen, die wir gerne behalten würden – also keine Brauchen-Dinge, sondern Haben-will-Dinge.

Auf dem dritten steht, welche Sachen wir keinesfalls vermissen würden. Die werden dann einfach verschenkt.

Probieren Sie das mal aus!

Die familieninterne Umfrage wird ein wenig beeinflusst dadurch, dass unser Sohn natürlich darauf bestand, auf jeden Fall eine Schatzkiste mit einer nachgemachten Goldmedaille der Olympischen Spiele, seinen Lego-Star-Wars-R2-D2 und seinen Basketball zu brauchen, und dafür gerne auf Zahnbürste, Unterhosen und Brokkoli verzichtet.

Grundsätzlich haben wir festgestellt, dass der erste Zettel recht leer ist: Toilette, Dusche, Utensilien zur Körperpflege. Nicht einmal zehn Prozent der Klamotten, die wir tatsächlich besitzen. Ein Gerät, um Lebensmittel zu kühlen. Vier Geräte und zwei elektronische Hilfsmittel, um Lebensmittel zuzubereiten. Fließendes warmes und kaltes Wasser. Ein Computer mit Internetanschluss, schließlich ist meine Frau Mediengestalterin, und ich bin Autor, wir brauchen das Ding zum Arbeiten – und auch zur Information und Kommunikation. Ein Bett mit Matratze. Waschmaschine. Telefon. Tisch. Stühle. Beförderungsmittel, also entweder ein kleines Auto oder Geld für öffentliche Verkehrsmittel.

Das war's.

Der Haben-will-Zettel ist randvoll, was vor allem an mir liegt. Was ich haben will: Sportgeräte aller Art. Die Möglichkeit, mit meinem Sohn ein Basketballspiel zu besuchen und dort eine Stadionwurst zu essen. So viele Lego-Star-Wars-Sachen wie möglich. Zeitung. Computerspiele. Brauche ich alles nicht, will ich aber haben. Meine Frau: Schminksachen, Schmuck, Schuhe – und die nötigen Utensilien, um leckere Cupcakes zu machen. Dabei stelle ich fest, dass ich diese Cupcakes unbedingt haben will. Unser Sohn: alles, was in seiner Spielzeugkiste ist. Er unterstützt meinen Antrag auf Cupcakes.

Aber auch auf dem Blatt mit der Überschrift »Vermisst kein Mensch!« stehen viele Dinge. Also haben wir weggeschmissen, verkauft, verschenkt und verliehen. Fast 500 Kilogramm.

Wir haben die Frage beantwortet: »Was brauchst du wirklich?«

Unsere Antwort: Eigentlich nur ein paar Dinge – und natürlich Schatzkiste, den Lego-R2-D2 und einen Basketball. Und Cupcakes.

Kapitel 35

Generation Zuseher

Zu Beginn des Films *Fight Club* fragt Brad Pitt seinen Freund Edward Norton: »Was weißt du über dich, wenn du dich noch nie geprügelt hast?« Dann fordert er ihn auf: »Ich will, dass du mich so hart schlägst, wie du nur kannst.« Sowohl der Film als auch das Buch von Chuck Palahniuk sind Klassiker – vor allem deshalb, weil Palahniuk es geschafft hat, dass Männer wieder Bücher lesen.

Du musst dich mindestens ein Mal im Leben geprügelt haben.

Nun saust die Faust an meinem Gesicht vorbei und trifft den rechten Oberarm. Das Adrenalin lindert den Schmerz, doch es kommt bereits eine zweite Faust angerauscht. Der Kopf schnellt nach hinten, der Kiefer knackst, mindestens zwei Zähne wackeln. Einer meiner Freunde steht an der Hauswand mit einer stark blutenden Platzwunde unter dem linken Auge, ein anderer fällt um, als hätte ihm Mike Tyson einen linken Haken verpasst. Zwei meiner Freunde, jeder von ihnen für sich eine Ein-Mann-Naturgewalt, stürzen sich auf den Initiator dieser Schlägerei, einen menschgewordenen Baumstamm.

Was weißt du über dich selbst, wenn du dich nie geprügelt hast?

Auf diesem Platz findet eine der skurrilsten Schlägereien statt, an denen ich jemals beteiligt war, weil es eigentlich

Wissen gegen den Knast
Wer bei gemeiner Gefahr nicht Hilfe leistet, der kann mit einer Freiheitsstrafe bestraft werden. (§ 323 StGB)

nur eine Mannschaft gibt, die sich gerade selbst eliminiert. Die anderen stehen herum und grinsen. Hin und wieder feuert einer an.

Was man über sich und die Welt weiß, wenn man sich prügelt: Es gibt immer Leute, die gerne zusehen.

In diesem Fall gibt es einen Initiator der Schlägerei, zwei Helfer – und vier Leute, die eingreifen. Dazu 15 Zuseher draußen und noch einmal zehn Zuseher, die sich in einer Kneipe eingeschlossen haben und durch das Fenster gaffen. Könnte sein, dass diese Aufteilung recht repräsentativ ist dafür, wie es zugeht in Deutschland.

Unserer Gesellschaft wird immer wieder vorgeworfen, dass die Menschen wegsehen würden. Dass uns die Probleme anderer nicht interessieren. Dass wir einfach weitergehen. Warum entstehen nach Autounfällen regelmäßig Staus? Natürlich sind wir schockiert. Aber wir sehen nicht weg.

Was weißt du über dich, wenn du dein Leben lang nur Zuschauer bist?

Beantworte diese Frage ehrlich für dich selbst: Wenn in der U-Bahn ein Mädchen von vier Schlägern angegriffen wird, würdest du eingreifen?

Vor diesem Abend war meine Antwort: Ich hätte viel zu viel Angst um mein eigenes Leben, um mich einzumischen. Ich würde vielleicht rufen, dass sie aufhören sollen. Aber bei einer ernsthaften Konfrontation wäre ich wohl zu feige, um wirklich etwas zu unternehmen.

Es ist der erste Weihnachtsfeiertag, andere Menschen besuchen an diesem Tag Freunde und Familie, sie singen Lieder und tauschen Geschenke. In meinem Freundeskreis wird Beerpong gespielt, eine Mischung aus Basketball, Tischtennis und Saufgelage. Es ist das Spiel der Generation Dorian Gray, deren Vertreter die Peter-Pan-Pille geschluckt haben und mit 32 Jahren immer noch pubertär sein müssen. Beim Beerpong wirft man Tischtennisbälle in mit Bier gefüllte Plastikbecher und trinkt diese anschließend aus. Es gibt Weltmeisterschaften in dieser Sportart, in der es letztlich nur darum geht, alle Teilnehmer betrunken zu machen.

Das Turnier ist gerade vorbei, als sich ein Rudel bildet. Offensichtlich hat ein alkoholisierter Spieler einen anderen alkoholisierten Spieler angerempelt, der gegen die alkoholisierte Freundin eines alkoholisierten Spielers getorkelt war. Der alkoholisierte Partner glaubt, seine alkoholisierte Freundin am besten dadurch zu verteidigen und zu rächen, indem er Rempler und Gerempeltem einen Schwinger verpasst. Sein alkoholisierter Bruder hilft ihm.

Innerhalb von einer Minute ist der Streit vorbei, weil Team A (alkoholisierter Freund, alkoholisierter Bruder und alkoholisierte Freundin) und Team B (Rempler und Angerempelter) sofort getrennt werden. Team A wird nach draußen geleitet, Team B durch den Hinterausgang nach Hause geschickt. Alles ist ruhig.

Nach fünf Minuten erinnert sich der alkoholisierte Freund – nennen wir ihn von nun an *Prügler* –, dass seine Freundin angerempelt worden ist, und beschließt, sie nochmals zu rächen. Er will zurück in die Kneipe, stürmt auf seine Freunde am Eingang zu und schlägt wild um sich. Er trifft seinen großen Bruder und verpasst ihm einen Cut unter dem linken Auge.

Mit den Augen eines Boxers, der zu oft getroffen worden ist, wendet er sich nun mir zu. Seine Halsschlagader steht kurz vor der Eruption, seine Muskeln sind angespannt, dass das Hemd zu zerreißen droht. Fehlt nur noch, dass er grün anläuft, dann hätte er sich komplett von Dr. Bruce Banner in Hulk verwandelt. Er will mir einen Schwinger verpassen – trifft aber nur den rechten Oberarm.

Was würdest du machen, wenn ein Freund angegriffen wird?

Uli Hoeneß hat eine Rede gehalten anlässlich des Todes von Dominik Brunner, der 2011 versucht hatte, Kinder vor einer Bande von Schlägern zu beschützen, und deshalb gestorben war. Hoeneß sagte: »Ein Mann, der Kindern helfen wollte, die beraubt werden sollten, wurde von brutalen Schlägern zu Tode gebracht. Es war schockierend, dass viele Passanten dieses Drama miterlebt und nicht aktiv eingegriffen haben. Wir alle können in derartige Situationen kommen, und dann wären wir froh, wenn jemand wie Dominik Brunner helfen würde. Deshalb ist er für uns ein Vorbild für Zivilcourage und praktizierte Nächstenliebe. Wir verneigen uns vor einem Menschen, der sein Leben gegeben hat, um andere, in dem Fall Kinder, zu schützen.«

Einer meiner Freunde, der aufgrund seiner Statur »Mugel« (für halb Mensch, halb Kugel) genannt wird, bringt den Prügler für einige Sekunden unter Kontrolle. Dann sieht er kurz weg – und fängt sich einen Schwinger, der ihn umfallen lässt, als wäre er ein Baum in der kanadischen Wildnis, der gerade von der Axt eines 120-Kilo-Holzfällers den finalen Hieb verpasst bekommen hat. Er fällt gegen eine Hauswand und schlägt sich seinen Kopf auf.

Nach zehn Minuten drücken die beiden Ein-Mann-Naturgewalten den Prügler zu Boden. Dann kommen Polizei und Notarzt.

Zusammenfassung: Team B hat sich nach einer kurzen Rangelei verabschiedet, während Team A sich selbst ausgelöscht hat.

Die Statistik für den Prügler:

– Feinde verletzt: null.

– Freunde verletzt: zwei

Die beiden Polizisten sehen sich kurz um, dann schicken sie alle nach Hause. Mugel und Prüglers Bruder werden in den Krankenwagen gebracht. Der Polizist sagt: »Gehen Sie nach Hause, und schlafen Sie Ihren Rausch aus!«

Ich würde gerne wissen, ob ich Mugel und den Bruder

des Prüglers bald aus dem Krankenhaus abholen kann. Antwort des Polizisten: »Das geht Sie überhaupt nichts an.« Dann sagt er zu seinem Kollegen, dass es an der Zeit sei zu fahren. Ich habe während meines Projekts zahlreiche Polizisten kennengelernt: Die meisten waren überaus kompetent, freundlich und hilfsbereit. Mir ist klar geworden, dass viele einen schwierigen und gefährlichen Job haben, sich für ihre Mitmenschen einsetzen und sich stets am Rande der Belastungsgrenze bewegen.

Diese beiden waren einfach nur arrogant.

Ich bin kurz versucht, dem Polizisten ganz ehrlich zu sagen, was ich von ihm halte, doch ich erinnere mich, dass es bei diesem Projekt nicht darum geht, 40 Tage nicht zu lügen, sondern ein Jahr lang das Gesetz zu befolgen.

Im Krankenhaus versichern Mugel und der Bruder des Prüglers, dass sie hingefallen seien – doch der Arzt erwidert sofort: »Solche Wunden kommen nicht vom Fallen, sondern von Schlägen!« Das vermerkt er auch in seinem Bericht.

Und nun? Alles wieder gut?

In der Zeitung zwei Tage später steht nichts von der Schlägerei, sondern nur von der Ruhestörung, die von einem Nachbarn der Kneipe angezeigt wurde, dazu ein Bericht darüber, dass die Polizei einen torkelnden Mann hatte nach Hause bringen müssen. Die Schlägerei ist nie passiert.

Im zweiten Teil seiner Rede führt Uli Hoeneß aus: »Wir alle in der Gesellschaft sind aufgerufen, da nicht still zu sein. Wir müssen uns alle gegen Gewalt wehren und vor allen Dingen gegen das Wegsehen. Wir müssen uns solidarisieren in der Gemeinschaft, dass solche Leute nicht noch ermuntert werden, dass ihnen nichts passieren kann.«

Mugel, der immer noch eine ansehnliche Wunde am Kopf hat, sagt: »Ich sage

Wissen gegen den Knast
Es gibt keine »Beamtenbeleidigung« – es macht keinen Unterschied, ob der Beleidigte ein Beamter ist oder nicht. (§185 StGB)

nichts!« Vom Bruder des Prüglers bekomme ich eine Facebook-Nachricht: »Servus Jürgen, das Gerücht, dass meine Platzwunde von meinem Bruder stammt, stimmt so nicht, weil ich dazwischen bin, wie er die Freundin von meinem Bruder geschubst hat, und dann am Boden lag und mir die Platzwunde dort zugezogen habe.« Ein anderer sagt: »Ich kann dazu nichts sagen, weil ich nichts mitbekommen habe.« Und noch eine Antwort: »Bringt doch nichts, da steht doch am Ende Aussage gegen Aussage.«

Was weißt du über dich, wenn du prügelnde Menschen schützt?

Im Strafgesetzbuch heißt es unter Paragraf 223: »(1) Wer eine andere Person körperlich misshandelt oder an der Gesundheit schädigt, wird mit Freiheitsstrafe bis zu fünf Jahren oder mit Geldstrafe bestraft. (2) Der Versuch ist strafbar.«

Wissen gegen den Knast
Ein Angeklagter kann auch bei »Aussage gegen Aussage« verurteilt werden – wenn das Gericht ihm nicht glaubt. (§ 261 StPO)

Von 30 Menschen ist einer bereit, mit mir zur Polizei zu gehen – ein zweiter ist bereit, nach einer Anzeige auszusagen.

Zufälligerweise haben die beiden Beamten Dienst, die am Abend der Schlägerei zehn Minuten anwesend waren.

»Was wollen Sie denn?«

»Ich würde gerne eine Anzeige aufgeben wegen der Schlägerei am ersten Weihnachtsfeiertag.«

Die beiden Polizisten sehen sich erst gegenseitig an, dann blicken sie zu mir. Sie haben einen Gesichtsausdruck, als hätte ich ihnen gerade erzählt, die Weltherrschaft übernehmen zu wollen.

»Aha«, sagt einer.

»Aha«, sagt der andere.

»Ich habe gesehen, wer es getan hat – und mein Freund hier hat auch alles beobachtet.«

Ich deute hinüber zu meinem Kumpel, der nickt.

»Dieser Mensch hat bereits wiederholt andere Menschen verletzt – muss sich erst jemand ernsthaft verletzen, bevor jemand etwas unternimmt?«

Wieder sehen die beiden Beamten sich an. Diesmal mit einem Ausdruck, der verrät: Ja, da wird sich wohl einer verletzen müssen, bevor wir was machen.

Einer sagt: »Da werden Sie nicht weit kommen. Körperverletzung ist ein Antragsdelikt – und solange die beiden Geschädigten keinen Antrag stellen, wird da wenig passieren.«

Unter Paragraf 230 des Strafgesetzbuchs steht: »(1) Die vorsätzliche Körperverletzung nach § 223 und die fahrlässige Körperverletzung nach § 229 werden nur auf Antrag verfolgt, es sei denn, dass die Strafverfolgungsbehörde wegen des besonderen öffentlichen Interesses an der Strafverfolgung ein Einschreiten von Amts wegen für geboten hält.«

Der Polizist sagt: »Von öffentlichem Interesse können wir hier ja nicht gerade sprechen.«

In Polizistenkreisen ist das offensichtlich ein ganz hervorragender Gag, weil auch der andere Polizist zu lachen beginnt.

»Aber es gibt Zeugen, die alles gesehen haben!«

»Ich habe den einen schon am Abend vernommen – der hat gesagt, dass er gefallen sei. Den anderen habe ich vorhin angerufen: Er sagt auch, er sei gefallen – natürlich wird der nicht gegen seinen Bruder vorgehen.«

»Und der Krankenhausbericht, in dem vermerkt ist, dass die Wunden keinesfalls vom Fallen stammen können, sondern aus Schlägen resultieren?«

Die beiden sehen sich an. Sie haben offensichtlich keine Ahnung, wovon ich spreche.

Wissen für Nichtjuristen

Es gibt entgegen der Darstellung in vielen Fernsehserien keine Pflicht für Ärzte, Schusswunden bei der Polizei zu melden. Ein Arzt muss nur schwere Infektionskrankheiten dem Gesundheitsamt melden. (§ 6 Infektionsschutzgesetz)

»Wenn ich doch Anzeige erstatte? Dann müssen die doch aussagen!«

Die beiden Beamten sehen sich wieder an – ich bin mittlerweile der Meinung, dass sie telepathisch kommunizieren, bevor einer mir eine Antwort gibt.

»Dann schlägt der Staatsanwalt ein Ei drüber!«

Heißt übersetzt: Den Staatsanwalt interessiert meine Anzeige ungefähr so, als würde in China ein Sack Reis umfallen. Ein Sack Reis scheint auch für die Polizisten interessanter zu sein als die Schlägerei.

»Was für ein Interesse haben Sie eigentlich daran, Anzeige zu erstatten?«

»Ich habe das Turnier mit Freunden organisiert.«

Als ich das Wort »organisiert« sage, benehmen sich die beiden Polizisten wie zwei Erdhörnchen, wenn das Wachhörnchen bellt.

»Ach, Sie gehören dazu? Dann geben Sie doch gleich mal Ihre Personalien her!«

»Ich arbeite nicht in der Kneipe, sondern habe nur bei der Vorbereitung des Turniers geholfen!«

»Lassen Sie mal Ihre Daten da. Nur vorsichtshalber!«

Er grinst, als hätte ihm im Restaurant jemand nach einem Fünf-Gänge-Menü gesagt, dass das Haus die Rechnung übernimmt.

Ich muss meinen Ausweis vorzeigen, einer der Beamten schreibt meine Adresse und Telefonnummer auf. Ich muss erklären, was Beerpong ist und warum man so etwas am ersten Weihnachtsfeiertag spielt.

»Ein schönes Spiel ist das.«

Würde ich mit den Polizisten sprechen wie sie mit mir, hätte ich eine Anzeige wegen Beleidigung am Hals. Sie tun so, als wäre ich ein Kleinkind. Dann schicken sie mich fort.

Vielleicht drückt der Begriff »Beamtenbeleidigung« auch aus, wie sich viele Beamte gegenüber anderen Menschen benehmen.

Enttäuscht verlasse ich die Dienststelle der Polizei. Ich höre nie wieder etwas.

»Das war ein klassisches Beispiel dafür, wie man eine Anzeige abwimmelt«, sagt mein Begleiter. Er muss es wissen, denn er ist selbst Polizist. »Das hat die überhaupt nicht interessiert, die wollen ihre Ruhe haben, weil sie wissen, dass die Ermittlungen ohnehin nicht viel bringen.«

Die Menschen verfügen über ganz ausgezeichnete Augen, wenn es um Verbrechen geht. Wegsehen ist nicht das Problem unserer Gesellschaft. Zusehen und nicht eingreifen ist das Problem.

Als sich im Jahr 2012 die Berichte über brutale Schlägereien häufen, muss Bundesinnenminister Hans-Peter Friedrich ein Interview in der *Welt* geben. Er spricht von einem vermehrten Einsatz von Polizeistreifen (»Je mehr, desto besser«), er spricht von einer stärkeren Videoüberwachung (»mehr Kameras«), er spricht von einer besseren Zusammenarbeit von Justiz und Innenministerium (»Kommunikation verbessern«).

Er sagt nicht: Wir alle müssen darauf aufpassen, dass unseren Mitmenschen nichts passiert! Wir sind füreinander verantwortlich!

Ich kann die Frage, ob ich eingreifen würde, wenn ein kleines Mädchen in der U-Bahn angegriffen wird, immer noch nicht beantworten. Ich weiß nicht, ob ich mein Leben oder meine Gesundheit gefährden würde – oder ob ich in diesem Moment vor lauter Angst dastehen würde, als wäre ich in einem Eisblock gefangen.

Aber ich wünsche mir mittlerweile, dass ich den Mut haben würde, nicht wegzulaufen und nicht zuzusehen, sondern aktiv zu werden.

Ich will kein Beobachter sein. Ich möchte ein Eingreifer sein.

Und du? Was bist du?

Kapitel 36

Die Gesetze und wir

Es gibt zu viele Gesetze in Deutschland!

Dass dieser Satz in einem der letzten Kapitel auftauchen würde, das war schon vor Beginn des Projekts klar.

Natürlich gibt es zu viele Gesetze in Deutschland.

Doch dieser plumpe Satz wird den Erfahrungen der vergangenen zwölf Monate nicht gerecht. Wir leben tatsächlich in einer Mischung aus Paragrafendschungel und Schilderwald – und weil wir uns nicht auskennen, stehen wir quasi an jedem Tag mit einem Bein im Knast. Wir haben nur das Glück, dass uns kaum jemand kontrolliert.

Ich habe versucht, ein Jahr lang zu leben, ohne auch nur ein Mal das Gesetz zu überschreiten – und ich bin gescheitert. Ich bin unabsichtlich zu schnell gefahren, ich bin absichtlich bei roter Ampel über die Straße gegangen, ich bin schwarzgefahren, weil ich meinen Geldbeutel vergessen hatte. Das sind nur einige Vergehen aus dem Straßenverkehr, dazu kommen zahlreiche andere Verstöße: Ich hatte meinen Ausweis beim Grenzübertritt nach Tschechien vergessen, ich habe mir bei Freunden einen Film angesehen, den die aus dem Internet geladen hatten – doch erfuhr ich das erst danach. Ich habe auf dem Balkon gegrillt, obwohl sich Nachbarn beschwert haben.

Es ist unmöglich, sich ein Jahr lang an alle Gesetze zu halten.

Doch ich bin kein einziges Mal erwischt worden.

Wann wird denn schon kontrolliert? Wer von uns wurde im vergangenen Jahr ernsthaft überprüft? Viele von uns wurden mal auf der Straße angehalten und gefragt, ob sie Alkohol getrunken hätten. Bei einigen wurde die Steuererklärung geprüft, andere mussten sich vor Gericht verantworten, weil sie angezeigt worden waren.

Warum bleiben so viele Untaten ungesühnt? Ein befreundeter Polizist formuliert es so: »Polizisten sind hoffnungslos überlastet, aufgrund des Quotendrucks können sie es sich nicht leisten, andere Fälle zu bearbeiten. Und seien wir ehrlich: Manche Kollegen sind einfach nur faule Schweine, die ihre Zeit bis zur Pensionierung möglichst stressfrei absitzen wollen.« Ich habe in diesen zwölf Monaten zahlreiche Polizisten kennengelernt, die meisten von ihnen waren überaus kompetent, hilfsbereit und freundlich. Viele von ihnen beklagten, dass sie vor lauter Bürokratie und Quotendruck nicht dazu kämen, sich um die Bürger und deren Anliegen zu kümmern. Natürlich gibt es auch arrogante und faule Polizisten. Aber die sind in der Unterzahl.

Warum brechen wir so viele Gesetze? Es passiert unabsichtlich, wegen Unkenntnis, in vielen Fällen geschieht die Übertretung jedoch bewusst. Wir machen es in der Hoffnung, nicht erwischt zu werden – und weil wir notfalls bereit sind, die Strafe zu bezahlen. Bei den Begründungen für die Übertretungen gibt es kaum einen Unterschied zwischen uns und denen, die wir Verbrecher schimpfen: Entweder wird so getan, als wären unsere Taten keine Verbrechen – oder wir begründen unsere Taten damit, dass es alle so machen. Oder wir behaupten, dass es nur dann ein Verbrechen sei, wenn wir erwischt werden.

Das eigene Leben ist schön, wenn immer die anderen schuld sind und man die Regeln, was gut und böse ist, selbst festlegen darf.

Das tun jene, die wir als Verbrecher abstempeln, jedoch

auch. Der Drogendealer erklärt, dass er doch nur ein Geschäftsmann sei. Die Verantwortung schiebt er ab: Was könne er dafür, wenn jemand das Zeug kauft und sich in die Nase oder sonstwohin stopft! Das sei doch nicht seine Schuld! Der Pokerspieler schiebt seine Steuerhinterziehung auf die Gesetzgebung, der Schwarzarbeiter macht den Staat dafür verantwortlich, dass er keinen Job mehr findet. Der Hartz-IV-Betrüger begründet seine Taten damit, dass er doch eine Familie zu ernähren habe. Der Räuber schiebt es auf die Mittäter.

Und wir? Finden auch immer einen Schuldigen für unsere Taten.

Ein Verbrechen ist auch dann ein Verbrechen, wenn wir nicht erwischt werden – denn die Konsequenzen für die Opfer bleiben ähnlich. Mal ist das Opfer ein Mensch, mal ein Unternehmen, mal die gesamte Gesellschaft. Ein Verbrechen bleibt auch ein Verbrechen, wenn wir uns einreden, dass es keines ist. Nur weil wir denken, dass Versicherungsbetrug ein Kavaliersdelikt sei, ist es noch nicht so. Und nur weil viele Menschen Steuern hinterziehen, wird es noch lange nicht weniger schlimm. Wir sind verpflichtet, das Gesetz zu achten, auch wenn es uns nicht immer in den Kram passt.

Durch das Projekt und den Versuch, mich an alle Gesetze zu halten, habe ich gesehen, wie es manchmal zugeht in diesem Land: Wer sich in dieser Blase aufhält, der erkennt den Krieg, der da um einen herum tobt. Es ist ein makabrer Wettbewerb, den Mitmenschen zu betrügen und möglichst viel für sich selbst herauszuschinden – und es scheint tatsächlich, als wäre der Gesetzestreue der Dumme.

Es lohnt, sich mit Gesetzen zu beschäftigen und sich fortzubilden. Wir werden an jedem einzelnen Tag belogen und betrogen – von anderen Menschen, von Firmen, vom Staat. Naivität und Unkenntnis werden ausgenutzt mit fehlerhaften Mietverträgen, dreisten Abmahnungen und falschen

Steuerbescheiden. Wenn wir uns nicht informieren und dagegen wehren, dann werden wir auch morgen noch belogen und betrogen.

Wir müssen gegen Unrecht vorgehen – es gehört zu den wichtigsten Rechten eines Menschen, sich zu wehren. Das kann mit einer Beschwerde sein, einer Klage – oder auch mit einer Demonstration. Die Ausrede, dass ein Einzelner kaum etwas bewegen könne, ist tatsächlich nur eine Ausrede: Ein Aushilfslehrer etwa erreichte ein Volksbegehren und einen Volksentscheid und sorgte damit für eine Verschärfung des Nichtraucherschutzes. Aus Gebeten in der Nikolaikirche zu Leipzig an einem Montagabend wurde eine der größten Revolutionen in der Geschichte der Menschheit.

Wir müssen unsere Lethargie ablegen. Wir können etwas ändern, wir müssen uns nur auf unsere Füße stellen und für unsere Überzeugung kämpfen.

Es war der Versuch, mir selbst einen Spiegel vorzuhalten – und darauf zu hoffen, dass sich viele Menschen in diesem Spiegel wiedererkennen. Und das, was man da sieht, kann eben vieles sein. Und es gefällt einem nicht immer.

Ein witzig gemeintes Projekt wurde ernst, weil ich gemerkt habe, wie oft andere Menschen das Gesetz brechen – und wie oft ich selbst zuvor das Gesetz gebrochen habe. Es ist erschreckend zu sehen, wie manche Menschen miteinander umgehen.

Es ist ein riesiges Irrenhaus, in dem wir leben.

Sind wir irre, weil uns dieses Haus mit all seinen Gesetzen verrückt gemacht hat? Oder gibt es dieses Haus nur, weil wir alle irre sind?

Die Frage lautet nicht: Gibt es zu viele Gesetze in Deutschland?

Die Frage lautet: Warum gibt es so viele Gesetze in Deutschland?

Die Frage lautet nicht: Ist der Verwaltungsapparat zu groß?

Die Frage lautet: Warum ist der Verwaltungsapparat so groß?

Die Frage lautet nicht: Sehen wir zu viele Schilder auf den Straßen?

Die Frage lautet: Warum sehen wir so viele Schilder?

Ich habe am Anfang die falschen Fragen gestellt – und deshalb auf falsche Antworten gehofft.

Die entscheidende Frage lautet: Warum ist Deutschland so, wie es ist?

Und die Antwort lautet nicht: wegen der Politiker.

Sie lautet nicht: wegen der Unternehmen.

Sie lautet: wegen uns.

Wir haben dieses Land zu einem Irrenhaus gemacht.

Nehmen wir die EU-Verordnung zur Gurkenkrümmung, die mittlerweile abgeschafft ist – über die wir uns alle herrlich amüsiert haben und die als Symbol für den Bürokratiewahn in Europa steht.

Warum wurde diese Verordnung eingeführt?

Da saßen nicht ein paar Bürokraten in einem Raum und haben darüber nachgedacht, eine möglichst komplizierte Norm zu formulieren. Initiator der Richtlinie waren Einzel- und Großhändler, die Gurken möglichst kostensparend verpacken, verschicken und verkaufen wollten. Das klappt nur, wenn die Krümmung normiert und auf rechtlich verbindliche Weise vorgeschrieben wird. Also empfahl die UN-Wirtschaftskommission für Europa eine Normierung der Gurken. Diese Empfehlung wurde als EU-Norm weitgehend wörtlich übernommen. Und warum wollen die Einzelhändler Kosten sparen? Weil wir alle so wenig wie möglich bezahlen wollen.

Diese EU-Normen werden in den Mitgliedstaaten angeregt, in denen sich Interessengruppen schützen möchten: deutsche Bierbrauer, luxemburgische Banken, italienische Spaghettihersteller. Kondomhersteller wehren sich mit Normen ebenso gegen Billiganbieter wie Produzenten von schottischem Whisky oder Fischer in der Nordsee. So entstehen abstruse Dinge wie etwa der »Vorschlag für eine Richtlinie des Rates zur Angleichung der Rechtsvorschriften der Mitgliedstaaten über hinter dem Führersitz montierte Umsturzvorrichtungen mit zwei Pfosten für Schmalspurzugmaschinen mit Luftbereifung«. Also: Eine Vorschrift für Sturzbügel an Kleintraktoren, die am Ende mehr als 100 Seiten stark war.

Schuld sind nicht immer Politiker und Bürokraten – schuld sind meistens wir. Warum soll es Ampeln auf Lebensmitteln geben, und warum ist die Aufschrift »Bio« auf einer seitenlangen Verordnung geregelt? Wegen uns. Wir waren derart naiv und glaubten, dass sich Aufschriften wie »kontrollierter Vertragsanbau«, »natürliche Herstellung« oder »alternativ« auch irgendwie ökologisch anhören würden – und kauften diese Produkte. Firmen nutzten das aus und schrieben Bockmist auf die Verpackungen, dennoch fanden wir das prima und kauften. Also brauchte es eine Kennzeichnung, die auch die Dümmsten verstehen: »Bio«: gut, »biologisch«: gut, »ökologisch«: gut, »öko«: gut. Alle anderen Bezeichnungen: böse!

Und weil die Allerdümmsten nicht verstehen wollten, dass auch Bioschokolade schädlich sein kann, wenn man drei Kilogramm davon isst, soll es die Ampel geben: Besteht das Produkt zu mehr als 12,5 Prozent aus Zucker oder zu mehr aus 20 Prozent aus Fett: böse! Rote Ampel!

Natürlich werden Gesetze eingeführt, weil Politiker dringend Wählerstimmen brauchen oder mächtige Lobbyisten Druck ausüben.

Wie mächtig der Einfluss der Lobbyisten ist, zeigt die aktuelle Diskussion um die europäischen Datenschutzregeln. Auf der Internetseite lobbyplag.eu ist vermerkt, wie EU-Parlamentarier ganze Passagen von Vereinigungen wie der US-amerikanischen Handelskammer und Unternehmen wie Amazon oder Ebay einfach übernommen haben.

Gegen das, was da offensichtlich passiert, sind die unsauber angefertigten Doktorarbeiten von Annette Schavan oder Karl-Theodor zu Guttenberg ein Witz. Denn: Bei diesen Arbeiten ging es nur um Politiker, die womöglich zu Unrecht einen akademischen Titel führen. Bei diesen Gesetzen geht es um uns! Es betrifft uns direkt.

Es mag zunächst wenig überraschen, dass Lobbytexte in Gesetzentwürfen auftauchen. Klar: Lobbyisten üben Einfluss auf Abgeordnete aus. Das ist nicht schön, gehört aber anscheinend zum politischen Geschäft. Erschreckend ist das Ausmaß, in dem die Lobbyisten mitreden dürfen. Erschreckend ist auch, zu welch mächtigen Koalitionen sich ohnehin mächtige Unternehmen zusammengeschlossen haben.

Am Ende steht die Frage, die Richard Gutjahr – Gründer von lobbyplag.eu – in seinem Blog formuliert hat: »Wer macht eigentlich die Gesetze? Und wem nutzen die am Ende?«

Viele Gesetze dienen nicht dem Wohl des Volkes, sondern dem Wohl des Politikers oder dem Wohl eines Wirtschaftszweigs. Viele Gesetze sorgen für eine Verschlechterung der Situation, weil den Verantwortlichen ein kurzfristiger Effekt wichtiger erscheint als eine langfristige Besserung.

Andere Gesetze gibt es, weil wir so sind, wie wir sind. Viele von uns beugen die vorhandenen Gesetze, bis sie brechen und es vernünftig erscheint, neue einzuführen. Viele von uns erwarten von den anderen, dass sie sich an Gesetze halten, umgehen sie aber selbst, wann immer es geht. Wir beschweren uns über die Norm zur Gurkenkrümmung – aber wehe, wir finden eine falsch gekrümmte Gurke im Regal des Supermarkts. Dann wird geklagt.

Und weil sich nicht wenige Bürger auf den Grundsatz *Sine lege nulla poena* berufen, dass es also ohne Gesetz auch keine Strafe geben kann, ist der Gesetzgeber gezwungen, neue Verordnungen und Gesetze einzuführen.

Ich bin weder Jurist noch Philosoph, noch ein besonders lieber Mensch. Ich bin ein ganz normaler Bürger, der versucht hat, ein Jahr lang gesetzestreu zu leben. Ich kann nicht sagen, dass ich stolz darauf bin – aber ich habe versucht, die Konsequenzen dafür zu tragen.

Ganz ehrlich: Wer von uns würde freiwillig alle zwei Jahre eine Führerscheinprüfung absolvieren – wenn er fürchten müsste durchzufallen und seine Fahrerlaubnis zu verlieren? Und wie viele von uns würden sich tatsächlich eine Fahrkarte kaufen, wenn sie wüssten, nicht kontrolliert zu werden? Wer würde die Perle in der Auster dem Wirt zurückgeben?

Wir brauchen offensichtlich die meisten der Gesetze, die es gibt. Wir betrügen uns gegenseitig – und es steht zu befürchten, dass wir uns die Köpfe einschlagen würden, wäre nicht jeder Aspekt des Lebens geregelt.

Noch einmal: Warum gibt es so viele Gesetze in Deutschland?

Die Antwort darauf: wegen uns.

Deutschland ist ein riesiges Irrenhaus. Wegen uns.

Doch es gibt Hoffnung – weil es eine der herausragenden Eigenschaften des Menschen ist, dass er sich ändern kann. Und das Interessante dabei ist, dass sich der Mensch tatsächlich ändert, wenn man ihm die Möglichkeit dazu gibt.

Es hat sich gezeigt, dass viele Probleme langfristig nicht durch eine schärfere Gesetzgebung, härtere Kontrollen und drastischere Strafen in den Griff zu bekommen sind, sondern durch Liberalisierung und dadurch, den einzelnen Bürgern mehr Verantwortung zu geben.

Uli Wickert wurde dereinst durch eine wagemutige Reportage berühmt: Er wollte als Korrespondent die verkehrsumtoste Place de la Concorde in Paris überqueren, ohne auf den Verkehr zu achten. Was für eine Schnapsidee! Wickert schlendert lässig über die Straße, er begeht diesen Regelverstoß mit einer derartigen Gelassenheit, dass er klappen muss. Seine These: Wenn man nicht auf die Autofahrer achtet, dann achten die auf einen. Sieht man sie dagegen an, dann denken sie, dass man schon zur Seite springen würde. Wickert geht also renitent über die Straße – und kommt ohne Kratzer an.

Wickert bewies damit: Die Menschen passen schon aufeinander auf – auch ohne Regeln und Verbote und Gesetze.

Ich habe in diesen zwölf Monaten Menschen kennengelernt, die aufeinander aufpassen – ob es nun durch ein Gesetz geregelt ist oder nicht. Die eingreifen, wenn sie erkennen, dass da Unrecht passiert. Die notfalls sogar bereit sind, ein Gesetz zu brechen und die Konsequenzen dafür zu tragen, um eine noch größere Ungerechtigkeit zu verhindern.

Wir haben auch die Möglichkeit, gegen Gesetze zu verstoßen – wir müssen jedoch die Konsequenzen tragen. Womöglich muss man bisweilen gegen ein Gesetz verstoßen, wenn einem das Gewissen sagt, es tun zu müssen. Manchmal ist es unsere moralische Pflicht, gegen Gesetze zu verstoßen – wie im Fall des Frankfurter Ermittlers Wolfgang Daschner, der einem Entführer Folter androhte, um einen entführten elfjährigen Jungen doch noch zu retten.

Daschner handelte gegen das Gesetz – aber moralisch tat er wohl das Richtige.

Es gibt sie, diese mutigen Menschen, die dafür sorgen, dass unsere Gesellschaft funktioniert. Diese Menschen bekommen es nicht von einem Gesetz gesagt, sondern von ihrem Gewissen. Ich bewundere diesen Mut.

Unsere Zukunft braucht keine Angst. Unsere Zukunft braucht Mut.

Kapitel 37

Dieser Jemand bist du!

Im Jahr 1989 veröffentlichte die Rap-Gruppe The 2Live Crew ein Album mit dem Namen *As Nasty As They Wanna Be*. Auf dem Cover sind die Bandmitglieder und vier leicht bekleidete Frauen zu sehen; in den meisten der 16 Lieder geht es darum, den Frauen die wenigen Kleider vom Leib zu reißen und mit ihnen zu schlafen. Das Album bekam den Sticker »Parental Advisory – Explicit Lyrics«, mit dem potenzielle Käufer gewarnt werden sollten.

Die American Family Association war der Meinung, dass dieser Sticker keinesfalls ausreiche, und versuchte gemeinsam mit dem damaligen Gouverneur von Florida, Bob Martinez, die Veröffentlichung des Albums zu verhindern. Mit Erfolg: Die Besitzer von Plattenläden wurden verhaftet, die Bandmitglieder bei einem Livekonzert ebenfalls.

Luther Campbell, damals Frontmann von The 2Live Crew, wird beinahe sentimental, wenn man sich mit ihm über das Album, die Lieder und die Videos unterhält. Die in Miami erscheinende *New Times* hat ihn als Menschen bezeichnet, dessen Begeisterung für wackelnde Hintern dafür gesorgt habe, dass sich der Oberste Gerichtshof der Vereinigten Staaten zum ersten Mal in seiner Geschichte für freie Meinungsäußerung eingesetzt hat. »Wenn man sich ansieht, was wir damals gemacht haben und was heutzutage gezeigt wird, dann waren wir doch Kindergeburtstag«, sagt Campbell. »Gegen 50 Cent und Eminem waren wir Waisenknaben.«

Wer Campbell reden hört, der wird feststellen, dass er nach wie vor ein großer Fan des Wortes »Fuck« ist und dass er es ganz gut findet, damals für ein Album eingetreten zu sein: »Mir ging es immer darum, dass jeder Mensch in diesem Land sagen darf, was er möchte. Ich habe niemanden gezwungen, das Album zu kaufen.«

Die Menschen kauften. Das Erstaunliche war nämlich, dass eine Rapgruppe, die zuvor außerhalb Miamis kaum jemand kannte, plötzlich weltberühmt war. »Durch die Gerichtsverfahren, die Verhaftungen und die öffentlichen Debatten wurden die Menschen neugierig. Wir haben plötzlich Alben an eine komplett neue Zuhörerschaft verkauft.« Die Platte *As Nasty As They Wanna Be* wurde allein in den Vereinigten Staaten mehr als zwei Millionen Mal verkauft. Das Verbot sorgte dafür, dass die Menschen neugierig wurden, viele Jugendliche bildeten sich ihre eigene Meinung und kauften das Album.

»Es ist wie in der Prohibition«, sagt Campbell, »Alkohol war verboten – und die Menschen haben trotzdem getrunken.« Nur seien durch die Prohibition andere Verbrechen wie Schmuggel, Bestechung, Steuerhinterziehung und Gewalttaten provoziert worden.

Die Verbot-und-nun-ist-es-gut-Methode wirkte nicht. »Hätten die Gegner unser Album in Ruhe gelassen und stattdessen den Menschen erklärt, warum sie die Texte nicht gut finden, hätten wir wahrscheinlich nicht einmal ein Drittel verkauft«, meint Campbell, »aber es ist natürlich bequemer, ein Verbot zu fordern. Und es bringt einem Politiker jede Menge Publicity und Wählerstimmen.«

Wer sich heutzutage ein wenig umsieht, der bemerkt, dass es hierzulande ähnliche Strategien gibt wie damals bei der American Family Association und dem Gouverneur von Florida – und dass es solche Strategien schon immer gegeben hat. Früher waren es mal Rockmusik, Comics, Jeans, Kinofilme, dann Rapmusik, Fernsehserien, Comicfilme. Derzeit geht es gegen Computerspiele mit gewaltsamen Szenen, gegen Raucher, gegen Leute, die sich im Internet einen Film ansehen möchten.

Anstatt die Menschen aufzuklären, wird ihnen einfach verboten.

Wohin hat das geführt?

Und was wird morgen wohl verboten?

Es gibt Menschen, die sind verantwortlich dafür, nach welchen Gesetzen wir zu leben haben. Für diese Menschen ist dieser Brief:

Liebe Gesetzgeber,
zuerst einmal möchte ich mich bedanken: Ihr habt einen der kompliziertesten und schwierigsten Jobs, die es gibt. Ich könnte das nicht.
Ich habe euch gewählt, damit ihr mich und meine Mitmenschen vertretet, deshalb heißt ihr Volksvertreter. Ihr seid nicht unsere Vorgesetzten. Ihr seid nicht Mitglieder einer priviligierten Kaste. Ihr seid nicht der Souverän, wir sind der Souverän. Ihr seid für uns da und nicht wir für euch. Entscheidet in unserem Sinne und nicht in eurem. Folgt dabei nur eurem Gewissen. Seid kein Premium-Stimmvieh, das zwischen Buchpräsentation, Abendessen mit Lobbyisten und Wahlkampf zum Abnicken im Bundestag auftaucht.
Meine ganz naiven Fragen: Wenn ihr alle, egal, welcher Partei ihr angehört, gegen Staatsverschuldung seid, warum verschuldet ihr den Staat dann immer weiter? Wenn ihr alle gegen Krieg seid, warum müssen dann Soldaten nach Afghanistan? Wenn ihr alle entbürokratisieren und weniger Gesetze und Verbote wollt, warum steigt dann die Anzahl von Behörden, Gesetzen und Verbotsschildern in jedem Jahr?

Meine naive Antwort: Weil ihr euren Job nicht macht – oder weil ihr ihn schlecht macht!
Hört uns zu, wenn wir auf die Straße gehen. Hört vor allem denen zu, die eine andere Meinung haben als ihr. Derzeit wartet ihr ja noch nicht einmal, bis ihr wieder dran seid mit Reden.
Lasst uns mitmachen. Im Grundgesetz steht, dass alle Staatsgewalt von uns in Wahlen und Abstimmungen ausgeübt wird. Das Wort »Abstimmungen« habt ihr abgeschafft, aber warum? Entscheidet nicht allein! Wir merken auch, dass in diesem Land viele Dinge nicht stimmen – vielleicht haben wir eine bessere Idee als ihr. Das funktioniert in anderen Ländern doch auch!
Ihr müsst nicht alles reglementieren und kontrollieren und exekutieren. Wir leben in einem Land voller Verbote. Studien zeigen, dass Verbote oft für eine Verschlimmerung sorgen. Lest diese Studien, handelt danach. Das bringt euch keine Wählerstimmen, aber ein reines Gewissen und ein positives Vermächtnis. Verschont uns mit Aktionismus und medienwirksamen Aktionen. Gebt euer Geld im Wahlkampf nicht für peinliche Geschenke wie Zahnbürsten aus, auf denen steht, dass ihr in aller Munde seid. Sagt uns lieber ehrlich, wofür ihr wirklich einsteht.
Kümmert euch nicht um den Prozentsatz, den eure Partei bei Wahlen bekommt – sondern um den Prozentsatz, der überhaupt nicht mehr wählt. Sorgt durch kluge Entscheidungen dafür, dass diese Menschen wieder wählen gehen.
Macht eure Arbeit. Mehr müsst ihr nicht tun. Ihr habt den einfachsten Job der Welt. Ihr müsst ihn nur machen.
Und bitte, bitte: Macht aus unseren Städten keine Tempo-30-Zone.

Ich wollte auch einen Brief an mich selbst schreiben, aus der Perspektive meines Spiegelbilds, doch gelang mir das nicht wirklich. Ich habe eine Rede gefunden, die das, was der Mann im Spiegel sagen wollte, in 152 Worten zusammenfasst. Die Worte stammen von John Tapene, er hat sie als Leiter des Northland College in Neuseeland seinen Studenten gesagt – doch eigentlich gelten sie für uns alle:

Wir hören ständig das Jammern der Teenager: »Was können wir tun, wohin können wir gehen?«
Meine Antwort ist: Geh nach Hause, mähe den Rasen, wasche die Fenster, lerne kochen, bau ein Floß, besorg dir einen Job, besuche die Kranken, bilde dich fort – und wenn du damit fertig bist, dann lese ein Buch. Deine Stadt schuldet dir keine Vergnügungsstätten, deine Eltern schulden dir keinen Spaß.
Die Welt schuldet dir kein Leben, du schuldest der Welt etwas. Du schuldest ihr Zeit, Energie und Talent, sodass niemals wieder jemand in Krieg, Krankheit und Einsamkeit leben muss. In anderen Worten: Werde erwachsen, hör auf, ein weinerliches Baby zu sein. Verlasse deine Traumwelt und entwickle ein Rückgrat und kein »Wünschgrat«. Benimm dich wie ein verantwortungsbewusster Mensch. Du bist wichtig, und du wirst gebraucht. Es ist zu spät, herumzusitzen und darauf zu warten, dass jemand eines Tages etwas unternimmt. Eines Tages, das ist jetzt. Und dieser Jemand, das bist du.

Dank

Dieses Buch ist all jenen gwidmet, die mutig genug sind, das Leben als Abenteuer zu betrachten und neue Dinge auszuprobieren.

Dank vor allem meinem Verleger Johannes Jacob, der umso begeisterter ist, je verrückter eine Idee klingt. Und Fabiola Zecha, die umso begeisterter ist, je verzweifelter ich bin. Und meinen Agenten Michael Gaeb und Evi Semitzidou, die umso verzweifelter sind, je begeisterter und verrückter ich bin. Und meinem Lektor Eckard Schuster, der mich vor vielen peinlichen Fehlern bewahrt hat und der ein Meister der netten Beleidigung ist.

Dieses Buch gäbe es nicht, wären nicht viele Menschen bereit gewesen, mit mir zu sprechen und mich mitzunehmen in ihre Welt. Es war eure Entscheidung, dass ihr nicht genannt werdet – also regt euch nicht auf, wenn das eure 15 Minuten Ruhm gewesen wären, die ihr nun nie bekommt.

An die Menschen auf meiner Facebook-Seite: Hört nicht auf, weiterhin verrückte Ideen und skurrile Einfälle zu haben! Ihr seid die Besten!

Der größte Dank jedoch gebührt Hanni und Finn. Ihr sorgt dafür, dass dieses Leben ein einziges Abenteuer ist und wir jeden Tag neue Dinge ausprobieren. Ich kann gar nicht erwarten, das nächste Kapitel anzufangen.